L'ADMINISTRATION COMMUNALE

Collection « Systèmes »

La collection « Systèmes » entend répondre au besoin de synthèse et de spécialisation des savoirs qui s'affirment aujourd'hui. Destinée aux étudiants mais également à un public plus large, elle présente des ouvrages clairs et concis, qui sur les différents systèmes de droit, permettent aux lecteurs d'approfondir leur connaissance de sujets tels que fiscalité, finances locales, administration, droit constitutionnel, droit des affaires, sociologie et philosophie juridiques.

Titres déjà parus :

— J.-L. Moreau : *La fonction publique*, 1987.
— A. Oraison : *La contraction de texte*, 1987.
— B. Stirn : *Les sources constitutionnelles du droit administratif*, 1989.
— B. Plagnet : *La taxe sur la valeur ajoutée*, 1990.
— J. Georgel : *La cinquième République : une démonarchie*, 1990.
— J. Bruron : *Le contrôle fiscal*, 1991.
— J. Bruron : *Droits et garanties du contribuable vérifié*, 1991.
— N. et F. Ransan : *Les successions, aspects civils et fiscaux*, 1991.
— J. Ziller : *Les « Dom-Tom »*,1991.
— M.-J. Guédon : *Les autorités administratives indépendantes*, 1991.
— R. Villegier : *L'intégration fiscale des groupes de sociétés*, 1992.
— J.-L. Fonters et D. Maillot : *La fiscalité des professions libérales*, 1992.
— O. Dugrip et L. Saïdj : *Les établissements publics nationaux*, 1992.
— A. Heymann-Doat : *Libertés publiques et droits de l'homme*, 2e éd., 1992.
— A. Terrazzoni : *L'administration territoriale en Europe*, 1992.
— J.-Y. Faberon : *Les polices des activités maritimes*, 1993.
— J. Bruron : *Droit pénal fiscal*, 1993.
— M. Bouvier : *Les finances locales*, 2e éd., 1993.
— J. Blanc et A. Marzials : *Les relations financières entre l'État et les collectivités locales*, 1993.
— D. Chabanol : *Le juge administratif*, 1993.
— Ph. Borras et A. Garay : *Le contentieux du recouvrement fiscal*, 1994.
— Ph. Poussin : *Histoire des idées économiques de Platon à Adam Smith*, 1994.
— J. Magnet : *Éléments de comptabilité publique*, 2e éd., 1994.
— J.-F. Lachaume : *L'administration communale*, 1994.

Jean-François LACHAUME

*Professeur à la Faculté de droit
de l'Université de Poitiers
Ancien Maire*

L'ADMINISTRATION COMMUNALE

PARIS
LIBRAIRIE GÉNÉRALE DE DROIT ET DE JURISPRUDENCE
26, rue Vercingétorix, 75014

Du même auteur

— *Grands services publics*, 1989, Masson.
— *Les Grandes décisions de la jurisprudence (droit administratif)*, Presses Universitaires de France, 7e éd., 1993.
— *La fonction publique*, Connaissance du droit, Dalloz, 1992.

I.S.B.N. : 2.275.00450.5
I.S.S.N. : 0987.9927

SOMMAIRE

ABRÉVIATIONS

AJDA .... *Actualité juridique, droit administratif.*
ATR............................ Administration territoriale de la République.
CAA .... Cour administrative d'appel.
Cass .... Cour de cassation.
CC .... Conseil constitutionnel.
C. des Cnes............... Code des communes.
CE .... Conseil d'État.
CJEG.......................... *Cahier juridique de l'électricité et du gaz.*
D................................ *Dalloz.*
DA .... *Revue Droit administratif.*
EPCI........................... Établissement public de coopération intercommunale.
GAJA .... Grands arrêts de la jurisprudence administrative, 10e édition, 1993.
GDCC .... Grandes décisions du Conseil constitutionnel, 7e édition, 1993.
GDJDA .... Grandes décisions de la jurisprudence (droit administratif), 7e édition, 1993.
JCP............................ *Juris-Classeur Périodique.*
JORF .... *Journal officiel de la République française.*
PA.............................. *Les Petites affiches.*
RA.............................. *Revue administrative.*
R .... *Recueil Lebon.*
RCC........................... *Recueil des décisions du Conseil constitutionnel.*
RDP........................... *Revue du droit public et de la science politique.*
RFDA .... *Revue française de droit administratif.*
RJCO......................... *Revue juridique du Centre-Ouest.*
RJTA.......................... *Recueil des jugements des tribunaux administratifs.*
SEM .... Société d'économie mixte.
SPA .... Service public administratif.
SPIC .... Service public industriel et commercial.
TA .... Tribunal administratif.
TC .... Tribunal des conflits.

INTRODUCTION

SECTION I

LA NOTION D'ADMINISTRATION COMMUNALE

Dans une première approche, l'administration communale évoque l'organisation et la mise en œuvre, par et dans la commune, des activités nécessaires à la satisfaction de l'intérêt général, étant entendu qu'en droit administratif français, ces activités sont généralement regroupées sous deux grandes rubriques : celles tendant au maintien de l'ordre public sans lequel il n'y a pas de vie sociale possible et qui constituent la police administrative, celles visant à l'octroi aux usagers (publics et privés) de prestations que l'initiative privée (commerçants, professions libérales, etc.) ne peut pas ou ne veut pas prendre en charge et qui constituent les services publics. A partir de cette approche, l'administration communale est susceptible d'être abordée de deux façons.

La première façon prend l'expression « administration communale » au sens large, comme le faisait l'ancien code de l'administration communale et englobe, sous cette rubrique, l'ensemble des activités administratives qui, en vue de la satisfaction de l'intérêt général, sont organisées par cette personne morale de droit public qu'est la commune, il s'ensuit qu'une telle étude postule, non seulement le recensement de ces activités, mais aussi l'analyse de leur prise en charge et de leur accomplissement par les différents organes de la commune. Dans cette perspective, l'étude de l'administration communale nécessite une recherche sur l'organisation, le fonctionnement, les compétences et les moyens de la collectivité communale.

Il existe une conception plus étroite de l'administration communale qui consiste à n'étudier cette notion que dans son aspect technique et elle vise, alors, les moyens humains, juridiques et financiers que les textes reconnaissent à la commune pour l'accomplissement des missions qui sont les siennes. C'est ce sens, en définitive, que retient le Code des communes dans son article L.122-11 lorsqu'il précise : « le maire est seul chargé de l'administration... » et que consacre également le juge administratif lorsqu'il reconnaît au maire la qualité de chef de l'administration communale liée au fait que les textes font de lui le chef de l'ensemble des services de la commune, le supérieur hiérarchique des agents communaux, l'ordonnateur des dépenses et des recettes du budget communal, etc.

Mais, comme l'ambition de cet ouvrage est de donner, même dans un cadre limité, une vue d'ensemble de l'administration communale, nous retiendrons comme trame de cette présentation le sens large de l'expression « administration communale » qui, seul, permet de prendre une exacte mesure de l'ampleur de cette administration, de son rôle dans l'ensemble de l'administration française, des moyens et procédures dont elle dispose en vue de la satisfaction de l'intérêt général.

Section II

LES CARACTÉRISTIQUES DE L'ADMINISTRATION COMMUNALE

Une présentation schématique de l'administration communale pourrait se faire autour du thème suivant : l'administration communale c'est la démocratie locale et les services publics de proximité. C'est généralement par ces deux aspects que l'opinion publique la caractérise et, pour être incomplète, cette approche met bien en évidence les deux aspects majeurs de cette administration. Mais lorsque l'on désire approfondir celle-ci, certaines caractéristiques s'imposent : c'est une administration polyvalente, décentralisée, constitutionnalisée, éclatée et située.

§ 1. Une administration polyvalente

Dans un pays dans lequel, en matière d'administration, on n'a longtemps raisonné que par rapport à l'État et à son rôle majeur dans la satisfaction des besoins collectifs, il n'est pas inutile de souligner l'importance de l'administration communale dans la prise en charge des besoins quotidiens des habitants, ne serait-ce, d'ailleurs, que pour souligner que certaines activités administratives ne relèvent pas de l'État ou d'une autre collectivité publique mais bien de la commune et que le spectre des activités de l'administration communale est particulièrement large. En un mot, cette dernière ne se cantonne pas dans un domaine étroit, spécialisé, elle est polyvalente dans le mesure où elle a en charge différentes fonctions. Sans entrer dans le détail de ces fonctions (voir, *infra*, 1re partie), il est facile d'illustrer leur variété en mentionnant, d'abord, les fonctions de réglementation que la loi confie à l'administration communale qui, à ce titre, intervient par exemple, dans le domaine de la police administrative (maintien du bon ordre, de la sûreté, de la sécurité et de la salubrité publique : art. L.131 et s. du C. des Cnes) et dans celui de l'urbanisme (plans d'occupation des sols, autorisations individuelles dans le domaine de l'urbanisme). Mais, et ensuite, cette polyvalence apparaît dans sa plus grande dimension lorsque l'on recense les services publics qui relèvent de l'administration communale. A vouloir en dresser une liste exhaustive, ce qui n'est guère possible d'ailleurs, on n'échappe pas à un inventaire à la Prévert compte tenu de la diversité de l'objet de ces services, ce qui permet, par là-même, de souligner leur importance dans la vie quotidienne des habitants. Il est à peine exagéré d'écrire que si tous les services publics dépendant à divers titres de l'administration communale cessaient, d'un seul coup, de fonctionner, ce serait pour les usagers un retour à l'état de nature si l'on songe, pour s'en tenir aux services publics communaux assurant le minimum vital en matière de satisfaction de l'intérêt général, qu'il n'y aurait plus d'électricité, de gaz, de distribution d'eau, d'enlèvement des ordures ménagères, de cantines scolaires, de garderies, d'inhumations, d'assainissement, d'entretien d'une bonne partie de la voirie publique, de transports urbains, etc.

Ensuite, la polyvalence de l'administration communale se manifeste dans le domaine des équipements publics indispensables à toute vie collective. Il ne faut pas oublier, en la matière, que les communes et leurs groupements (syndicats, districts, communautés urbaines, communautés de communes et de villes) sont, en France, les premiers investisseurs civils devançant ainsi l'État, même si ce dernier par le biais des dotations, subventions et concours qu'il verse aux collectivités locales participe de façon non négligeable au financement de ces équipements (voir dans cette collection : M. Bouvier, *Les finances locales*, 1993). En 1991, les communes et leurs groupements ont consacré près de 130 milliards de francs à la réalisation d'équipements publics très divers : écoles maternelles, élémentaires, primaires ; installations sportives, socio-culturelles, de loisirs ; voies et ouvrages de communication urbaine ; etc.

La polyvalence de l'administration communale est enfin mise en valeur par les différentes filières entre lesquelles est réparti le million (chiffre de 1991) d'agents communaux : filière administrative, filière technique, filière culturelle, filière sportive, filière médico-sociale et, demain, filière de police municipale. Certes, la plupart de ces filières de la fonction publique territoriale se retrouvent aussi au niveau départemental et régional, mais c'est l'administration communale qui est, de loin, le plus gros employeur au titre de cette fonction publique puisqu'elle emploie 80 % des effectifs de celle-ci (1 300 000 en 1991).

Cette polyvalence se comprend aisément. L'administration communale est la plus proche des habitants et les élus qui l'ont en charge sont les mieux placés pour appréhender les besoins — essentiels et nécessairement divers — des populations dans leur vie quotidienne. Ceci justifie que cette administration soit, également, décentralisée.

§ 2. Une administration décentralisée

Le droit public français connaît, traditionnellement, deux types de décentralisation : la décentralisation territoriale qui prend appui et se manifeste par les collectivités locales territoriales et la décentralisation par services qui utilise la technique de l'établissement public (voir dans cette collection : Dugrip et Saïdj, *Les établissements publics nationaux*, 1992). L'une et l'autre illustrent une autonomie d'administration, dans un domaine donné, par rapport à un centre : l'État dans la décentralisation territoriale, l'État ou une collectivité territoriale locale dans la décentralisation par services. Mais, au-delà de cette unité dans l'inspiration, il semble bien qu'il existe une véritable différence de nature entre les deux décentralisations. Le procédé de l'établissement public ne confère pas à une activité administrative la même autonomie de gestion par rapport à un centre que la décentralisation territoriale qui, elle, trouve, sous certaines conditions, une force incontestable dans la rencontre entre une communauté vivant sur un territoire et la remise de la gestion de ses besoins collectifs à des organes élus par et dans cette communauté. L'établissement public est surtout un procédé de gestion d'un service public, la décentralisation territoriale c'est la démocratie introduite dans l'administration et donc la gestion de leurs problèmes par les intéressés : il y a une force dans la seconde que l'on ne trouve pas dans la première.

L'administration communale se rattache, bien évidemment à la décentralisation territoriale. La commune, comme l'État, le département, la région (depuis la loi du 2 mars 1982 relative aux droits et libertés des communes, des départements et des régions avec prise d'effet en mars 1986 après la première élection des conseils régionaux au suffrage universel direct) est une collectivité à base territoriale. Chaque commune est dotée d'un territoire et le territoire de l'ensemble des communes se confond en principe avec le territoire français. Ce territoire, que chaque commune est tenue de délimiter (art. R. 112-1 du C. des Cnes), avec intervention du préfet et du Premier ministre en cas de contestations (art. R. 112-2), supporte normalement une population et l'administration communale doit donc prendre en charge, dans un cadre spatial déterminé par ce territoire, la gestion des intérêts de cette population. Cette administration ayant son siège au chef-lieu de la commune, c'est-à-dire à l'endroit où sont érigés les principaux bâtiments de la commune et plus particulièrement la mairie.

Cependant, en droit français, le territoire ne fait pas à lui seul la collectivité territoriale : une institution administrative peut avoir un territoire d'action sans être, pour autant, une collectivité territoriale (cas de la région avant 1986, ou de certains établissements publics locaux). La collectivité territoriale est donc celle qui, sur un espace donné, possède une compétence d'administration générale exercée par des organes dont l'un, l'organe délibérant, procède du suffrage universel direct. A cet égard, la commune est bien une collectivité territoriale, ce que consacre, d'ailleurs, la Constitution du 4 octobre 1958 dans son article 72, tout en notant que, dans le langage juridique contemporain, l'expression collectivité locale est plus fréquemment utilisée que celle de collectivité territoriale qui possède pourtant, elle, ses lettres de noblesse constitutionnelle.

Si collectivité territoriale et décentralisation vont normalement de pair dans le système français, encore faut-il que la loi (voir art. 72 de la Constitution) dote la collectivité de certains attributs juridiques et organise son administration suivant un schéma lui garantissant une réelle autonomie, notamment par rapport à l'État, Or, l'administration communale constitue bien une administration décentralisée dans la mesure où elle satisfait aux cinq conditions suivantes.

A) La décentralisation territoriale postule, d'abord, que, dans un État unitaire comme la France, les organes de l'État (le Parlement compte tenu des exigences constitutionnelles : art. 34 et 72 de la Constitution) reconnaissent qu'en matière administrative, il existe, à côté des affaires nationales relevant de la seule intervention de l'État, des affaires locales dont l'État n'entend pas assurer la gestion et il confie celle-ci à une collectivité locale estimant que les affaires locales doivent être localement traitées. Les affaires locales constituent donc la matière première de la décentralisation territoriale.

S'agissant de cet élément, on le retrouve dans l'administration communale. Reprenant la rédaction, déjà retenue par la loi municipale du 5 avril 1884, l'article L.121-26 du Code des communes reconnaît l'existence « d'affaires de la commune » dont la gestion est confiée au conseil municipal. Au-delà de ce texte, dont nous préciserons la portée (voir *infra*, 1re partie), différentes lois, notamment les lois des 7 janvier et 22 juillet 1983 relatives à la répartition des compétences entre les communes, les départements, les régions et l'État, enrichissent le patrimoine des affaires dont la gestion est confiée à l'administration communale.

On doit admettre, aujourd'hui, que le volume des affaires réputées communales est supérieur à celui exigé par le seuil de décentralisation, c'est-à-dire du seuil en dessous duquel l'administration communale, par le peu d'importance qualitative et quantitative des affaires qui lui seraient confiées, n'exercerait plus en matière de satisfaction des besoins publics qu'une mission résiduelle. Il reste que la Constitution donnant compétence à la loi pour déterminer les affaires relevant de l'administration communale, on peut imaginer que le législateur soit un jour tenté de réduire ces affaires à la portion congrue, vidant ainsi la décentralisation communale d'une partie de sa substance. Une telle démarche, difficilement conciliable avec l'article 72 de la Constitution en ce qu'il prévoit que les collectivités territoriales s'administrent librement par des conseils élus — ce qui suppose qu'il y ait matière à administration — tomberait, dans le mesure où il serait saisi, sous la censure certaine du Conseil constitutionnel (voir, *infra*, Section III).

B) En second lieu, la décentralisation territoriale exige que l'administration des affaires locales soit confiée par la loi à des personnes morales de droit public, c'est-à-dire à des sujets de droit dotés de la personnalité morale et de l'autonomie financière. Il n'y a pas décentralisation lorsque la gestion d'affaires administratives est remise à des organes dépourvus d'existence juridique autonome par rapport à l'État, il y a simplement, et au plus, déconcentration.

La personnalité morale dont bénéficie la collectivité locale lui permet d'accéder à la vie juridique, d'édicter des actes, de passer des contrats, d'acquérir et de posséder un patrimoine, de recruter du personnel, de répondre des dommages que son action engendre etc., en un mot la personnalité morale est la condition *sine qua non* de l'autonomie juridique. L'autonomie financière, liée normalement à la personnalité morale, fournit à la collectivité, tout au moins en principe, la maîtrise de ses dépenses (or administrer, c'est dépenser) et de ses recettes (l'indépendance dans la gestion suppose que la collectivité possède une maîtrise de ses sources de financement).

L'administration communale satisfait à cette exigence : la commune est dotée de la personnalité morale et de l'autonomie financière, c'est même historiquement la première des entités publiques locales qui a bénéficié de la personnalité morale, cette dernière étant, d'ailleurs, largement liée à un phénomène sociologique : la nécessité d'une gestion collective des intérêts des habitants du territoire communal que le droit s'est, en quelque sorte, borné à consacrer.

L'une des manifestations de cette personnalité est le nom dont bénéficie chaque commune et qui, pour la plupart d'entre elles, était celui utilisé pour caractériser une ville, un bourg, une communauté, avant la Révolution. L'article L.111-1 du Code des communes prévoit qu'une commune peut changer de nom, le changement s'opérant, à la demande du conseil municipal, par décret pris après avis du conseil général du département dans lequel la commune se situe et avis du Conseil d'État. Ce décret est pris sur rapport du ministre de l'Intérieur mais ce dernier peut, de lui-même, donc sans avoir à provoquer l'intervention du

Premier ministre, refuser de prendre en considération la demande du conseil municipal (CE, 25 juillet 1980, Commune de Pomerol, R.320). Lorsque le changement d'un nom est lié à une modification des limites territoriales de la commune, ce changement intervient dans les conditions prévues à l'article L.111-1 précité.

C) A supposer que l'administration communale dispose d'une compétence de principe à l'égard d'affaires communales largement entendues, que dans la gestion de celles-ci elle puisse mettre en œuvre tous les attributs juridiques et financiers attachés à la personnalité morale, il n'y aurait pas une administration décentralisée si, à l'égard des affaires communales, les organes de l'administration communale ne disposait pas d'un véritable pouvoir de décision. La décentralisation implique que la loi reconnaisse aux autorités de la collectivité territoriale un pouvoir de décision juridique sur les affaires de la collectivité et l'administration communale ne serait pas décentralisée si le conseil municipal et le maire n'étaient investis que du pouvoir de formuler des avis ou des vœux sur ces affaires.

Tel n'est pas le cas. La Constitution, en disposant que les collectivités territoriales s'administrent librement par des conseils élus, exige que ces conseils soient investis, par le législateur, d'un véritable pouvoir de décision leur permettant de conférer des droits et d'imposer des obligations par leur seule volonté. Tel est le sens qu'il faut donner à l'article L.121-26 du Code des communes selon lequel le conseil municipal règle par ses délibérations les affaires de la commune : cet article investit le conseil municipal d'un véritable pouvoir de décision sur ces affaires. La même lecture s'impose, au profit du maire cette fois, à propos de l'article L.131-1 du Code des communes qui lui confie une véritable compétence en matière de police administrative. La lecture du Code des communes fournit bien d'autres illustrations du pouvoir de décision dont sont investis les organes de l'administration communale.

Pour faire, en quelque sorte, œuvre de synthèse en la matière, la loi du 7 janvier 1993 relative à la répartition des compétences entre les différentes personnes publiques dispose que « les communes, les départements et les régions règlent par leurs délibérations les affaires de leur compétence » (art. 1er). Il aurait été préférable d'ailleurs que la loi utilise le terme « décision » plutôt que celui de « délibération » car elle donne l'impression d'exclure du pouvoir de décision sur les affaires locales, le maire et les présidents du conseil général et régional, qui sont pourtant, dans leur domaine de compétence, investis par les textes d'un véritable pouvoir de décision.

D) On peut concevoir une administration locale investie d'une compétence importante en matière d'affaires locales, dotée de la personnalité morale et d'organes bénéficiant sur ces affaires d'un pouvoir de décision, elle ne répondrait pas aux exigences de la décentralisation territoriale si ces organes ne procédaient pas de l'élection mais de la nomination par une autorité d'État. Une telle nomination fait obstacle à ce que les organes locaux soient considérés comme disposant d'une autonomie suffisante par rapport à l'État et sans laquelle il n'y a pas de décentralisation. Il était difficile de considérer comme décentralisée l'administration communale sous le régime de Vichy puisque, dans les communes de plus de 2 000 habitants, les organes municipaux ne procédaient plus de l'élection mais de la nomination, revenant ainsi sur l'élection des conseils municipaux acquise depuis la loi du 21 février 1831 et sur celle des maires par les conseils municipaux (initiée sous la Seconde République dans les communes inférieures à 6 000 habitants supprimée par le Second Empire, rétablie avec des réserves entre 1871 et 1882, et généralisée par la loi du 28 mars 1882).

La condition de la décentralisation territoriale, relative à l'élection des organes de la collectivité, est donc remplie s'agissant des organes de l'administration communale ; le conseil municipal est élu au suffrage universel direct (voir l'art. L.121-3 du C. des Cnes et les articles du code électoral auxquels il renvoie) et le maire et les adjoints sont désignés au suffrage indirect puisqu'ils sont choisis par le conseil municipal, en son sein, au scrutin secret et à la majorité absolue (art. L.122-4 du C. des Cnes).

E) En bonne logique, les quatre éléments ci-dessus analysés, devraient suffire pour établir le caractère décentralisé de l'administration communale. Il convient, cependant, d'en introduire un autre dans l'identification de l'administration locale décentralisée. Les effets de la conjonction des quatre éléments précédemment analysés pouvant être totalement neutralisés par le contrôle exercé par les autorités de l'État sur l'administration communale.

Un tel contrôle constitue une exigence constitutionnelle (art. 72, al. 3, Const. 1958) et il se justifie aisément dans un État unitaire (les collectivités territoriales sont des entités administratives, donc infra-étatiques, disposant à l'égard de l'État d'une certaine autonomie mais non pas de l'indépendance) et dans un État de droit (les collectivités territoriales sont soumises aux normes édictées par les organes de l'État), sans compter que ce contrôle permet également de protéger la collectivité décentralisée contre les errements, toujours possibles, de ses propres gestionnaires. Aisément justifiable, ce contrôle administratif est, pourtant, susceptible de vider de toute substance la décentralisation territoriale et cette dernière se trouve donc directement tributaire de la façon dont ce contrôle est organisé.

1) Nous avons vu, par exemple, que cette décentralisation supposait que l'administration communale dans les affaires relevant de sa compé-

tence, dispose du droit d'édicter de véritables décisions sous forme de délibérations du conseil municipal ou d'arrêtés du maire. Il est évident que la réalité de la décentralisation dépend du régime juridique que le droit de l'État réserve à ces décisions.

Si ce droit subordonne l'entrée en vigueur de ces dernières à une approbation donnée par l'État *via* ses représentants (le préfet par exemple), approbation pouvant prendre en considération des considérations de légalité mais aussi d'opportunité ; si ce droit permet, en plus, aux représentants de l'État d'anéantir juridiquement ces décisions (annulation, déclaration de nullité), il est alors évident que la décentralisation ne possède plus aucune réalité puisque l'action des autorités locales est subordonnée à l'accord de l'État et de ses représentants. Si au contraire, toujours s'agissant du contrôle de l'État sur les décisions de l'administration communale, ce contrôle est *a posteriori* (il ne fait pas obstacle à l'entrée en vigueur de la décision de l'autorité communale), ne prend en considération que des éléments de légalité (ce qui exclut qu'il puisse se fonder sur l'opportunité de la décision) et fait, dans sa phase finale, intervenir, pour éventuellement annuler l'acte illégal, une autorité juridictionnelle indépendante (le juge administratif), il permet à la décentralisation territoriale de développer tous ses effets car il assure la conciliation entre l'autonomie locale d'une part et l'État unitaire et l'État de droit d'autre part.

2) Il faut bien constater que, sur ce point, l'administration communale n'a pas toujours constitué un modèle d'administration décentralisée. Ainsi, jusqu'au début des années 1959, et en se limitant aux seules délibérations des conseils municipaux, le préfet pouvait sanctionner lui-même les illégalités dont il estimait ces délibérations entachées ; de plus, de nombreuses délibérations se trouvaient soumises à une procédure d'approbation préalable de ce même préfet. Une ordonnance et un décret du 5 janvier 1959 devaient libéraliser quelque peu — notamment pour les communes de plus de 9 000 habitants — ce système de tutelle administrative (le terme tutelle est, d'ailleurs, significatif d'une conception frileuse de la décentralisation) et ce mouvement devait être amplifié par la loi du 31 décembre 1970 « sur la gestion municipale et les libertés communales » qui réduit de façon très substantielle la liste des délibérations soumises au carcan de l'approbation préalable, sans faire de distinction entre les communes suivant leur importance démographique. Il reste, malgré l'incontestable, quoique très progressif, desserrement de la tutelle de l'État que le mécanisme de l'approbation préalable — bien que réduit dans son champ d'application — perdurait, de même que le pouvoir du préfet d'annuler une délibération ou de la déclarer nulle de droit et qu'ils constituaient, même si dans la pratique ces mécanismes n'ont pas eu l'intensité qu'on a bien voulu leur prêter, autant de limites à une administration communale authentiquement décentralisée.

C'est la loi du 2 mars 1982 relative aux droits et libertés des communes, des départements et des régions, votée à l'initiative du ministre de l'Intérieur, M. Gaston Defferre (v. *AJDA*, mai 1982, n° spécial) qui va achever l'évolution (ou la révolution) du système de contrôle administratif dans une perspective compatible avec une décentralisation effective de l'administration communale, la même remarque valant pour les administrations départementale et régionale.

D'abord, la loi, dans son titre 1er, supprime les tutelles administrative et financière, mais la suppression des tutelles, affirmée par la loi (le poids des mots), n'emporte pas suppression du contrôle administratif prévu — donc imposé — par la Constitution, seulement ce contrôle est organisé suivant des procédures qui respectent l'autonomie de l'administration communale. La ligne directrice (pour les détails, voir, *infra*, IVe partie) est désormais la suivante : suppression du mécanisme de l'approbation préalable : les décisions et conventions édictées et conclues par les organes de l'administration communale sont exécutoires de plein droit ; ces décisions ne sont plus soumises qu'à un contrôle *a posteriori* de légalité et si le représentant de l'État (préfet et sous-préfet) intervient dans la mise en œuvre de ce contrôle, il ne peut plus sanctionner, lui-même, une illégalité entachant ces décisions, l'annulation relevant désormais de la seule compétence de la juridiction administrative, la saisine de celle-ci par le préfet n'emportant pas, sauf sursis à exécution demandé par le préfet et accordé par le juge, suspension de l'exécution de la décision. Il était difficile de faire moins dans un État unitaire et de droit et l'on doit à la vérité de dire que certains des éléments retenus, en la matière, par la loi du 2 mars 1982 se trouvaient déjà rassemblés dans le rapport de la Commission de développement des responsabilités locales présidée par O. Guichard (Rapport « Vivre Ensemble », 1976, La Documentation française, p. 104).

3) Le contrôle de l'État sur les décisions de l'administration communale ne constitue pas la seule forme de contrôle susceptible de porter atteinte à son autonomie. Nous verrons qu'il existe un contrôle sur les organes (suspension ou révocation du maire ; dissolution du conseil municipal), mais il faut souligner que le danger de ce type de contrôle pour l'autonomie communale reste largement théorique. La pratique suivie ici par les autorités de l'État révèle leur très grande prudence dans le maniement des procédures que les textes mettent à leur disposition et la mise en œuvre de ces procédures ne constitue qu'une *ultima ratio* beaucoup plus utilisée, d'ailleurs, dans l'intérêt de la bonne administration de la collectivité communale que dans le but de subordonner cette collectivité aux exigences de la politique de l'État.

Ceci dit, le degré d'autonomie de l'administration communale par rapport à l'État ne dépend pas seulement des procédures de contrôle — sur les actes et sur les personnes — ci-dessus résumées. Elle est, également, tributaire de l'encadrement par le droit de l'État de l'action de l'administration communale et des aides et subventions accordées à cette administration par l'État et qui sont un moyen de canaliser l'action de celle-ci dans une direction voulue par l'État, etc. Le cadre juridique du contrôle, défini par le législateur relativement à l'administration communale, n'est donc pas la seule référence qui doive être prise en compte pour mesurer son degré d'autonomie par rapport à l'État, nous aurons tout au long de ces développements l'occasion de le vérifier. Il reste que ce cadre, tel qu'il résulte de la loi du 2 mars 1982, et qui a le mérite de constituer une échelle de mesure de décentralisation stable et d'appréhension facile, permet de considérer que l'administration communale est bien une administration décentralisée.

§ 3. Une administration constitutionnalisée

En d'autres temps, notamment avant la création du Conseil constitutionnel par la Constitution du 4 octobre 1958 et avant la réforme du 29 octobre 1974 permettant, en plus du Président de la République, du Premier ministre, des présidents des assemblées, à soixante députés ou soixante sénateurs de demander au Conseil, avant la promulgation d'une loi, de vérifier la conformité de celle-ci à la Constitution, c'est-à-dire non seulement au texte même de la Constitution, mais aussi à la Déclaration des droits de l'homme et du citoyen de 1789, au préambule de la Constitution de 1946, aux principes fondamentaux reconnus par les lois de la République, la constatation du caractère constitutionnel de l'administration communale eut été d'une portée pratique limitée, pour ne pas dire nulle. Après tout, la Constitution du 27 octobre 1946, pour ne pas remonter plus haut dans l'histoire constitutionnelle française, contenait un titre X dans lequel était affirmée la reconnaissance de l'existence de collectivités territoriales s'administrant librement par des conseils élus au suffrage universel et qui prévoyait l'extension par des lois organiques des libertés départementales et municipales. Mais, à supposer que le législateur méconnaisse ces dispositions, il n'existait pas, faute d'un contrôle de la constitutionnalité des lois digne de ce nom, un moyen de sanctionner la violation de la Constitution par la loi et, à la limite, c'est la Constitution qui aurait dû être mise en conformité avec la loi (art. 91).

Compte tenu du contrôle de la constitutionnalité des lois établi par la Constitution du 4 octobre 1958 et de son développement à compter de la réforme de 1974, la constitutionnalisation de l'administration communale emporte des conséquences juridiques directes sur le statut de celle-ci dont la détermination relève de la compétence du parlement puisque l'article 34 de la Constitution dispose que « la loi détermine les principes fondamentaux... de la libre administration des collectivités locales, de leurs compétences et de leurs ressources ». A supposer que la loi méconnaisse les exigences constitutionnelles de cette libre administration, le Conseil constitutionnel, si cette loi lui était déférée, ne manquerait pas de la censurer. De même sa censure, pour non conformité à la Constitution, frapperait toute loi méconnaissant les limites que la Constitution pose à cette libre administration, telle l'existence d'un contrôle administratif exercé par le représentant de l'État sur l'administration locale.

On mesure, sans peine, le rôle joué par le Conseil constitutionnel dans le respect, par les textes de lois, de l'équilibre entre les exigences de l'État unitaire et de droit et celles de la libre administration reconnue aux collectivités territoriales par la Constitution. Sans chercher à être exhaustif, on présentera, ici, quelques éléments de la jurisprudence du Conseil constitutionnel :

— la décentralisation territoriale et le principe de libre administration des collectivités territoriales doivent être mis en œuvre d'une façon qui soit compatible avec le respect des prérogatives de l'État, notamment du contrôle administratif qu'il doit constitutionnellement exercer sur ces collectivités (CC, 82-137-DC du 25 février 1982, Droits et libertés des communes, des départements et des régions, GDCC, 499) ;

— le principe de libre administration des collectivités locales ne fait pas obstacle à ce que le législateur prévoit la possibilité pour le représentant de l'État de se substituer aux autorités décentralisées pour assurer, en cas de défaillance de celles-ci, le fonctionnement des services publics et l'application des lois (CC, 82-149-DC du 28 décembre 1982, loi relative à l'organisation de Paris, Marseille, Lyon, *RDP*, 1983, 133, obs. Favoreu) ;

— les garanties constitutionnelles n'exigent pas une administration communale uniformisée et certaines communes peuvent être dotées par la loi d'une organisation spécifique (même décision) ;

— le principe de libre administration des collectivités territoriales ne fait pas obstacle à ce que la loi puisse rendre plus rigoureuse les modalités du contrôle administratif à condition « qu'elles n'aboutissent pas à priver de garanties légales des exigences de caractère constitutionnel » (CC, 92-316-DC du 20 janvier 1993, prévention de la corruption et transparence de la vie économique et des procédures publiques, *JORF*, 1993, 1118) ;

— si le respect des exigences constitutionnelles du contrôle administratif ne permet pas au législateur de rendre exécutoires les actes des autorités décentralisées avant leur transmission au représentant de l'État (décision 82-137-DC du 25 février 1982, précitée), le principe de libre administration ne permet pas au législateur de prévoir que la saisine par le représentant de l'État du juge administratif d'un déféré contre un acte d'une autorité locale, intervenu en matière d'urbanisme, de marchés et de conventions de délégation de service public, entraîne automatiquement la suspension de l'acte attaqué pendant un délai de trois mois ; une telle suspension, dans des domaines importants relevant de la compétence des autorités locales, notamment communales, aboutit, en effet, à priver « de garanties suffisantes l'exercice de la libre administration des collectivités locales prévu pour l'article 72 de la Constitution... » (décision 92-316–DC du 20 janvier 1993, précitée) ;

— de même, le principe de libre administration suppose qu'une collectivité territoriale dispose « dans les conditions qu'il appartient à la loi de prévoir... d'un conseil élu doté d'attributions effectives... » (CC, 85-196-DC du 8 août 1985, évolution de la Nouvelle-Calédonie, GDCC, 620), il s'ensuit que la loi, si elle peut faire varier les compétences de l'organe délibérant, ne doit pas le faire dans des proportions telles que cet organe ne dispose plus d'un pouvoir effectif, ce qui interdit, non seulement la remise en cause du pouvoir de décision du conseil, mais également une réduction substantielle des affaires entrant dans sa compétence.

Ces quelques points de repère, tirés de la jurisprudence constitutionnelle, illustrent la notion de seuil de décentralisation en dessous duquel le législateur ne doit pas descendre pour ne pas risquer une déclaration de non-conformité de la loi aux exigences constitutionnelles de la libre administration. Ce seuil vaut pour les différentes collectivités territoriales et, bien évidemment, pour l'administration communale. Il en résulte, par exemple, que cette administration suppose un conseil élu : le conseil municipal ; que les décisions de ce conseil ne puissent être suspendues par le seul fait du représentant de l'État ; que les affaires relevant de la compétence de ce conseil ne soient pas substantiellement réduites et l'on mesure, ainsi, qu'un retour au système d'administration communale tel qu'il existait avant la loi du 2 mars 1982, éprouverait quelques difficultés à franchir les obstacles constitutionnels. Pour être constitutionnellement protégée, l'administration communale n'en est pas moins une administration éclatée.

§ 4. Une administration éclatée

On rencontre, ici, un phénomène fort connu et spécifique à l'administration communale française : la France compte, à elle seule, plus de communes que tous les autres pays de l'Union Européenne réunis ne comptent de structures administratives équivalentes. La raison essentielle de cet éclatement doit être, avant tout, recherchée dans les décrets révolutionnaires des 14 et 22 décembre 1789 qui avaient créé une administration municipale dans chaque paroisse, communauté villageoise, ville, bourg et cette démarche, qui aboutit à la création de 44 000 communes, devait être consacrée par la Constitution du 3 septembre 1791 dont l'article 8 du titre II disposait que « les citoyens considérés sous le rapport des relations locales qui naissent de leur réunion dans les villes et dans certains arrondissements du territoire des campagnes, forment les communes ». On pourrait, de ce fait, dire que la Révolution a plutôt constaté l'existence des communes qu'elle ne les a créées et cela a entraîné une « décentralisation échevelée » dans un pays où il n'existait pas de tradition décentralisatrice (J.-J. Chevalier, *Histoire des institutions et régimes politiques de la France de 1789 à nos jours*, 7e éd., p. 118). Mise à part l'expérience des municipalités de canton (5 000 environ) et groupant, sous le Directoire, les petites communes, il n'y eut pas de remise en cause fondamentale de la structure communale même si le Consulat et l'Empire réduisirent de 44 000 à 38 000 le nombre de communes et cela de façon autoritaire.

A) Le peu d'évolution du nombre des communes depuis un siècle et demi est remarquable. En 1851, on en recensait 36 751, un siècle plus tard (1954), 38 000 ; 37 965 en 1966, on pouvait penser que ce nombre diminuerait substantiellement avec les dispositions de la loi du 16 juillet 1971 qui mettaient en place la possibilité d'une « fusion conventionnelle » c'est-à-dire reposant, en principe, sur l'accord des communes concernées, dès lors que la pratique avait largement démontré l'échec des fusions autoritaires (art. 3 de la loi du 5 avril 1884 et décret du 22 janvier 1959). Il fallut vite se rendre à l'évidence, les dispositions de la loi de 1971, intégrées à l'époque dans le C. des Cnes (art. L.112-1 et s ; art. R.112-4 et s.) puis abrogées par la loi du 22 juillet 1983, ne suscitèrent que peu d'enthousiasme chez les élus communaux et chez les habitants qui pouvaient être consultés sur l'opportunité de la fusion : les préfets proposèrent 3 682 fusions intéressant 10 143 communes et, seulement, 775 fusions eurent lieu intéressant 1901 communes, ce qui ne fit donc disparaître que 1126 communes et l'on doit, à la vérité de souligner que parmi les fusions réalisées, il y eut par la suite un certain nombre de divorces.

1) Depuis cette époque le nombre de communes françaises s'établit aux environs de 36 600 (36 763 en 1990, 36 560 en 1992), et il varie, un peu chaque année compte tenu de rares fusions ou, au contraire, de quelques défusions. En 1990, les 36 763 communes se répartissaient de la façon suivante : 36 551 en métropole ; 113 dans les départements d'outre-mer, 80 dans les territoires d'outre-mer ; 19 ayant un statut particulier (Mayotte, Saint-Pierre-et-Miquelon). Mais, plus encore que le nombre total des communes, c'est la répartition des communes par taille démographique qui pose un véritable problème. Lors du dernier recensement général de la population en 1990 concernant la métropole, le tableau suivant a pu être dressé par la Direction générale des collectivités locales (voir « Les collectivités locales en chiffres », édition de 1992, p. 13) :

Strates démographiques	Nombre de communes	Nombre d'habitants
0 à 699	25 249	6 897 540
700 à 1 999	6 908	7 933 928
2 000 à 4 999	2 655	8 062 265
5 000 à 9 999	898	6 168 826
10 000 à 19 999	445	6 231 927
20 000 à 49 999	293	9 087 761
50 000 à 99 999	67	4 443 077
100 000 à 299 999	31	4 742 423
plus de 300 000	5	4 116 977

2) Ce tableau met en évidence la rareté de très grandes communes puisque cinq simplement avaient, en 1992, plus de 300 000 habitants (Paris : 2 175 000 ; Marseille : 807 726 ; Lyon : 422 444 ; Toulouse : 365 933 ; Nice : 345 674) ; 841 plus de 10 000 et 35 710 moins de 10 000 habitants. Mais, plus encore, 32 157 communes avaient moins de 2 000 habitants, c'est-à-dire se situant sous un seuil démographique inférieur à celui procurant à une collectivité communale suffisamment de ressources financières propres pour développer une véritable politique en matière d'administration communale et ne pas se limiter, en matière de services publics, au minimum vital. Que dire, au sein de ces 32 157 communes, des 25 249 qui ont moins de 699 habitants et dont le budget les condamne à une gestion quotidienne de quelques rares services publics, sans compter les 4 000 communes de moins de 99 habitants dont les moyens financiers ne dépassent guère une dizaine de millions d'anciens francs et dont les recettes sont absorbées par le traitement d'un agent communal ne travaillant que quelques heures par semaine et l'entretien d'une mairie, de quelques voies et de l'école lorsque les classes de celle-ci n'ont pas été supprimées (B. Perrin, « Quel avenir pour les petites communes ? » *in La décentralisation dix ans après*, LGDJ, 1993, p. 231 et s.).

Une vision superficielle des choses fournit une solution facile au problème : que le législateur prenne ses responsabilités et fusionne les communes de telle façon, par exemple, qu'aucune n'ait une population inférieure à 2 000 habitants et il est probable que le Conseil constitutionnel n'y verrait pas une atteinte au principe de libre administration consacré par l'article 72 de la Constitution. Et pourtant, en la matière les solutions simples, comme celle de la fusion, ne marchent pas : on l'a vu tout au long du XIXe siècle, en 1971 avec l'échec des procédures de la loi du 16 juillet, on en a eu une confirmation lors de la promulgation de la loi du 6 février 1992, relative à l'administration territoriale de la République, une lecture rapide, ou un peu trop politisée de celle-ci, ayant fait croire, à tort, à certains élus que les nouveaux mécanismes de coopération intercommunale établis par ce texte ainsi que le schéma départemental de cette coopération camouflaient des mécanismes de fusion autoritaire.

B) Les causes de l'échec des réformes de la structure communale française sont connues et difficilement surmontables. Il y a donc, d'abord, le poids de l'histoire. L'existence de chaque commune française possède, le plus souvent, des racines de plusieurs siècles et qui conservent, aujourd'hui encore, une certaine vivacité. Il existe, de ce fait, une identité communale, un patriotisme communal, voire un égoïsme communal, qui rendent la population et les élus rebelles à une fusion qui est perçue, non sans raison d'ailleurs, comme une véritable mise à mort de leur commune. Sans compter que cette fusion peut déboucher sur le mariage d'une commune avec une autre commune dont elle est séparée par une rivalité séculaire. Il n'y a pas si longtemps que les derbys locaux de football étaient l'occasion d'exhaler cette rivalité. L'existence d'un esprit de clocher n'est donc plus à démontrer même s'il n'est plus aujourd'hui ce qu'il était compte tenu du développement des moyens de communication de toute nature et de l'exode rural.

En second lieu, la fusion se heurte à la volonté des élus locaux qui considèrent la commune comme une entité naturelle, incontournable, la cellule de base de la démocratie et de l'administration et qui n'ont donc aucune envie de voir leur commune disparaître et, avec elle, d'ailleurs, leurs fonctions. Et l'on retrouve ici le raisonnement traditionnel : mon verre est petit, mais je bois dans mon verre et je n'ai pas envie de le partager avec des voisins surtout dont les idées politiques, la conception de l'administration communale ne correspondent pas aux miennes. De plus l'addition de misères n'a jamais produit de la richesse. Il n'est pas rare que l'on voit ces sentiments réapparaître à propos de la procédure de mise en œuvre des communautés de communes ou de villes instituées par la loi, précitée, du 6 février 1992 et qui pourtant n'aboutissent nullement à des fusions de communes mais à des regroupements au sein d'organismes de coopération (voir, *infra*, C).

En troisième lieu, la fusion se heurte quelquefois, notamment dans les zones de montagne, à des obstacles géographiques : des communes voisines peuvent être, en réalité, séparées par des obstacles naturels rendant difficile toute fusion et même tout rapprochement (sur ces points, voir l'excellente étude de J.-C. Venézia, « Les regroupements de communes », *RDP*, 1971, 1060, dont les analyses et conclusions, plus de vingt ans après, conservent toute leur actualité et toute leur pertinence).

Enfin, si la fusion reste un remède utilisable pour remodeler la structure communale française, il ne faut pas, non plus, que la médecine tue le malade. La fusion, en ce qu'elle aboutit à supprimer des structures administratives, est-elle la solution la mieux adaptée pour faire contrepoids à une désertification d'une partie du territoire français ? A un moment où, dans les zones urbaines, les gestionnaires de l'administration communale se préoccupent de rapprocher cette administration des administrés en créant des mairies annexes, voire des mairies mobiles, (art. L.318-1 du C. des Cnes), est-ce une bonne solution, dans les zones rurales, que d'éloigner les administrés du dernier centre d'administration qui subsiste ? N'est-ce pas une véritable désolation pour les habitants que de voir disparaître, après l'école, la poste, la gare, la mairie, même si certaines formes de fusion permettent de maintenir dans les communes fusionnées un embryon d'administration communale ?

Le problème n'est donc pas simple et d'ailleurs s'il l'était, il y a longtemps qu'il serait résolu. Mais les quelques éléments, ci-dessus rapportés, permettent de comprendre que, dans son rapport précité (p. 201), la Commission de développement des responsabilités locales ait pris position, en 1976, pour le maintien des 36 000 communes françaises en avançant divers arguments :

— les communes, comme le soulignait de Tocqueville, « sont à la liberté ce que les écoles sont à la science, elles la mettent à la portée des peuples et en font goûter l'usage possible en les habituant à s'en servir... » ;

— la commune est le cadre dans lequel « la démocratie se vit au plus près des hommes et de leurs problèmes : si la solution des problèmes dépasse presque toujours et presque partout la capacité de faire des communes, c'est bien à leur niveau que les besoins sont connus et exprimés, les effets sentis et jugés, et donc que les problèmes doivent être posés et les responsables soumis à la sanction du suffrage universel » ;

— les communes ne sont pas « une entité administrative arbitraire ; elles ne sont que le reflet de la réalité physique et sociale de la vie des hommes. Bien des villages se sont dépeuplés, mais tant qu'un village est habité, il reste une communauté dont la vie et les problèmes sont distincts de ceux des autres, et qui a donc droit à exercer la responsabilité de son destin ».

C) Les faits étant, en la matière, particulièrement têtus et comme ils excluent, ou rendent peu opérationnelle, la procédure de la fusion, les pouvoirs publics ont dû imaginer d'autres techniques pour surmonter les difficultés incontestables engendrées par l'éclatement de l'administration communale. Les habitants d'une commune, si petite soit-elle, tiennent à celle-ci, à sa singularité, mais, en même temps, ils veulent pouvoir accéder à un minimum de services publics que la commune, isolée, ne peut leur offrir. La contradiction doit être résolue par un mécanisme juridique préservant l'existence des communes tout en les amenant à collaborer pour réaliser à plusieurs ce que chacune ne peut faire seule. Ce mécanisme juridique est celui du regroupement de communes, on parle aujourd'hui d'intercommunalité, qui permet à des communes de créer ensemble une nouvelle personne publique, prenant la forme juridique de l'établissement public, à laquelle elles confient la gestion d'un ou de plusieurs services publics que chacune d'entre elles ne pourrait, notamment faute de moyens financiers, organiser et gérer seule.

1) La première utilisation de ce mécanisme apparaît avec la loi du 22 mars 1890 (art. L.163-1 et s. et R.163-1 du C. des Cnes) qui institue les syndicats de communes à vocation unique. Des communes peuvent se regrouper en de tels syndicats pour confier à chacun d'eux la gestion d'un service public qui bénéficiera à toutes les communes membres du syndicat et à leur population. C'est par l'intermédiaire de ces syndicats que l'ensemble des communes françaises ont pu bénéficier de l'électrification, de la distribution d'eau potable, de l'enlèvement des ordures ménagères, sans compter que ces syndicats ont été utilisés dans les domaines les plus divers (voirie, écoles maternelles, garderies, assainissement, équipements sportifs, etc.). En 1992, on comptait 14 449 syndicats à vocation unique (SIVU).

La formule du syndicat intercommunal à vocation unique, tout en étant maintenue, a été, en quelque sorte, perfectionnée par l'ordonnance du 5 janvier 1959 qui a permis la constitution entre les communes qui le désirent de syndicats intercommunaux à vocation multiple (SIVOM). Un même établissement public intercommunal est alors chargé de la gestion de plusieurs services publics intéressant les différentes communes membres : un seul conseil d'administration, un seul président, ont en charge plusieurs services publics financés par un budget unique. La formule a connu un succès certain, il existait 2 478 SIVOM en 1991 et ils ont permis à l'administration intercommunale de développer et de gérer dans les zones rurales des équipements sportifs, socio-culturels, scolaires etc., ainsi que les services publics correspondant.

2) Mais la formule du syndicat était conçue surtout, bien que non exclusivement, pour les zones rurales. Or, les communes situées en zone urbaine étaient aussi confrontées, quoique pour des raisons différentes, à des problèmes de collaboration, ne serait-ce que dans les domaines du logement, de l'incendie, de la voirie, des grands équipements sportifs,

scolaires etc. Ceci amena le législateur à instituer des districts urbains (ordonnance du 5 janvier 1959 ; art. L.164-1 et s. et R.164-1 et s. du C. des Cnes) qui, comme les syndicats de communes, prennent la forme juridique de l'établissement public et, lorsque les communes intéressées décident la création d'un district, celui-ci, en plus des compétences que les communes lui confient, exerce de plein droit trois compétences : logement, lutte contre l'incendie, services assurés par un syndicat réunissant les mêmes communes que le district (la loi ATR du 6 février 1992, précitée, prévoit désormais, en son article 89, la compétence du seul service départemental d'incendie et de secours pour la gestion des moyens consacrés par les établissements publics intercommunaux, donc les districts, à la lutte contre les incendies et contre les autres accidents, sinistres et catastrophes). On dénombrait, en 1992, 242 districts, qui, d'ailleurs, ne sont plus qualifiés d'urbains depuis la loi du 31 décembre 1970, ce qui permet au droit de rejoindre le fait puisque la technique du district a été également utilisée dans les zones rurales.

Toujours dans le souci de régler les problèmes de collaboration entre communes dans les zones urbaines, et de remédier ainsi aux insuffisances de l'administration communale limitée à une seule commune même d'importance, la loi du 31 décembre 1966 (art. L.165-1 et s. et R.165-1 et s. du C. des Cnes) a prévu la possibilité pour les communes de constituer des communautés urbaines dans les agglomérations de plus de 50 000 habitants (seuil ramené à 20 000 habitants par la loi du 6 février 1992). Lorsque se crée une telle communauté, douze compétences sont transférées de plein droit des communes à celle-ci (voir les art. L.165-7 et L.165-7-1 du C. des Cnes : équipement, développement, aménagement, locaux scolaires, lutte contre l'incendie, transports urbains de voyageurs, eau et assainissement, cimetières, abattoirs, voirie et signalisation, parcs de stationnement, etc.) et, à ces compétences transférées de plein droit, s'ajoutent celles que les communes décident de confier à la communauté.

Il existe, aujourd'hui, neuf communautés urbaines : quatre ont été créées par la loi du 31 décembre 1966 (Bordeaux, Lille, Lyon, Strasbourg) et cinq se sont constituées postérieurement (Dunkerque, Le Creusot-Montceau-les-Mines, Cherbourg, Le Mans, Brest). Certains élus locaux éprouvent quelque méfiance à l'égard de cette formule très intégrationniste du fait de l'importance des compétences transférées de plein droit et craignent, en plus, le poids politique du président de la communauté urbaine notamment lorsqu'il est également maire de la ville-centre, ce dernier redoutant, de son côté, le poids politique du président lorsque ce n'est pas lui qui est investi de cette charge... surtout lorsque les deux élus n'appartiennent pas à la même formation politique.

3) La loi ATR du 6 février 1992 a, sans supprimer les regroupements existants, prévu la possibilité pour les communes de s'unir, sans que leur existence soit remise en cause, donc sans fusionner, dans des communautés de communes ou des communautés de villes, les premières étant plutôt, mais non exclusivement, conçues pour les zones rurales et les secondes pour les zones urbaines (la communauté de villes regroupant des communes d'une agglomération de plus de 20 000 habitants, mais dans de telles agglomérations des communautés de communes peuvent être également constituées : art. L-167-3 du C. des Cnes dans sa rédaction résultant de l'article 85 de la loi du 29 janvier 1993).

Avec ces communautés, on se trouve en présence, après les SIVU, les SIVOM, les districts et les communautés urbaines, de la troisième génération des institutions du regroupement communal : celles de l'intercommunalité qui marquent la volonté des pouvoirs publics de rendre plus substantielle, plus dense, la coopération entre les communes. En effet, les institutions de la première et de la seconde génération, sans pour autant démériter, ont révélé leurs limites :
— 30 % environ des syndicats ou districts ont une activité nulle ou presque ;
— la multiplication des SIVU aboutit à ce qu'une même commune soit, quelquefois, membre de cinq, voire dix, syndicats à vocation unique. Ceci entraîne des effets pervers : absence de vision unique et globale de la gestion des différents services publics de la commune confiés à ces syndicats, car il y a autant d'organes délibérants que de syndicats et la représentation de la commune est éparpillée entre ces organes ; sentiment des conseillers municipaux que les décisions les plus importantes relatives à des services publics essentiels leur échappent au profit des syndicats ; les discussions au sein des conseils de ces syndicats ne sont pas toujours très approfondies, etc. ;
— ces syndicats et districts ne sont le plus souvent, c'est d'ailleurs leur vocation première, que des gestionnaires de services publics qui ne cherchent pas toujours, surtout pour les SIVU, à développer une politique d'ensemble, comment le pourraient-ils, d'ailleurs, compte tenu de la trop grande spécialité de leur mission.

C'est en considérant ces insuffisances, que la loi du 6 février 1992 a prévu la possibilité pour les communes de créer des communautés de communes ou de villes qui, par rapport aux syndicats et districts, présentent, tout au moins théoriquement (il est difficile de juger une expérience qui débute et il n'existait, fin 1993, que 447 communautés de communes et 4 communautés de villes), les avantages suivants :
— ces communautés, du seul fait de leur création, sont dotées de compétences leur permettant de définir une politique de développement intéressant l'ensemble des communes membres et de dépasser, ainsi, le rôle de simple gestionnaire de services publics qu'est souvent celui des

syndicats et districts. Dans cette perspective, la loi dispose (v. art. L.167-3 et L.168-4 du C. des Cnes) que les communautés de communes et de villes exercent de plein droit aux lieu et place des communes membres, des compétences relatives aux domaines de l'aménagement de l'espace et des actions de développement économique et elles doivent, en plus, et toujours en vue de la conduite d'actions d'intérêt communautaire, exercer des compétences relevant d'au moins un des quatre groupes suivants : environnement ; logement et cadre de vie ; voirie ; équipements culturels, sportifs, de l'enseignement pré-élémentaire et élémentaire. Les compétences des communautés de villes étant, dans ces différents domaines, définies de façon tout à la fois plus large et plus précise que pour les communautés de communes, sans compter que les statuts de ces deux types d'organismes peuvent leur transférer d'autres domaines d'intervention ;

— ces communautés sont administrées par un organe délibérant dans lequel chaque commune membre est, en principe, représentée en tenant compte de sa population (chaque commune dispose au minimum d'un siège et aucune ne peut disposer de plus de la moitié des sièges), mais la loi n'a pas voulu faire de ces communautés des collectivités territoriales et les a dotées de la forme de l'établissement public, il s'ensuit que leur organe délibérant ne procède pas du suffrage universel direct, chaque conseil municipal désignant ses représentants dans cet organe. Ne peut-on pas envisager qu'un jour, les membres de ce dernier soient désignés au suffrage universel direct et qu'ainsi ces communautés deviennent de véritables collectivités territoriales et que se trouve réalisée, de façon indirecte en quelque sorte, une profonde mutation de la structure communale, car on imagine mal la coexistence, en tant que collectivités territoriales, des communes et des communautés ;

— enfin, afin de rendre les nouvelles formules attractives pour les élus locaux, les communautés de communes et de villes jouissent d'avantages financiers substantiels (éligibilité à la dotation globale de fonctionnement, à la dotation globale d'équipement, à la dotation de développement rural lorsque la population regroupée est inférieure à 35 000 h. ; bénéfice d'une fiscalité propre avec plusieurs variantes possibles allant jusqu'à la communautarisation complète de la taxe professionnelle ; remboursement du Fonds de compensation de la TVA, l'année même de la réalisation des dépenses concernées). La loi a manifestement, ici, entendu mettre l'amorce d'une réforme — toujours promise, toujours remise — des finances locales au service d'une réforme de l'administration territoriale et on décèle chez de nombreux élus locaux une volonté d'utiliser ces nouvelles techniques (surtout celle de la communauté de communes jugée moins contraignante, sur le plan de l'intégration fiscale, que la communauté de villes qui, elle, entraîne une communautarisation intégrale et automatique de la taxe professionnelle), ne serait-ce que compte tenu des particularités de leur régime financier et fiscal, ce qui explique

que, sur les 195 communautés créées au 31 décembre 1992, 79 l'ont été par transformation d'un syndicat ou d'un district.

A côté de ces différentes techniques de regroupement qui, encore une fois, ne font pas disparaître, à la différence de la fusion, les communes regroupées mais les privent de l'exercice des compétences transférées au groupement, il existe d'autres substituts à l'éclatement de l'administration communale comme les chartes intercommunales de coopération utilisées dans le domaine des parcs naturels régionaux et des plans d'aménagement ; les villes nouvelles qui tentent de limiter, dans les zones urbaines, ou à urbaniser, les inconvénients de l'éclatement de l'administration communale, en freinant le développement désordonné des banlieues et en limitant le poids de la ville-centre, etc., la loi du 13 juillet 1983 les a transformées en agglomérations nouvelles (art. L.171-1 du C. des Cnes) qui « sont destinées à constituer des centres équilibrés grâce aux possibilités d'emploi et de logement ainsi qu'aux équipements publics et privés qui y sont offerts » et dont le « programme de construction porte sur dix mille logements au moins ». Ces agglomérations nouvelles peuvent être gérées par un syndicat qui prend la dénomination de syndicat d'agglomérations nouvelles, il en existe neuf aujourd'hui.

Il reste que si ces différents établissements publics de coopération intercommunale assurent un relais efficace à l'administration communale en la rendant plus présente, plus efficace, mieux à même de répondre, sur l'ensemble du territoire, aux besoins croissants de la population dans les domaines les plus divers, l'administration communale *stricto sensu*, assurée par et dans le cadre communal, reste très présente non seulement par la satisfaction des besoins d'intérêt général qu'elle assume elle-même, mais aussi parce que, pour le moment tout au moins, elle est le point de passage obligé de toute structure intercommunale de coopération car, si une telle structure est susceptible d'être créée dans un périmètre donné à la majorité qualifiée (deux tiers au moins des conseils municipaux des communes représentant plus de la moitié de la population ou la moitié des conseils municipaux de communes représentant plus des deux tiers de la population), il est rare qu'une commune y soit intégrée de force pour ne pas introduire le loup dans la bergerie (sur l'ensemble de ces problèmes, voir : les rapports de Y. Jégouzo : *Communes rurales, décentralisation et intercommunalité* ; J.-F. Lachaume : *La décentralisation face à la sous-administration en milieu rural* ; J. Palard : *Communes rurales, décentralisation et coopération. Gestion territoriale ou développement local ?* ; B. Perrin, « Quel avenir pour les petites communes ? » *in La décentralisation, dix ans après*, L.G.D.J., coll. Décentralisation et développement local, 1993, p. 189 et s. ; dans la même collection, sous la direction de M. Bourjol, *Intercommunalité et coopération intercommunale*, études sur la loi du 6 février 1992 présentées au colloque de Tours le 13 novembre 1992).

A côté des organismes de coopération spécifiquement intercommunaux, car ne groupant que des communes, il existe des formules mixtes de coopération également utiles pour le fonctionnement de l'administration communale. Ces syndicats mixtes (1 000 environ) sont des établissements publics groupant des personnes publiques différentes (communes, département, région, établissements publics) et qui interviennent dans les domaines les plus divers au profit des entités qui en sont membres (syndicat mixte d'informatique, de gestion d'une rivière, de renseignements administratifs et juridiques, etc.).

§ 5. Une administration située

Dans un État unitaire et indivisible comme la France, c'est l'État, structure juridique de la Nation, qui exerce, seul, la souveraineté. Les collectivités territoriales ne sont que des entités administratives, autonomes certes par rapport à l'État, mais non indépendantes de lui, puisque c'est, en définitive, dans le système juridique de l'État qu'elle trouve la consécration de leur existence et de leurs compétences. L'administration communale doit donc être située par rapport à l'État. Elle doit l'être, également, par rapport aux autres administrations locales à base territoriale (départementale et régionale) ou prises en charge par des établissements publics. Elle doit l'être, enfin, par rapport aux activités privées sur lesquelles elle ne doit pas, sauf conditions particulières, empiéter.

A) L'administration locale doit être située, d'abord, par rapport à l'État et à son administration.

1) Nous verrons (*infra*, section IV) que c'est la Constitution de l'État qui consacre l'existence de l'administration communale (art. 72) et définit les grandes lignes de son statut. C'est le Parlement de l'État qui possède compétence pour fixer les règles d'organisation et de fonctionnement de l'administration communale dans la mesure, tout au moins, où ces règles touchent « aux principes fondamentaux de la libre administration des collectivités locales, de leurs compétences et de leurs ressources ». Les autres règles entrant dans le champ du pouvoir réglementaire d'État.

Les normes, législatives et réglementaires, édictées par l'État enserrent également l'exercice par l'administration communale de ses attributions. On peut, d'ailleurs, se demander si, par le biais de ces normes, l'État ne possède pas un moyen efficace de limiter l'autonomie de cette administration en multipliant les règles de procédure et de fond qui s'imposent à elle. Ainsi, le transfert des compétences réalisé en 1982-1983 l'a été à droit constant : les règles s'appliquant à un domaine donné, par exemple l'élaboration des plans d'occupation des sols, n'ont pas été allégées lors du transfert. Une étude approfondie mettrait, en évidence, que sur certains points elles ont même été, au contraire, alourdies, l'État ne pouvant se défaire d'une certaine méfiance à l'égard de la façon dont l'administration communale exerce ses compétences et cherchant à reprendre d'une main, ce qu'il a accordé de l'autre.

2) L'administration communale doit exercer les attributions qui sont les siennes en se gardant d'empiéter sur celles de l'État : toute décision de l'un des organes de l'administration communale (conseil municipal, maire) qui porterait, partiellement ou totalement, sur une affaire relevant de la seule compétence de l'État serait illégale, voire dans certains cas, inexistante.

Cela ne fait pas obstacle, mais c'est un autre problème, à ce que l'État utilise, pour sa propre administration, un organe de l'administration communale (par exemple, le maire est de droit officier d'état civil qui est un service public d'État) mais l'organe en cause agit, alors, au nom de l'État dont il est une autorité déconcentrée, et non plus au nom de l'administration communale (exemple de dédoublement fonctionnel).

3) Ensuite, nous l'avons déjà signalé, les représentants de l'État dans le département (préfet et sous-préfet) sont chargés du contrôle administratif de l'administration communale (contrôle sur les actes mais aussi contrôle sur les organes). Ce sont également des juridictions de l'État, à savoir les tribunaux administratifs, qui jugent, en premier ressort, la légalité des actes de cette administration, de même que les chambres régionales des comptes interviennent, sous certaines conditions, dans l'élaboration des budgets locaux et dans leur exécution, etc.

4) Enfin, on rappellera que le budget de l'État concourt de façon significative aux recettes des budgets communaux. C'est le droit de l'État, notamment la loi de finances annuelle, qui définit l'existence et le régime juridique des différentes dotations (de fonctionnement, d'équipement, de solidarité rurale, de décentralisation, etc.) en provenance du budget de l'État vers les budgets communaux. C'est également ce droit qui établit les impôts locaux, leur assiette, leurs modalités de recouvrement ne laissant à l'organe délibérant (conseil municipal) que la fixation, encadrée d'ailleurs, des taux et de quelques abattements. Pour mesurer la situation, sur le plan financier et fiscal, de l'administration communale par rapport à l'État, il faut considérer qu'en moyenne 30 % environ des recettes communales proviennent de fonds d'État, la dotation globale de fonctionnement représentant 52 % du total de ces concours.

Cependant, il faut se garder de situer l'administration communale par rapport à l'État uniquement à partir du droit qui gouverne leurs relations. La part du droit est, bien sûr, non négligeable. Mais on doit, également, faire état d'éléments de fait, en un mot de science administrative. Il n'est pas facile de mettre en évidence la subtilité et la complexité, pour ne pas dire quelquefois l'ambiguïté, des relations qui s'établissent entre l'administration communale et l'État, ses représentants, ses services déconcentrés, au titre de la gestion quotidienne des affaires de la commune. Les facteurs humains, mais aussi politiques, y pèsent d'un grand poids. Sans compter que, s'agissant des petites communes, la préfecture ou la sous-préfecture joue un rôle de conseil mais aussi de persuasion quelquefois... La façon dont fonctionne en pratique le contrôle de la légalité des actes des autorités locales conçu par la loi du 2 mars 1982 révèle, à bien des égards, les limites du droit dans les relations quotidiennes État-administration communale et la place importante du dialogue, de la discussion, de la persuasion, de la légalité négociée (v. sur ces aspects : J.-C. Hélin, « Les contrôles sont-ils efficaces ? » *Revue Pouvoirs*, 1992, n° 60 consacré à la décentralisation, p. 114 et s.). Vouloir placer et définir les relations État-administration communale à partir de seuls concepts juridiques, c'est méconnaître la part de politique, dans tous les sens du terme, que l'on rencontre dans ces relations. Or, la politique est rebelle à un encadrement juridique intégral. Enfin, depuis quelques années, les rapports entre l'État et les collectivités territoriales, donc les communes, se sont considérablement « complexifiés », une même action administrative peut à la fois faire intervenir l'État et ces collectivités d'où une collaboration inéluctable qui prend souvent une forme contractuelle (v. Pontier, « Les anamorphoses de la décentralisation », *les Petites Affiches*, 1992, n° 138 et 139). Mais on sait depuis longtemps, que ce soit en droit privé ou en droit public, que la technique contractuelle ne signifie pas l'égalité entre les parties au contrat.

B) Il faut, ensuite, situer l'administration communale par rapport aux autres administrations locales qu'elles soient prises en charge par des collectivités territoriales (département, région) ou des établissements publics, notamment ceux, déjà rencontrés, de coopération intercommunale.

1) On retrouve d'abord une exigence, déjà signalée dans les relations État-collectivités locales, selon laquelle l'administration communale doit respecter les compétences et attributions dévolues par la loi aux autres collectivités territoriales (département, région). Ce respect ne soulève pas de problèmes majeurs lorsque la loi, dans un domaine donné, confie une compétence globale à l'administration communale ou exclut, au contraire, toute intervention de cette administration et l'on se rend vite compte que les compétences totalement exclusives ou totalement exclues ne sont pas très nombreuses (voir, *infra* 1re Partie). Les difficultés apparaissent lorsque, dans un domaine donné de l'action administrative, les compétences d'intervention sont partagées entre l'administration communale et le département (action sociale et santé, urbanisme par exemple) voire entre les trois étages d'administration territoriale locale (commune, département, région : transports, éducation, environnement, action culturelle, interventions économiques). Dans ce cas, des empiéte-

ments risquent de se produire sans compter que l'intervention communale peut être provoquée, ou contrariée, par l'action d'une autre collectivité qui, par exemple, octroie ou refuse une subvention.

En second lieu, une collectivité autre que la commune (le département, souvent, mais aussi la région) peut, hors des délimitations opérées par la loi, pratiquer une politique systématique de subvention en vue de favoriser la réalisation par les communes, notamment les plus petites d'entre elles, d'équipements (stades, salles polyvalentes, etc.) et il est bien évident que les décisions de l'administration communale sont directement conditionnées par celles prises, quant à l'octroi de la subvention, par le département ou la région.

Dans ces deux cas, compétences partagées par la loi ou compétences aidées par un financement extérieur au budget communal, peut s'établir une véritable tutelle de la collectivité, qui aide financièrement, sur la commune qui réalise, en qualité de maître d'ouvrage, l'équipement en cause : la subvention n'est accordée que si l'équipement satisfait à un certain nombre de normes techniques, de localisation etc., déterminées par la collectivité qui accorde celle-ci. Le législateur a parfaitement perçu ce risque et a entendu, sinon le supprimer totalement, tout au moins en réduire autant que faire se peut les effets en prévoyant dans l'article 2 de la loi du 7 janvier 1983, relative à la répartition des compétences entre les communes, les départements, les régions et l'État, que « les transferts de compétences prévus par la présente loi au profit des communes, des départements et des régions ne peuvent autoriser l'une de ces collectivités à établir ou exercer une tutelle, sous quelque forme que ce soit, sur une autre d'entre elles ». La pratique a révélé que cette disposition n'avait pas eu toujours l'effet escompté et le législateur (art. 92 de la loi ATR du 6 février 1992) a dû réitérer la prohibition de toute tutelle d'une collectivité territoriale sur une autre (en réalité sur les communes) qui serait liée à l'octroi ou au refus d'une aide financière, la loi ajoutant, ce qui est révélateur, que ces décisions s'appliquent aux décisions prises après le 1er avril 1991. Il ne faut pas se faire d'illusions, tant que les régions et surtout les départements, par le biais de leur programme d'aide à la réalisation d'équipements communaux et de leurs agences techniques, aideront financièrement et techniquement cette réalisation, il s'avérera difficile de supprimer totalement toute forme de tutelle ou de droit de regard : celui qui paie, même pour partie, ne renonce que très rarement à contrôler l'utilisation de son argent (voir le rapport du Conseil économique et social sur la décentralisation et la répartition des compétences, 1991, éditions des *JO*, p. 65).

2) Il faut, également, rappeler que l'administration communale doit être située par rapport aux institutions de coopération intercommunale tout en soulignant que, dans cette perspective, les données sont diffé-

rentes de celles rencontrées dans les relations entre cette administration et les autres collectivités territoriales. Dans ce dernier cas, les relations, et les limites qu'elles imposent à l'action de l'administration communale, sont imposées par la loi, en revanche, dans les rapports entre cette administration et les institutions de coopération intercommunale, les limites qui en découlent pour l'action des autorités communales sont, à l'origine et en principe, consenties par celles-ci.

Il n'en reste pas moins que lorsqu'une commune confie à un syndicat, un district, une communauté urbaine ou de communes ou de villes, la gestion d'un service public donné, elle renonce, par là-même, à exercer cette compétence ; en la matière, comme dans bien d'autres, donner et retenir ne vaut. L'organisme de coopération exerce donc, aux lieu et place des communes membres, les compétences qui lui sont transférées ce qui implique que les communes doivent s'abstenir de toute action au titre de celles-ci (CE, A, 16 octobre 1970, commune de Saint-Vallier, R, 583), en revanche, l'organisme de coopération doit strictement limiter son action aux seules compétences transférées (CE, 4 mai 1984, ministre d'État, ministre de l'Intérieur et de la décentralisation c/ Commune des Aubiers, Tables 1975-1984, T. II, p. 1304).

3) L'administration communale doit, enfin, respecter les compétences de ses partenaires publics (notamment les établissements publics) et privés (sociétés d'économie mixte, associations, sociétés commerciales) auxquels elle confie, par un contrat de délégation de service public, la gestion d'un service public. Certes la commune conserve, dans ce cas, un contrôle sur l'organisation et le fonctionnement du service, mais ce contrôle doit s'exercer dans des conditions qui ne rendent pas illusoire l'autonomie dont le gestionnaire peut, à bon droit, réclamer le bénéfice (TA, Montpellier, 12 décembre 1988, préfet de la Région du Languedoc-Roussillon, préfet de l'Hérault c/ Département de l'Hérault, *RJTA*, 1989, n° 155). Il est vrai que, dans certains cas, notamment lorsqu'un service public est confié à une association et ce surtout dans le domaine socio-culturel, cette dernière peut ne disposer d'aucune autonomie réelle par rapport à l'administration communale : on se trouve alors en présence d'organismes ectoplasmiques, sans existence effective, et le juge en est réduit à constater cet état de choses et à considérer que c'est l'administration communale qui reste le véritable gestionnaire du service (CE, 17 avril 1964, commune d'Arcueil, R, 230 ; D, 1965, 45, concl. Combarnous ; CE, 11 mai 1987, Divier, R, 167 ; *RFDA*, 1988, 780, concl. Schrameck ; *AJDA*, 1987, 446, chr. Azibert et M. de Boisdeffre ; *RDP*, 1988, 265, note Auby).

C) L'administration communale doit, enfin, être située par rapport aux personnes privées. La France est politiquement organisée suivant le schéma de la démocratie libérale. Ceci, implique, non seulement que les personnes physiques, et à un moindre titre, morales, bénéficient d'un certain nombre de libertés publiques, mais que l'action des différentes personnes publiques ne porte pas, sans justification, atteinte aux droits et libertés que le droit reconnaît à ces personnes privées dans l'exercice de leurs activités, notamment à la liberté d'entreprendre dont la valeur constitutionnelle a été affirmée par le Conseil constitutionnel (CC, 81-132-DC du 16 janvier 1982, loi sur les nationalisations, GDCC, 460). Il en résulte, sous réserve de précisions apportées ultérieurement, trois séries de limites à l'action de l'administration communale :

— dans l'exercice de son pouvoir de police municipale, en vue du maintien de l'ordre public au sens large du terme (v. art. L.131-1 et s. du C. des Cnes), le maire doit respecter les libertés publiques et, lorsqu'il se trouve dans l'obligation de réglementer l'exercice de celles-ci, il doit toujours s'efforcer de concilier l'ordre et la liberté et éviter de sacrifier la seconde au premier, l'interdiction ne se justifiant qu'à défaut de conciliation possible ;

— dans l'érection en services publics communaux d'activités susceptibles de concurrencer les activités commerciales, industrielles, libérales, privées, le conseil municipal doit s'assurer, pour éviter que son intervention soit jugée illégale, qu'il existe bien en la matière un besoin de la population et que celui-ci n'est pas, ou est mal, satisfait par l'initiative privée ;

— l'administration communale a souvent besoin dans son action d'acquérir des biens privés. Faute d'accord amiable, en vue de la cession, avec le propriétaire privé, cette administration dispose de la possibilité de recourir à l'expropriation pour cause d'utilité publique. Mais cette utilité publique, déclarée d'ailleurs par une autorité étatique (préfet, ministre, Premier ministre), n'existe qu'autant que les inconvénients que présente l'expropriation pour la propriété privée ne sont pas excessifs par rapport à l'intérêt du projet ayant entraîné le recours à cette procédure (CE, A, 28 mai 1971, ministre de l'Équipement et du logement c/ Fédération de défense des personnes concernées par le projet actuellement dénommé « ville nouvelle Est », GAJA, 648 ; GDJDA, 444).

Section III

LE DROIT DE L'ADMINISTRATION COMMUNALE

L'administration communale est bien évidemment soumise au droit. Si l'on fait abstraction des hypothèses où cette administration est liée, dans ses décisions individuelles, par les règles générales et impersonnelles qu'elle édicte elle-même (par exemple règles relatives à l'accès aux services publics communaux, aux tarifs de ces services, etc.) et qui constituent les manifestations d'un véritable pouvoir réglementaire des collectivités locales (v. B. Faure, *Le pouvoir réglementaire des collectivités locales*, thèse, Pau, 1992, multigraphiée, 434 pages), l'essentiel du droit de l'organisation, du fonctionnement et de l'action de l'administration communale est d'origine étatique. Il se présente comme un droit aux sources diversifiées, largement intégré au droit public et à l'unité rompue.

§ 1. Un droit aux sources diversifiées

Le droit de l'administration locale procède de sources formelles diverses. La Constitution, bien sûr et tout d'abord, puisque c'est elle qui énonce le principe de la libre administration des collectivités locales dont elle précise que sa mise en œuvre relève de la compétence du législateur. Il faut également citer le droit international et, surtout, le droit communautaire, ce dernier jouant un rôle de plus en plus important notamment dans le domaine de l'organisation et de la gestion des services publics locaux (services publics de l'eau, des transports, des pompes funèbres, etc.) et de la passation des marchés publics (réglementation de la publicité, de la mise en concurrence, etc.) nécessaires au bon fonctionnement de l'administration communale.

L'essentiel du droit communal est cependant contenu dans les lois internes (dont certaines, d'ailleurs, transposent des directives communautaires) et dans des règlements nationaux (on retrouve ici la répartition entre lois et règlements imposée par les articles 34 et 37 de la Constitution). Mais ce droit écrit est surtout relatif à l'organisation et au fonctionnement de l'administration communale, il est essentiellement d'ordre institutionnel (J.-B. et J.-F. Auby, *Droit des collectivités locales*, Thémis, PUF, 1990, p. 49) alors que le droit concernant l'action proprement dite de l'administration communale est d'origine mixte : écrite et jurisprudentielle.

A) Quant aux sources du droit de l'organisation et du fonctionnement de l'administration communale, les précisions suivantes s'imposent :

1) La première loi d'ensemble en cette matière est, bien sûr, la loi municipale du 5 avril 1884 qu'il convient de rattacher aux grandes lois libérales des débuts de la IIIe République. Elle confirme l'élection du conseil municipal et du maire, consacre l'existence d'affaires de la commune, tout en mettant en œuvre un contrôle assez strict de l'État sur les collectivités locales. Cette loi, complétée et modifiée, servira de matière première à une codification réalisée en 1957 et qui aboutira au Code de l'administration communale (décret du 22 mai 1957). Vingt ans plus tard, et pour tenir compte, en principe tout au moins, de la distinc-

tion établie par la Constitution du 4 octobre 1958 entre les matières législatives et les matières réglementaires, le Code des communes remplacera celui de l'administration communale (décret du 27 janvier 1977).

2) Ce Code des communes est divisé en 5 livres, eux-mêmes subdivisés en titres, chapitres, sections, sous-sections, la matière étant scindée en articles de nature législative (L) et de nature réglementaire (R). L'intitulé des livres et des titres qu'ils contiennent met en évidence que le droit communal codifié est surtout relatif à l'organisation de l'administration communale (désignation des organes, élection, fonctionnement, attribution, moyens d'action, etc.). On se bornera ici à indiquer l'intitulé des livres et, en parenthèses, celui de leurs titres :

Livre Ier : Organisation communale (nom, limites territoriales et population des communes ; organes des communes : conseil municipal et maire ; police, stations classées ; intérêts propres à certaines catégories d'habitants ; intérêts communs à plusieurs communes : notamment les institutions de coopération intercommunale ; agglomérations nouvelles) ;

Livre II : Finances communales (budget, dépenses, recettes ; comptabilité ; dispositions applicables à certains établissements publics communaux ; dispositions particulières) ;

Livre III : Administration et services communaux (administration de la commune, services communaux, voirie ; bibliothèques et musées ; protection contre l'incendie ; pompes funèbres et cimetières ; dispositions particulières à certains services communaux ; participation à des entreprises privées ; dispositions particulières) ;

Livre IV : Personnel communal (agents nommés dans des emplois permanents à temps complet ; personnels divers, dispositions applicables en cas de fusion de communes ou de création de communautés urbaines ; dispositions particulières) ;

Livre V : dispositions finales (rappel des textes législatifs codifiés).

L'importance des matières appréhendées par le Code des communes, ne doit pas faire croire que la codification du droit institutionnel de l'administration communale englobe tous les textes législatifs et réglementaires relatifs à celle-ci et l'intitulé de certains livres du code ne doit pas faire illusion : par exemple le Livre IV concernant le personnel communal ne contient pas les textes législatifs et réglementaires édictés depuis 1984 en la matière, ce qui rend ce livre d'un intérêt limité puisque l'essentiel du droit positif se trouve dans les lois des 13 juillet 1983 relative aux droits et obligations des fonctionnaires et du 26 janvier 1984 relative à la fonction publique territoriale et dans ses très nombreux décrets d'application, c'est-à-dire hors du code. On assiste, en effet, à une décodification du droit institutionnel de l'administration communale puisque de nombreux textes, et d'importance, relatifs à cette administration ne sont pas intégrés dans ce code et, par ailleurs, de nombreux articles de ce code sont actuellement abrogés. Sans vouloir être exhaustif, on donnera ici quelques exemples.

La loi du 2 mars 1982 relative aux droits et libertés des communes, des départements et des régions (modifiée par celle du 22 juillet 1982) fait, certes, référence au Code des communes dans de nombreuses dispositions, mais les règles nouvelles qu'elle pose dans des domaines essentiels (suppression de la tutelle administrative, de la tutelle financière) ne sont pas, pour la plupart d'entre elles, intégrées dans ce code tout en entraînant l'abrogation des articles du code incompatibles avec elles et le toilettage de certains articles du code (voir les articles 21 et 104 de la loi). La même remarque vaut pour les lois des 7 janvier et 22 juillet 1983 relatives à la répartition des compétences entre les communes, les départements, les régions et l'État qui, il est vrai, voient leurs dispositions intéressant l'administration communale au titre de l'urbanisme, de l'action sociale et de la santé, des ports de plaisance, intégrées dans les codes correspondant (urbanisme, santé publique, ports maritimes). Dans la même perspective, on a déjà signalé la non-intégration dans le Code des communes, dont le LIVRE IV est pourtant consacré au personnel communal, des dispositions des lois du 13 juillet 1983 portant droits et obligations des fonctionnaires et du 29 janvier 1984 relative à la fonction publique territoriale et de ses nombreux décrets d'application.

Il reste que des textes législatifs n'hésitent pas à intégrer directement bon nombre de leurs dispositions dans le Code des communes. A ce titre, il convient d'abord de citer la loi du 19 novembre 1982 relative à l'élection des conseils municipaux ; celle du 31 décembre 1982 portant statut de Paris, Marseille, Lyon ; celle du 3 février 1992 définissant les conditions d'exercice des mandats locaux ; celle du 6 février 1992 relative à l'administration territoriale de la République dans ses dispositions touchant à la démocratie locale et à la coopération locale. De plus, de nombreuses dispositions non codifées touchant à l'administration communale intéressent également les autres collectivités territoriales (textes relatifs à la fonction publique territoriale par exemple), ce qui peut expliquer qu'elles ne puissent pas, pour certaines d'entre elles, tout au moins, être intégrées dans le Code des communes car elles devraient être, ne serait-ce que sur le plan terminologique, adaptées à la seule administration communale. Ne faudrait-il pas élaborer un code des collectivités territoriales avec une partie commune et des parties spécifiques à chaque collectivité ? Mais ceci est une autre histoire.

Il convient d'ailleurs de ne pas exagérer les vertus de la codification. Certes, elle permet une présentation unitaire, claire et raisonnée des règles et, en cela, facilite la tâche des gestionnaires locaux et des administrés, mais elle n'exclut pas des problèmes d'interprétation dans l'application de la règle de droit et la codification ne tarit donc pas ici, pas plus que dans d'autres domaines, l'œuvre de la jurisprudence qui permet d'éclairer le sens et la portée de la règle codifiée. Après tout, la disposition selon laquelle « le conseil municipal règle par ses délibérations les affaires de la commune » (art. L-12126 du C. des Cnes) apparaît, à bien des égards, comme un chef d'œuvre de codification et pourtant la jurisprudence concernant la notion « d'affaires de la commune » est intarissable. Bien des dispositions de la loi du 6 février 1992 intégrées dans le Code des communes, ne deviendront claires qu'à la lumière de l'interprétation jurisprudentielle, il suffit pour s'en convaincre de se reporter aux circulaires d'application et aux questions écrites posées par les parlementaires au ministre de l'Intérieur quant à la portée de ces dispositions.

B) Les sources du droit de l'action de l'administration communale sont, elles, mixtes : écrites et jurisprudentielles.

L'action en cause est celle que développe l'administration communale dans la mise en œuvre des compétences qui sont les siennes. Ce droit concerne donc les relations de cette administration avec les habitants de la commune, les usagers des services publics qu'elle gère, les entrepreneurs et fournisseurs dont elle sollicite le concours, les gestionnaires auxquels elle confie la gestion de certains services publics, les personnes subissant un dommage du fait de son action, etc.

1) Quelques éléments de ce droit écrit se trouvent dans le Code des communes (v. par exemple le titre II du LIVRE III consacré aux services communaux), mais également dans : le Code de l'urbanisme, tout au moins lorsque la commune est dotée d'un plan d'occupation des sols et délivre en conséquence les autorisations individuelles en matière d'urbanisme ; dans le Code des marchés publics dont le LIVRE III vise les marchés passés au nom des collectivités locales et de leurs établissements publics ; dans le Code de la santé publique, de la famille et de l'aide sociale ; dans le Code de la construction et de l'habitation ; dans le Code de l'environnement etc. D'autres éléments de ce droit écrit sont dans des textes non codifiés et on peut citer, ici, pour ne prendre que cet exemple, les dispositions de la loi du 29 janvier 1993 (prévention de la corruption et transparence de la vie économique et des procédures publiques) relatives aux contrats de délégation de services publics ; celles de la loi du 3 janvier 1991 relative à la transparence et à la régularité des procédures de marchés, etc.

2) A côté de ces éléments écrits, le droit de l'action administrative communale est, comme celui de l'action administrative en général, très largement tributaire de solutions jurisprudentielles. C'est la jurisprudence qui précise, sur bien des points, le régime juridique des actes des organes communaux ; celui du contrôle de la légalité de ces actes à pro-

pos duquel quelques lignes de la loi du 2 mars 1982 ont engendré une construction jurisprudentielle luxuriante ; celui des biens utilisés par cette administration ; celui du fonctionnement des services publics (distinction entre les services publics administratifs et les services publics industriels et commerciaux ; contenu des grands principes gouvernant ces services : continuité, égalité, adaptation, transparence, neutralité) ; celui de la responsabilité extra-contractuelle de cette administration pour les dommages causés aux tiers, aux usagers des services publics, aux collaborateurs bénévoles de ces services. Même si le droit de l'action administrative municipale, comme le droit administratif en général, n'est plus uniquement d'origine jurisprudentielle il n'en reste pas moins que le droit écrit ne couvre qu'une petite partie de cette action, laissant ainsi le champ libre à l'intervention de la règle d'origine jurisprudentielle et que, même lorsque le droit écrit existe, il nécessite souvent une interprétation par le juge, il suffit, pour s'en convaincre, de songer à la jurisprudence engendrée par l'interprétation de l'article 5 de la loi du 2 mars 1982 concernant les interventions économiques des communes. On serait tenté d'écrire que plus le droit de l'action administrative devient un droit écrit, plus, surtout si l'on tient compte de la qualité quelquefois médiocre de la rédaction de ce droit, la jurisprudence, considérée dans son aspect de source du droit, a de beaux jours devant elle.

§ 2. Un droit largement publicisé

Le droit de l'administration communale est, pour l'essentiel, partie intégrante du droit public interne français, notamment du droit administratif. On retrouve, ici, comme conséquence directe de la nature administrative d'une majeure partie de ce droit, l'intervention du juge administratif lorsqu'au centre d'un litige se trouve l'application d'une règle de ce droit administratif et ce en application du principe selon lequel la compétence suit le fond (TC, 8 février 1873, Blanco, GAJA, 15 ; GDJDA, 12). Il reste que le droit de l'administration communale ne se rattache pas exclusivement au droit public.

A) Le droit de l'organisation de l'administration communale, de l'élection de ces organes, de leur fonctionnement etc., en un mot celui qui est, pour l'essentiel, codifié dans le Code des Communes, est partie intégrante du droit administratif, donc du droit public. De plus, si l'on rattache le personnel communal à l'organisation de l'administration communale, les règles juridiques applicables aux agents fonctionnaires relèvent du droit public, sous réserve que, s'agissant des agents non titulaires, ne possèdent la qualité d'agents publics que ceux participant à l'exécution même d'une mission de service public administratif ou ceux liés à la commune par un contrat comportant des clauses exorbitantes du droit privé, les autres sont des agents de droit privé, de même, tout au moins en principe, que les agents des services publics industriels et commerciaux, communaux à l'exception du directeur général du service et du comptable s'il possède la qualité de comptable public. Les litiges engendrés par cette organisation de l'administration communale (agents publics compris) et par le fonctionnement de ces organes relèvent, compte tenu de la nature publique du droit qui la régit, du juge administratif. Pour les agents communaux de droit privé, c'est en revanche le juge judiciaire (Conseil des prud'hommes) qui est compétent en cas de contentieux.

B) Le droit de l'action de l'administration communale connaît très exactement, quant à la détermination de la nature du droit applicable (droit public ou droit privé), les mêmes problèmes que ceux rencontrés pour les activités des personnes publiques en général. Il est, en conséquence, très difficile de faire en quelques lignes une présentation claire de la ventilation des règles gouvernant l'action de l'administration communale entre le droit public et le droit privé.

1) Relèvent en principe du droit public en vertu de quelques textes et des critères jurisprudentiels habituels :

— les actes unilatéraux édictés par les organes de l'administration communale, à l'exception des actes individuels relatifs aux usagers et aux agents des services publics industriels et commerciaux ;

— les contrats conclus par ces organes dès lors, en plus de ceux qui sont administratifs par détermination de la loi, qu'ils portent sur l'exécution même d'une mission de service public ou contiennent des clauses exorbitantes du droit privé ou obéissent à un régime juridique exorbitant du droit privé, à l'exception de ceux passés avec les usagers ou les agents des services publics industriels et commerciaux ;

— les biens de l'administration communale affectés à l'usage du public ou à un service public et spécialement aménagés à cette fin et qui font partie de son domaine public ;

— les travaux immobiliers réalisés par cette administration dans le cadre d'une mission de service public ou pour son compte en vue d'une mission d'utilité publique et qui sont des travaux publics ;

— les actions en responsabilité extra-contractuelle dirigées contre l'administration communale pour les dommages causés par son action sous réserve des exceptions prévues par la loi ou la jurisprudence (*infra* 2) ;

— l'engagement, la liquidation, l'ordonnancement des dépenses et recettes communales.

Les conditions mises à l'application du droit public et à la compétence de la juridiction administrative en cas de litige, par la loi et les solutions jurisprudentielles laissent donc place à une certaine pénétration du droit privé (et de la compétence judiciaire) dans l'action de l'administration communale. Il y a des actes unilatéraux, des contrats, des biens, des travaux, etc., intéressant cette action qui relèvent du droit privé, il suffit qu'ils ne satisfassent pas aux conditions exigées par la jurisprudence pour identifier l'acte administratif unilatéral, le contrat administratif, le bien du domaine public, le travail public, etc. Cette pénétration du droit privé est très mesurée lorsque l'action de l'administration communale se rattache à une mission de service public administratif (police municipale comprise), elle est plus substantielle lorsque se trouve en cause le fonctionnement d'un service public industriel et commercial puisque la jurisprudence privatise globalement les relations individuelles entre un tel service et chaque usager ou chaque agent. Sans compter que des textes spéciaux imposent l'application du droit privé et la compétence judiciaire, on citera, à titre d'exemple, la loi du 31 décembre 1957 confiant au juge judiciaire la connaissance des actions en responsabilité dirigées contre les personnes publiques à raison des dommages causés par les véhicules de celles-ci, cette compétence résultant de l'unification du contentieux des accidents causés par des véhicules administratifs et privés. De même, l'ordonnance du 1er janvier 1986 confie au juge judiciaire (la Cour d'appel de Paris) les recours contre les décisions du Conseil de la concurrence même lorsqu'une personne publique se trouve en cause, sauf si elle agit dans l'exercice de ses prérogatives de puissance publique, ce qui est le cas lorsqu'une commune décide du choix du mode de gestion d'un service public relevant de son autorité (TC, 6 juin 1989, préfet de la Région d'Ile-de-France, préfet de Paris c/ Cour d'appel de Paris (ville de Pamiers), R, 293 ; *AJDA*, 1989, 431, chr. Honorat et Baptiste ; *RFDA*. 1989, 457, concl. Stirn ; *JCP*, 1990, II, 21395, note Terneyre ; *RDP*, 1989, 1780, note Gaudemet) et la compétence, en cas de litige, est donc celle du juge administratif.

2) On doit également tenir compte dans la détermination de la nature du droit applicable à l'action de l'administration communale des règles constitutionnelles, législatives, voire d'origine jurisprudentielle, qui réservent à la juridiction judiciaire la connaissance de litiges dont certains peuvent être engendrés par cette action.

On citera, pour mémoire, l'état des personnes qui relèvent selon les textes du seul juge judiciaire. Certes cette compétence intéresse la majorité des actes accomplis par le maire et les adjoints en leur qualité d'officiers d'état civil, mais le service public en cause ne se rattache pas à l'administration communale puisqu'il s'agit d'un service public d'État.

Ensuite, l'article 66 de la Constitution et divers textes imposent l'intervention du juge judiciaire lorsque l'action administrative porte atteinte à la liberté individuelle et à la propriété privée. De telles atteintes peuvent être le fait de l'administration communale notamment lors de la mise en œuvre par le maire de son pouvoir de police municipale ou dans la réalisation de travaux publics pouvant déboucher sur une emprise irrégulière sur les propriétés privées et le juge judiciaire est seul habilité à réparer le préjudice ainsi causé. Dans la même perspective, lorsque l'administration communale utilise la procédure de l'expropriation pour cause d'utilité publique, les textes prévoient l'intervention du juge judiciaire pour le prononcé du transfert de propriété et, à défaut d'accord d'amiable, pour la fixation de l'indemnité.

Enfin, la compétence judiciaire est imposée par les solutions jurisprudentielles pour réparer les conséquences dommageables d'une voie de fait commise par l'administration communale. La voie de fait, qui peut résulter de la mise en œuvre du pouvoir de police municipale, mais également de l'exécution d'une délibération du conseil municipal, suppose une action de l'organe administratif grossièrement illégale (illégalité affectant la décision elle-même ou la façon dont elle est exécutée) et portant atteinte à une liberté fondamentale (libertés de circulation, religieuse, de la presse, du domicile privé, de réunion, d'association etc.) ou à la propriété immobilière ou mobilière privée. Le juge judiciaire, comme le juge administratif, a le pouvoir de constater l'existence d'une voie de fait mais il possède, seul, compétence pour en réparer les conséquences dommageables et ordonner à l'autorité administrative d'y mettre fin.

§ 3. Un droit au contenu diversifié

Si l'on met à part le droit de l'action administrative communale qui est, en définitive, le même en vertu des textes mais surtout des solutions jurisprudentielles, pour toutes les administrations communales quelles que soient leur taille, leur population, etc., les critères du contrat administratif, du domaine public, du travail public, etc., n'étant pas influencés par ces éléments quantitatifs, il apparaît, en revanche, difficile de soutenir, encore aujourd'hui, que le droit de l'organisation et du fonctionnement de l'administration communale se caractérise par son unité dans la mesure où il serait le même pour les petites communes que pour les grandes. Le contenu de ce droit est, en effet, largement diversifié.

Certes, il existe des domaines où les solutions retenues par le droit ne sont pas influencées par l'importance de la commune par exemple le régime juridique des actes unilatéraux des organes de l'administration communale (entrée en vigueur, contrôle de légalité), cependant on a vu se multiplier, dans les textes récents relatifs à l'administration communale, des solutions diversifiées car conçues en fonction de l'importance démographique des communes. Une telle solution est certainement plus compatible avec la réalité très diversifiée de l'administration communale, il faut cependant admettre qu'elle a rompu l'unité du droit de cette administration. Mais cette unité ne saurait constituer une fin en soi et on ne reprochera pas au législateur de traiter différemment des situations non comparables : une commune de 100 000 habitants ne s'administre pas comme une commune de 100 habitants. Quelques exemples mettent en évidence cette diversification du droit de l'administration communale.

D'abord, les règles relatives à l'élection du conseil municipal ne sont pas les mêmes dans les communes de moins de 3 500 habitants (scrutin majoritaire) et dans celles de 3 500 habitants et plus (scrutin majoritaire couplé avec la représentation proportionnelle) (loi du 19 novembre 1982 codifiée dans les art. L-252 et s. et L-260 et s. du Code électoral).

Ensuite, depuis la loi ATR du 6 février 1992 les règles de convocation, de fonctionnement du conseil municipal, celles concernant la publicité des décisions des organes de l'administration communale, etc., ne sont plus les mêmes dans les communes de 3 500 habitants et plus et dans les autres.

On peut s'interroger sur la pertinence du seuil retenu et il est vrai que lors de la discussion de la loi du 6 février 1992 celui de 10 000 habitants retenu, d'abord, par le gouvernement dans son projet de loi, et justifié par le souci de ne pas trop alourdir l'administration des petites et moyennes communes, a été abaissé à 3 500 habitants par l'Assemblée nationale qui a estimé que la démocratisation du fonctionnement de l'administration communale, réalisée par la loi précitée, ne devait pas être limitée aux 841 communes de 10 000 habitants et plus mais devait également profiter aux 1 634 communes dont la population est comprise entre 3 500 et 10 000 habitants. Il existe donc, dans certains domaines de l'administration communale, un droit communal a deux vitesses : celui applicable aux 2 475 communes de 3 500 habitants et plus et celui régissant les 34 176 communes ayant moins de 3 500 habitants.

Il serait faux de croire, d'ailleurs, que ce seuil démographique est le seul utilisé pour différencier les règles applicables à certains aspects de l'administration communale, on recense près de vingt seuils démographiques différents en fonction desquels ces règles varient (statut des élus locaux ; indemnités de fonctions ; recrutement des fonctionnaires territoriaux ; contrôle des comptes ; dotation d'équipement ; etc.).

Enfin il faut faire mention des dispositions particulières aux trois communes françaises les plus peuplées : Paris (2 175 200 h), Marseille (807 726 h) et Lyon (422 444 h) et qui sont contenues dans deux lois du 31 décembre 1982 (notamment, existence, à côté d'un conseil municipal et d'un maire, de conseils et de maires d'arrondissement bénéficiant d'attribution spécifique). Il est vrai que la ville de Lyon connaissait déjà un régime spécifique, que celle de Marseille en avait connu un de 1939 à 1946 et que Paris, compte tenu du fait que la ville est la capitale de la France et le siège des pouvoirs publics et de l'importance de sa population, a toujours fait l'objet de dispositions dérogatoires au droit commun tendant à limiter l'autonomie de l'administration municipale.

A cet égard, la loi 82-1169 du 31 décembre 1982, tout en établissant des dispositions propres à ces trois communes (le territoire de la ville de Paris recouvrant par ailleurs deux collectivités : celle de la commune de Paris et du département de Paris dont les affaires respectives sont réglées par une même assemblée : le conseil de Paris), précise (art. 1er), qu'en dehors de ces dispositions propres, les trois communes en cause « sont soumises aux règles applicables aux communes ». En définitive, la loi précitée tend à banaliser quelque peu le régime juridique de ces communes par rapport à ce qu'il était auparavant.

Cependant, s'il existe pour toutes les communes françaises un fond commun important quant au droit de l'administration communale, l'on rencontre, au sein de ce droit, liées dans la quasi totalité des cas à des seuils démographiques, des différences telles qu'il semble plus juste aujourd'hui de faire référence aux droits communaux qu'au droit communal. Il s'agit d'une simple constatation et non pas de l'expression d'un regret, car un droit unique ne saurait efficacement régir des réalités par trop disparates. Il existe quelques communes françaises qui, par l'importance de leur population, leur budget, le nombre de leurs agents, « pèsent plus » que certains États indépendants, il existe, en revanche, de très nombreuses communes françaises dont la population est inférieure au nombre de personnes logées dans un immeuble de cinq étages, l'intelligence du droit est, peut-être, de ne pas régler leur vie de la même façon car un droit unique serait un droit inadapté et, à la limite, un droit inique.

Section IV

LE PLAN DE L'ÉTUDE DE L'ADMINISTRATION COMMUNALE

Dans son précis Dalloz de droit administratif (14e éd. en collaboration avec Jean Waline, p. 1), le professeur Rivero écrit « il n'y a pour l'exposé d'une matière qu'un bon plan : celui dans lequel chaque chapitre s'appuie sur les connaissances acquises dans les chapitres antérieurs, et n'anticipe pas sur les développements suivants. Il est malheureusement impossible de présenter le droit administratif selon cette méthode : l'allusion à ce qui sera analysé que plus tard y est, dès le début, fréquente et inévitable ». La pertinence de cette remarque se justifie également pour l'étude de l'administration communale. Il serait logique en apparence de commencer par l'étude des organes de cette administration mais, pour situer exactement ces organes, mieux comprendre leur statut et le régime de leurs actes, il est utile de connaître le domaine dans lequel ils possèdent compétence pour intervenir car c'est en fonction de ce domaine qu'on peut apprécier de façon plus globale, plus complète, les raisons des choix législatifs concernant le statut de ces organes, leurs modes de décision et d'action etc. On pourrait prendre bien d'autres exemples dans notre matière montrant que le plan en apparence le plus logique n'est pas forcément le meilleur, le plus dynamique.

De toute façon le plan idéal n'existant pas, la moins mauvaise solution nous est apparue être celle qui consiste à diviser en quatre parties l'étude de l'administration communale.

La première partie s'attachera à délimiter le domaine de celle-ci, après tout, le tour du propriétaire s'impose avant de pénétrer plus avant dans l'édifice. Le domaine connu, et donc délimité, il est possible de faire connaissance avec ceux qui sont chargés de sa gestion, en l'occurrence les organes de l'administration communale : tel sera l'objet de la deuxième partie. L'action des organes de l'administration communale à l'intérieur du domaine de celle-ci nécessite des moyens juridiques, matériels, humains, financiers auxquels la troisième partie sera consacrée. Enfin, l'administration communale étant insérée dans un État de droit et ne constituant qu'une partie — certes importante — de l'administration générale du pays, il est normal qu'elle subisse un certain nombre de contrôles étudiés dans une quatrième partie.

On a parfaitement conscience que ce plan n'échappe pas à la critique, ou au risque, mis en lumière par le professeur Rivero, mais il nous a semblé de nature à permettre une vision d'ensemble et claire de la matière.

PREMIÈRE PARTIE

LE DOMAINE DE L'ADMINISTRATION COMMUNALE

A première vue, il se confond avec celui des affaires de la commune dont le C. des Cnes reconnaît l'existence dans son article L.121-26. Mais réduire ce domaine à ces seules affaires aboutirait à l'amputer d'un certain nombre d'éléments importants. En effet, les affaires de la commune visées à l'article L.121-26 excluent, par définition et compte tenu du lien que cet article établit entre ces affaires et la compétence du conseil municipal, les affaires que les textes, notamment le C. des Cnes, font entrer dans la compétence du maire agissant en tant qu'autorité décentralisée détentrice d'un pouvoir propre. Après tout, les objets de la police municipale, la délivrance des autorisations d'urbanisme dans les communes dotées d'un plan d'occupation des sols, la nomination et le déroulement de carrière des agents communaux font partie des affaires de la commune sans pouvoir, compte tenu de ce que le conseil municipal ne possède pas compétence à leur égard, être rattachées à celles visées à l'article L.121-26.

Mais, même à supposer que les affaires de la commune, au sens de l'article L.121-26, englobent toutes les affaires de celle-ci, le problème du contenu de cette notion resterait entier. Consacrer l'existence d'affaires de la commune revêt une grande importance dans la reconnaissance du caractère décentralisé de la collectivité communale, mais il reste à définir ce que recouvre cette notion, en un mot quelles sont, identifiées une par une, les affaires constituant le domaine de l'administration communale. En conséquence, les affaires de la commune visées par l'article L.121-26 ne sont qu'une partie — importante — des éléments du domaine de l'administration communale, il faut, en effet, leur ajouter celles pour lesquelles le maire dispose d'une compétence propre. Cette conception retenue, il convient de mettre des noms sur ces affaires qui constituent les différents éléments composant le domaine de l'administration communale.

On se heurte, à ce stade, à une nouvelle difficulté car il se révèle impossible de dresser une liste exhaustive de toutes les affaires constituant le domaine de l'administration communale. L'intérêt général, dont à travers ses interventions cette administration assure la satisfaction, est en constante évolution et nul ne peut prédire avec certitude et précision les activités que les communes érigeront en service public dans une trentaine d'années. Peu de juristes ou d'hommes politiques auraient imaginé au début du siècle le rôle actuel de l'administration communale dans la mesure où, à côté de ses missions traditionnelles, elle intervient dans des secteurs aussi divers que l'économique, le social, le culturel, le sportif, le logement, etc. Qu'on le veuille ou non, et ce n'est qu'un exemple parmi d'autres, il n'est pas certain, qu'en 1900, le juge aurait considéré qu'une commune était dans son rôle en créant un café-hôtel-restaurant et en l'érigeant en service public et pourtant, aujourd'hui, cela ne fait plus problème et c'est bien ainsi (TA, Clermont-Ferrand, 21 octobre 1983, Tay, *AJDA*, 1984, 166, note Madec et Marillia). De toute façon, à supposer que le juge ait en 1900 adopté la solution de 1983, il se serait trouvé des juristes pour protester et considérer que l'administration communale tombait dans la débauche et les turpitudes. Est-il besoin de rappeler, ici, la note fameuse d'Hauriou sur les méfaits du théâtre et ce qu'il y aurait d'inconvenant à considérer qu'il puisse donner prise à une mission de service public municipal (note sous CE, 7 avril 1916, Astruc, Sirey, 1916, III, 41). Pourtant Hauriou n'était pas le plus rétrograde des juristes de son époque.

Mais, faute de pouvoir établir une liste exhaustive des différents éléments constituant le domaine de l'administration communale, l'on peut toujours essayer de cerner avec une relative précision les frontières, donc les éléments, de ce domaine. Une fois ces éléments recensés, il faudra, alors, présenter les grandes lignes de leur encadrement juridique.

CHAPITRE I

LE RECENSEMENT DES ÉLÉMENTS DU DOMAINE

Pour les recenser le mieux possible, une démarche pragmatique s'impose. Elle consiste à passer en revue, en fonction des textes et des données jurisprudentielles, les différents secteurs d'intervention de l'administration communale. A propos de chaque secteur, et toujours par utilisation des textes et de la jurisprudence, il faut chercher à isoler chaque élément dont l'addition forme le domaine de l'administration communale.

Une telle démarche amène donc à conjuguer des lois spéciales attribuant, sur tel ou tel point particulier, compétence à la commune, les lois des 7 janvier et 22 juillet 1983 portant répartition des compétences entre les communes, les départements, les régions et l'État qui, malgré le caractère ambitieux et général de leur titre, ne concernent que certaines compétences communales et, enfin, la jurisprudence dans l'interprétation qu'elle donne de la notion d'affaires de la commune et qui permet d'affiner les compétences prévues par les lois précitées, voire de reconnaître à l'administration communale des attributions qui ne découlent pas de ces lois mais que le juge estime possible de rattacher à la notion d'affaires de la commune.

Il ne faut pas oublier, non plus, que chaque élément du domaine de l'administration communale étant isolé, il doit être défini et précisé en tenant compte, d'abord, des compétences éventuellement reconnues sur cet élément aux quatre personnes publiques (État, département, région, établissements publics) et, ensuite, en considérant les limites qu'imposent aux activités des personnes publiques le respect de l'initiative privée, la liberté d'entreprendre, le droit de propriété, les libertés publiques fondamentales.

SECTION I

LES ÉLÉMENTS RELATIFS AU SECTEUR DE LA PROTECTION

La protection, au sens large du terme, des personnes et des biens constitue historiquement l'une des premières missions assumées par les personnes publiques et l'une des justifications majeures de l'existence de ces personnes et des prérogatives qui leur sont reconnues. Si l'on ajoute que l'administration communale est celle qui est la plus proche des administrés, la plus apte donc à appréhender leurs problèmes et à les résoudre rapidement, on comprend, aisément, que les textes et la jurisprudence reconnaissent à cette administration plusieurs titres d'intervention dans le secteur de la protection.

§ 1. La police municipale

La police municipale constitue l'une des composantes de la police administrative dont le but est d'assurer sur l'ensemble du territoire le respect de l'ordre public, entendu au sens large du terme, sans lequel aucune vie collective n'est possible. La police administrative caractérise donc « l'ensemble des interventions de l'administration qui tendent à imposer à la libre action des particuliers la discipline exigée par la vie en société » (Rivero et Waline, *op. cit.*, n° 433). Elle a un aspect préventif, c'est-à-dire qu'elle tend à prévenir le trouble à l'ordre public alors que la police judiciaire intervient, lorsque le trouble étant commis, il convient d'en rechercher et d'en punir les auteurs. La police administrative est mise en œuvre au moyen de l'édiction par l'autorité compétente de décisions de police (règlements tels ceux relatifs au stationnement ou à la limitation de vitesse ; décisions individuelles : autorisation donnée à une personne d'accomplir une activité donnée ou interdiction lui imposant de ne pas faire telle chose) et, éventuellement, par le recours à la contrainte lorsqu'il n'existe pas d'autres moyens d'éviter le trouble à l'ordre public ou de restaurer cet ordre.

L'exercice des pouvoirs de police administrative est réparti, sur l'ensemble du territoire, entre différentes autorités : Premier ministre, ministre (sur la base d'un texte) ; préfet, président du Conseil général (au titre de la gestion du domaine public départemental) ; maire. Il appartient, en effet, à ce dernier de prendre les décisions intéressant la police municipale (art. L.131-1 du C. des Cnes) chargeant le maire « sous le contrôle administratif du représentant de l'État dans le département de la police municipale, de la police rurale et de l'exécution des actes de l'État qui y sont relatifs ».

A) Il faut d'abord appréhender le contenu de la police administrative dans son aspect statique.

1) L'article L.131-2 du C. des Cnes définit ainsi l'objet de la police municipale : assurer le bon ordre, la sûreté, la sécurité et la salubrité publiques. On mesure immédiatement la richesse de ce contenu, illustré d'ailleurs par l'article L.131-2 lui-même lorsqu'il entend énumérer les

principaux chefs d'intervention de cette police et il suffit, à ce titre, de reproduire ici cet article en soulignant qu'il évoque toute une époque et que, sur certains points, il apparaît quelque peu vieilli : « *La police municipale a pour objet d'assurer la bon ordre, la sûreté, la sécurité et la salubrité publiques. Elle comprend notamment :*

1° Tout ce qui intéresse la sûreté et la commodité du passage dans les rues, quais, places et voies publiques, ce qui comprend le nettoiement, l'éclairage, l'enlèvement des encombrements, la démolition ou la réparation des édifices menaçant ruine, l'interdiction de rien exposer aux fenêtres ou autres parties des édifices qui puisse nuire par sa chute ou celle de rien jeter qui puisse endommager les passants ou causer des exhalaisons nuisibles.

2° Le soin de réprimer les atteintes à la tranquillité publique, telle que les rixes et disputes accompagnées d'ameutement dans les rues, le tumulte excité dans les lieux d'assemblée publique, les attroupements, les bruits et rassemblements nocturnes qui troublent le repos des habitants et tous actes de nature à compromettre la tranquillité publique.

3° Le maintien du bon ordre dans les endroits où il se fait de grands rassemblements d'hommes, tels que les foires, marchés, réjouissances et cérémonies publiques, spectacles, jeux, cafés, églises et autres lieux publics.

4° Le mode de transport des personnes décédées, les inhumations et les exhumations, le maintien du bon ordre et de la décence dans les cimetières, sans qu'il soit permis d'établir les distinctions ou des prescriptions particulières à raison des croyances ou du culte du défunt, ou des circonstances qui ont accompagné sa mort.

5° L'inspection sur la fidélité du débit des denrées qui se vendent au poids ou à la mesure, et sur la salubrité des comestibles exposés en vente.

6° Le soin de prévenir, par des précautions convenables, et de faire cesser, par la distribution des secours nécessaires, les accidents et les fléaux calamiteux ainsi que les pollutions de toute nature, tels que les incendies, les inondations, les ruptures de digues, les éboulements de terre ou de rochers, les avalanches ou autres accidents naturels, les maladies épidémiques ou contagieuses, les épizooties, de pourvoir d'urgence à toutes les mesures d'assistance et de secours et, s'il y a lieu, de provoquer l'intervention de l'administration supérieure.

7° Le soin de prendre provisoirement les mesures nécessaires contre les aliénés dont l'état pourrait compromettre la morale publique, la sécurité des personnes ou la conservation des propriétés.

8° Le soin d'obvier ou de remédier aux événements fâcheux qui pourraient être occasionnés par la divagation des animaux malfaisants ou féroces.

9° Le soin de réglementer la fermeture annuelle des boulangeries, lorsque cette fermeture est rendue nécessaire pour l'application de la législation sur les congés payés, après consultation des organisations patronales et ouvrières, de manière à assurer le ravitaillement de la population.

La police municipale des communes riveraines de la mer s'exerce sur le rivage de la mer jusqu'à la limite des eaux ».

Au-delà de ce que le C. des Cnes appelle, lui-même, « les pouvoirs généraux du maire en matière de police », le code lui reconnaît des pouvoirs de police sur des objets particuliers (art. L.131-2-1 et s.) : baignades et activités nautiques ; circulation sur les routes nationales et voies communales ; stationnement ; immeubles menaçant ruine ; ramonage des fours et cheminées, etc. Ce même code lui confie la police rurale (art. L.132-1 et s.), c'est-à-dire en réalité l'exercice du pouvoir de police administrative sur la partie non urbaine du territoire de la commune.

Ces objets particuliers mettent en valeur d'ailleurs (par exemple police des immeubles menaçant ruine) l'existence, toujours au profit du maire, à côté de la police administrative générale caractérisée par la trilogie : sécurité, salubrité, tranquillité car, après tout, le bon ordre visé également par l'article L.132-2 se rattache facilement à l'un des éléments de la trilogie, de polices administratives spéciales, souvent confiées au préfet ou aux ministres, mais qui dans certains cas font directement intervenir le maire (police : des établissements recevant du public, des carrières, des animaux dangereux, des débits de boissons, des taxis, des personnes dangereuses pour la sécurité publique ; de la chasse dans certains de ses aspects). Les polices spéciales exercées par le maire se différenciant surtout de la police administrative générale par leurs procédures de mise en œuvre alors même que, sans trop solliciter les notions, elles pourraient être rattachées assez facilement à la trilogie sécurité, salubrité, tranquillité, quoique certaines polices spéciales aient une fin spécifique : par exemple la police de la publicité, des enseignes et préenseignes dont le but est de protéger le cadre de vie (art. 2, L. du 29 décembre 1979). (Pour une présentation claire, très détaillée et rigoureuse, des différents aspects de la police municipale générale ou spéciale, v., dans l'encyclopédie Dalloz des collectivités locales de F.-P. Bénoît, les différents chapitres rédigés par J. Moreau).

Eu égard aux trois objets traditionnels de la police administrative municipale, se pose classiquement le problème de savoir si, par l'un de ces trois objets, il n'est pas possible d'introduire un certain ordre moral comme objet de cette police. La réponse traditionnelle est négative dans la mesure où, en elle-même, l'immoralité, dès lors qu'elle n'entraîne pas de désordres matériels, ne constitue pas un motif d'intervention de la police administrative, pas plus d'ailleurs que cette dernière doit être mise au service d'un ordre moral que voudrait inspirer, à partir de ses propres convictions, l'auteur de la mesure de police. Cependant la moralité publique est présente dans cette police, d'ailleurs le 7° de l'article L.132-2 du C. des Cnes y fait expressément référence au titre des mesures devant être provisoirement prises « contre les aliénés dont l'état pourrait compromettre la morale publique ».

De toute façon, la jurisprudence n'a pas hésité à considérer que la moralité publique puisse être prise en considération par l'autorité de police dès lors qu'une conduite immorale ou une atteinte à la morale sont de nature à entraîner des désordres matériels ou de porter préjudice à l'ordre public (voir la jurisprudence relative à l'interdiction par certains maires de la projection de films jugés immoraux alors même que ces films avaient obtenu le visa ministériel d'exploitation, le Conseil d'État estimant cette interdiction légale dès lors que la projection du film « est susceptible d'entraîner des troubles sérieux ou d'être à raison de son caractère immoral et de circonstances locales préjudiciables à l'ordre public » : CE, 18 décembre 1959, Société « les Films Lutetia », R, 639 ; GAJA, 577 ; GDJDA, 201). Il arrive même que le Conseil d'État légitime directement une mesure de police par la nécessité de défendre l'ordre public et « les bonnes mœurs » (CE, 19 juin 1974, Broutin, R, 346 : un maire peut interdire des dénominations de voies privées qui seraient contraires à l'ordre public et aux bonnes mœurs). Au-delà de la place de la moralité publique dans la police administrative, il faut bien admettre que cette dernière est, aujourd'hui, appelée à intervenir dans des domaines dans lesquels ne se trouvent pas directement en cause la trilogie traditionnelle, c'est le cas lorsqu'une mesure de police intervient pour la sauvegarde de l'environnement ou la protection de la beauté d'un site ou l'amélioration du cadre de vie.

2) Afin de préciser le contenu de la police municipale, il importe de souligner que certains des éléments qui la composent sont susceptibles d'être affectés dans leur contenu ou dans leur mise en œuvre par des solutions législatives ou jurisprudentielles.

Tout d'abord, les pouvoirs de police administrative remis au maire et faisant partie, à ce titre, du domaine de l'administration communale, ne font pas obstacle à ce que le préfet prenne, pour toutes les communes du département ou plusieurs d'entre elles, « et dans tous les cas où il n'y aurait pas été pourvu par les autorités municipales, toutes mesures relatives au maintien de la salubrité, de la sûreté et de la tranquillité publiques ». A l'égard d'une seule commune, l'intervention du préfet, dans les conditions précitées, est possible sous réserve d'une mise en demeure infructueuse adressée par le préfet au maire (art. L.131-13).

Lorsqu'il agit à ce titre, le préfet le fait au nom de la commune : le domaine de l'action communale n'est donc pas affecté dans son contenu mais dans sa mise en œuvre.

En second lieu et en revanche, il y a amputation du contenu d'un élément de la police municipale dans les communes au sein desquelles a été institué un régime dit de police d'État (en principe les communes de plus de 10 000 habitants et celles où ce régime a été institué par arrêté conjoint du ministre de l'intérieur et du ministre de l'économie pris sur la demande ou avec l'accord du conseil municipal ou par décret en Conseil d'État dans les autres cas). Dans ces communes, non seulement le personnel de police est étatisé (art. L.132-8), mais est soustraite au domaine de l'administration communale la partie de la police administrative relative au maintien de la tranquillité publique (v. quant au contenu de ce maintien, le 2° de l'article L.132-2 reproduit *supra*), y compris quand il se fait occasionnellement dans ces communes des grands rassemblements d'hommes (CE, 28 avril 1989, commune de Montgeron, R, 119 ; *AJDA*, 1989, 644, note Prétot) mais non compris les bruits de voisinage. Cette étatisation de l'aspect « tranquillité publique » de la police municipale dans les communes précitées se justifie, pour l'essentiel, par les difficultés des problèmes de maintien de l'ordre dans les communes importantes et pour la solution desquels le maire, en sa qualité d'administrateur non professionnel et d'élu, n'est peut-être pas le mieux placé.

Enfin, s'agissant de la ville de Paris, la police municipale, tout en étant exercée au nom de la ville de Paris (CE, 8 avril 1987, Virmaux, R, 140), est mise en œuvre par le préfet de police (art. L.184-13 du C. des Cnes), la justification de cette solution devant être bien évidemment recherchée dans les exigences du maintien du bon ordre dans une ville qui est le siège des pouvoirs publics d'État, encore que cette justification devrait limiter l'intervention du préfet de police à quelques aspects de la police municipale car « en certaines matières, comme la réglementation de la circulation, la sauvegarde de la République n'est pas en cause » (Vedel et Delvolvé, *Droit administratif*, PUF, Thémis, 12e éd. 1992, p. 689). Ceci peut expliquer que la loi du 29 décembre 1986 est transférée au maire de Paris divers aspects de la police municipale (salubrité sur les voies publiques ; maintien du bon ordre dans les foires et marchés ; concession d'emplacement sur la voie publique ; conservation des dépendances domaniales incorporées au domaine public de la ville de Paris).

B) Il convient ensuite d'étudier le contenu de la police municipale dans son aspect dynamique.

Le maire détenteur du pouvoir de police administrative (v. *infra*) doit l'exercer pour mettre en œuvre une mesure édictée à l'échelon national ou départemental ou pour prendre, de lui-même, les décisions nécessaires dans sa commune au maintien de l'ordre public. Le refus de prendre ces mesures constitue une illégalité en cas de péril grave « résultant d'une situation particulièrement dangereuse pour le bon ordre, la sécurité ou la salubrité publiques » (CE, 23 octobre 1959, Doublet, R, 540 ; *RDP*, 1959, 1235, concl. Bernard ; *RDP*, 1960, 802, note Waline) et lorsque le maire ne prend pas la mesure de police qui aurait permis d'éviter la réalisation d'un dommage, la responsabilité de la commune peut être recherchée sur la base de la faute simple, devant le juge administratif (CE, 10 juillet 1981, commune de Bagnères-de-Bigorre, R, 639 ; CAA, Nantes, 21 mars 1990, Mmes Olivier et Marchetti, R, 426 ; CE, 4 juillet 1980, Chevrier, R, 309).

Il faut remarquer que les maires sont quelquefois désorientés ou mal à l'aise dans l'exercice de leurs pouvoirs de police administrative. Ils ne mesurent pas toujours l'importance de ceux-ci et la nécessité de leur mise en œuvre. Ils craignent quelquefois d'apparaître comme des apprentis-dictateurs s'ils réglementent trop. Certains ne croient pas toujours à l'efficacité de la réglementation (par ex. en matière de stationnement, de circulation, de limitation de vitesse), d'autres y croient trop et pensent que l'on règle les problèmes en multipliant les interdictions, les limitations... et les panneaux. S'il y a un domaine à propos duquel une formation sérieuse des maires s'impose, c'est bien celui-ci. En la matière, l'élection ne confère pas automatiquement la maîtrise des problèmes, la formation peut aider, au moins, à les bien poser à défaut de les résoudre parfaitement.

Lorsque l'autorité compétente met en œuvre, au moyen de règlements de police et de décisions individuelles, les pouvoirs de police municipale que la loi lui reconnaît, elle doit tenir compte de tout un environnement juridique qui limite ses pouvoirs, ne serait-ce que dans la mesure où dans de très nombreuses circonstances, la mesure de police va heurter, qu'on le veuille ou non, des libertés et droits des citoyens reconnus et protégés par la Constitution et les lois. De plus, l'autorité de police municipale se trouve, quelquefois, en fin de chaîne de la réglementation et ne saurait donc ignorer les mesures de police édictées par d'autres autorités (Premier ministre, préfet, etc.). Le contenu de la police municipale doit donc être également défini en fonction des contraintes qui pèsent sur son détenteur dans le mise en action de ses compétences. Il n'est pas question, ici, de présenter une étude exhaustive de ces contraintes et on se bornera à la présentation de quelques données essentielles.

1) Tout d'abord, le maire doit partir de l'idée que le juge administratif, surtout lorsque se trouve en cause une liberté publique reconnue par la Constitution ou par la loi, est hostile à toute mesure de police administrative édictant une interdiction générale et absolue (CE, 19 mai 1933, Benjamin, GAJA, 277 ; GDJDA, 207 : la liberté de réunion se trouvait

en cause) et une telle interdiction n'est considérée légale par le juge que si, en raison des circonstances et de lieu, le maire ne dispose d'aucun autre moyen efficace, pour éviter le trouble à l'ordre public, que la voie de l'interdiction (CE, 25 janvier 1980, Gadiaga, R, 44, concl. Rougevin — Baville ; *AJDA*, 1980, 283, chr. Robineau et Feffer ; D, 1980, 270, note Peiser ; *RA*, 1980, 609, note Bienvenu et Rials : le maire de Strasbourg prohibe légalement l'exercice du commerce ambulant aux abords de la cathédrale) et l'interdiction doit être proportionnée dans sa portée aux nécessités de l'ordre public (aff. Gadiaga). Les mêmes solutions valent lorsque le maire entend soumettre l'exercice de la liberté du commerce et de l'industrie sur la voie publique à une autorisation préalable (CE, 22 juin 1951, Daudignac, GAJA, 450 ; rapprocher de CE, 13 mars 1968, ministre de l'intérieur c/ Leroy, R, 179 ; *AJDA*, 1968, 222, chr. Massot et Dewost). Lorsque la mesure est disproportionnée par rapport aux exigences du maintien de l'ordre public et, qu'étant appliquée, elle porte gravement atteinte à une liberté publique essentielle ou au droit de propriété, il y a voie de fait et la victime peut demander au juge judiciaire la réparation du préjudice subi et d'ordonner la cessation de la voie de fait (TC, 8 avril 1935, Action Française, GAJA, 288 ; GDJA, 213 : atteinte illégale à la liberté de la presse). Les exigences jurisprudentielles, quant à la légalité de la mesure de police susceptible de heurter le droit de propriété ou une liberté publique (de la presse, religieuse, de circulation, de pensée, du commerce et de l'industrie, de réunion, d'association, etc.) sont donc claires : hostilité de principe aux interdictions générales, l'autorité de police doit s'efforcer de concilier l'exercice de la liberté et le maintien de l'ordre public ; la mesure doit toujours être adaptée aux circonstances de temps et de lieu et proportionnée aux exigences du maintien de l'ordre. On peut admirer l'œuvre très équilibrée du juge et sa conciliation d'exigences contraires et, néanmoins, souligner que les contraintes auxquelles le maire est confronté dans la pratique ne permettent toujours d'édicter des mesures juridiquement parfaites. Il reste que les solutions du juge ont une vertu pédagogique : le maire doit éviter la tentation facile de l'interdiction générale.

A l'égard des activités des particuliers qui ne sont pas érigées en libertés publiques par la Constitution ou la loi ou qui ne bénéficient pas d'une protection juridique particulière, le juge est moins exigeant et admet plus facilement une interdiction. Il s'assure quand même, à propos de ces activités (stationnement sur les voies publiques, camping, cortèges et défilés sur les voies publiques), qu'en interdisant l'exercice de l'une d'elles, le maire n'a pas commis, dans l'appréciation des troubles éventuels à l'ordre public, une erreur manifeste d'appréciation. Le contrôle juridictionnel est donc moins strict que lorsque se trouve en cause une véritable liberté publique, il n'est pas, pour autant, inexistant.

2) La mesure de police administrative, dans son aspect dynamique, c'est-à-dire au moment de la mise en œuvre du pouvoir de police et de l'édiction de la mesure, doit, bien évidemment, respecter les exigences constitutionnelles, législatives et réglementaires applicables à la matière. Le maire doit, d'abord, ne pas empiéter sur la compétence d'une autre autorité de police, il doit s'assurer, ensuite, que sa mesure respecte lors de son édiction les formes et procédures imposées par les textes ou les principes généraux du droit (CE 5 mai 1944, dame Vve Trompier-Gravier, GAJA, 350 ; GDJDA, 413 : droits de la défense ; motivation de la mesure de police dans les cas prévus par la loi du 11 juillet 1979 : voir la circulaire du 26 juin 1992 sur l'application de cette loi aux décisions des collectivités locales *in JORF*, 1992, 9805) ; il doit utiliser ses pouvoirs de police dans le but prévu par les textes et non pour d'autres motifs, par exemple financiers (CE, 4 juillet 1924, Beaugé, R, 641) et, enfin, le contenu de la mesure de police doit, dans son fond, respecter les exigences constitutionnelles, législatives et réglementaires et celles découlant des principes généraux du droit dégagés par le juge administratif. Le maire doit, notamment, s'assurer que la décision qu'il prend ne rompt pas l'égalité des citoyens devant la loi et les charges publiques.

3) Le maire, dans l'exercice de son pouvoir de police administrative, se trouve en fin de processus de réglementation. Avant lui, sur la même matière, a pu intervenir, en tant qu'autorité de police administrative générale ou spéciale, le Premier ministre ou un ministre ou le préfet, voire deux de ces autorités et le maire peut légitimement estimer que, pour des circonstances propres à sa commune, il convient d'édicter une mesure de police locale complétant la réglementation existante. On se trouve, dans ce cas, dans deux hypothèses dites de concours de polices : concours de polices générales (v. CE, 18 avril 1902, Maire de Néris-les-Bains, GAJA, 56 ; GDJDA, 200) ou concours d'une police générale et d'une police spéciale (CE, 18 décembre 1959, Société Les Films Lutetia, précité : la police spéciale du cinéma appartenant au ministre ne fait pas obstacle à la mise en œuvre par le maire de son pouvoir de police générale). En cas de concours de polices, l'idée générale qui se dégage de la jurisprudence veut que l'autorité qui statue la dernière (en principe le maire) puisse, pour des circonstances propres à sa commune et mettant en jeu un objet couvert par le pouvoir de police administrative, aggraver les règles édictées par l'autorité de police qui a statué avant elle. Ainsi un maire peut, dans sa commune, limiter la vitesse de circulation des véhicules dans l'agglomération à un niveau inférieur à celui prévu par le Code de la route à l'échelon national ; de même il peut, toujours à partir des circonstances locales, interdire la projection d'un film immoral si celle-ci risque d'entraîner des troubles à l'ordre public alors même que le film a obtenu le visa ministériel d',exploitation (voir l'arrêt Société Les Films Lutetia).

Il ne faut pas confondre la police administrative considérée comme activité relevant notamment de la commune et le personnel de police chargé de mettre en œuvre et de faire respecter les arrêtés réglementaires et individuels édictés par le maire au titre de cette activité. Ce personnel peut relever de l'État (communes dans lesquelles la police étant étatisée le personnel est celui de la police nationale ; gendarmerie nationale dans les zones rurales), mais les communes d'une certaine importance recrutent des fonctionnaires territoriaux affectés à des missions matérielles d'exécution relevant de la police municipale. Ces fonctionnaires (9 500 au 1er janvier 1992) sont recrutés, pour le moment, en vertu des articles L.412-46 et s. du C. des Cnes et les maires soulignent la nécessité de les doter d'un véritable statut car ils mettent en évidence l'intérêt de ce personnel, ne serait-ce que pour tenir compte de l'insuffisance des effectifs des corps de police d'État ou de la gendarmerie nationale. Les problèmes à régler dans le cadre d'un statut de ces personnels municipaux sont ceux de leurs missions (missions distinctes de la police d'État mais aussi collaboration avec elle), du port d'arme, de l'uniforme, etc. Pour le moment, les agents de la police municipale, nommés par le maire et agréés par le procureur de la République, participent surtout à des missions de sécurité sur les voies et dans les espaces publics. En application du Code de procédure pénale, ils peuvent faire des rapports au procureur de la République sur les infractions qu'ils constatent (rapports qui ne possèdent pas une force probante) et constater, avec rédaction d'un procès-verbal, certaines infractions relatives au stationnement, à la pêche, à la publicité aux enseignes et pré-enseignes. Quant aux gardes champêtres qui, en plus, sont assermentés, les procès-verbaux qu'ils dressent font foi jusqu'à preuve du contraire.

§ 2. La lutte contre certains fléaux

A) La lutte contre l'incendie et les pompiers évoquent, non seulement l'origine du service public puisque l'historien Momsen, cité par Hauriou (note sous CE, 24 octobre 1909, commune de la Bassée, Sirey, 1910, III, 49), pense que la lutte contre l'incendie est le premier service public qui se soit imposé dans les agglomérations naissantes, notamment à Rome, mais aussi la commune qui, tout naturellement, a servi de cadre juridique pour l'organisation et le développement de ce service public.

Il n'est donc pas surprenant que la loi municipale du 5 avril 1884 ait intégré dans le domaine de la police municipale la lutte contre les fléaux calamiteux, tels les incendies. Mais les problèmes soulevés par l'organisation de ce service public, et notamment son coût financier, ont entraîné une inadaptation du cadre communal (v. concl. Braibant sur CE, 21 février 1964, Cie d'assurances « La Paternelle », R, 119) et dès 1938, un décret du 12 novembre prévoyait que l'organisation de ce service public pouvait se faire dans « le cadre communal, intercommunal ou départemental ». La départementalisation devait être accentuée par la loi du 22 juillet 1987 qui laissait, pourtant, subsister l'intervention communale. La loi du 6 février 1992 (ATR) paracheva, en son article 89, cette évolution en imposant, à côté de la départementalisation opérationnelle (la lutte s'organise dans le cadre départemental comme le prévoit la loi de 1987), une départementalisation de la gestion des moyens en hommes et en matériel de la lutte contre l'incendie. Prévue pour le 1er janvier 1993, cette départementalisation a été reportée au 1er janvier 1994 par la loi 93-121 du 27 janvier 1993 portant diverses mesures d'ordre social (art. 88).

Dorénavant, sauf s'agissant des moyens de lutte contre l'incendie relevant des communautés urbaines, sous réserve que ces communautés ne désirent pas la départementalisation, « le service départemental d'incendie et de secours est seul compétent pour la gestion de tous les moyens en personnels, matériels et financiers consacrés par les communes, les établissements publics intercommunaux et le département à la lutte contre l'incendie et contre les autres accidents, sinistrés et catastrophes ». Il ne s'ensuit pas, pour autant, une sortie totale de la lutte contre l'incendie du domaine de l'administration communale. En effet :

— les pouvoirs de police administrative relative à la prévention et à la lutte contre l'incendie que le maire tient du 6° de l'article L.131-2 du C. des Cnes ne sont pas remis en cause ;

— la participation des communes aux dépenses de personnel et de matériel relatives au secours contre l'incendie constitue une dépense obligatoire (art. L.351-1 et L.221-2 du C. des Cnes) ;

— compte tenu du rattachement à la police communale de la lutte contre l'incendie, on doit considérer que les dommages subis ou causés par un collaborateur bénévole de ce service public engagent, quant à leur réparation, la responsabilité de la commune sur le territoire de laquelle s'est développé le sinistre (CE, 22 juin 1984, Mme Nicolai, DA, 1984, n° 399).

B) Au-delà des missions traditionnelles de police administrative et de lutte contre l'incendie, l'administration communale, notamment dans les zones de grande densité démographique, se trouve souvent confrontée à des difficultés de toute nature (délinquance, problèmes liés aux grands ensembles, etc.) dont la solution ne relève pas toujours d'elle sur le strict plan juridique mais qui peut utilement bénéficier de son intervention ou de sa collaboration. On citera, ici, la création par les conseils municipaux de conseils communaux de prévention de la délinquance (600 environ ont été créés), au sein desquels une concertation s'établit entre la commune et l'État quant aux objectifs à atteindre et aux actions à entreprendre et, à cette fin, une convention peut être conclue entre l'État (*via* le Conseil national de prévention de la délinquance) et la commune en vue de l'insertion professionnelle des jeunes en difficulté, d'un soutien scolaire, de la lutte contre la toxicomanie, de l'animation des quartiers défavorisés, du logement, etc. (sur cet aspect de la prévention de la délinquance, v. le décret 83-459 du 8 juin 1983). L'activité des conseils communaux est probablement très différente d'une commune à l'autre, il reste qu'elle souligne la volonté de certaines communes de s'impliquer dans le traitement de la pathologie des grands ensembles et de l'urbanisation sauvage. Les initiatives de l'administration communale au titre de la politique au développement social des quartiers participe de la même volonté.

C) Mais, en plus des missions de protection pour lesquelles l'administration communale trouve dans un texte spécial un fondement juridique à son action, cette administration est fondée à entreprendre toute action ou à créer tout service public intéressant le domaine de la protection des personnes et de biens, dès lors que cette action ou ce service public se rattache à une affaire de la commune au sens de l'article L.121-26 du C. des Cnes. On mesure, ici, l'intérêt qui s'attache à cette clause de compétence générale de l'article L.121-26, et qui n'a pas été abrogé par les textes sur la répartition des compétences (voir *infra*, ch. II), car elle permet à la commune, sous les réserves de compétence habituelles (ne pas empiéter sur les attributions de l'État et des autres personnes publiques, respecter la liberté d'entreprendre, les libertés publiques la propriété privée), de développer des actions et des interventions très diverses en direction, notamment, des jeunes et des personnes âgées (systèmes municipaux de télé-alarme, de surveillance d'immeubles, etc.).

Section II

LES ÉLÉMENTS RELATIFS AU SECTEUR DE L'HYGIÈNE

On rencontre, ici, des compétences de l'administration communale qui illustrent sa mission dans la création et la gestion de services publics de proximité jouant un rôle majeur dans la satisfaction des habitants au titre de leur vie quotidienne. L'intervention de l'administration communale se fondant, soit sur des textes spéciaux, soit sur la notion d'affaires communales.

§ 1. Le service public de distribution d'eau potable

Depuis des siècles, les pouvoirs publics ont assumé des responsabilités en la matière, même si le développement de ce service public a été très progressif et, aujourd'hui, l'inventaire communal réalisé en 1988 montre que 99,7 % des communes sont desservies par un réseau public de distribution d'eau potable.

L'intervention des communes en la matière trouve un fondement juridique dans l'article L.371-1 du C. des Cnes qui fait référence « aux distributions municipales d'eau potable » et à la gestion de ce service par l'administration communale (L.371-3) et ces articles n'ont pas été modifiés par la loi 92-3 du 3 janvier 1992 sur l'eau. La compétence de l'administration communale en la matière n'apparaît pas cependant exclusive puisque le juge administratif a estimé que rien ne faisait obstacle à ce qu'un département organise, en la matière, un service départemental si celui-ci correspond à un besoin d'intérêt départemental (CE, 13 mars 1985, ville de Cayenne, R, 76 ; *AJDA*, 1985, 376, note Richer). Mais, malgré tout, la quasi-unanimité des réseaux existants sont d'origine communale et, sans entrer dans les détails, quelques remarques s'imposent ici.

Tout d'abord, les services publics communaux de distribution d'eau potable sont considérés par la jurisprudence comme des services publics industriels et commerciaux (SPIC) à partir de leur objet et de leurs modalités de fonctionnement sans prise en considération, comme auparavant, des modalités de leur financement (TC, 19 février 1990, Thomas, R, 618 ; *AJDA*, 1990, 558, note Théron ; TC, 14 mai 1990, Epoux Laperrouze, R, 393 ; TC, 22 juin 1992, Berger, *DA*, 1992, 444 ; CE, 14 janvier 1991, Bachelet, *RFDA*, 1993, 673, note Borgetto ; v. cependant : CE, 15 février 1993, Cne de Nay-Bourdettes, D, 1994, 4, note Haïm).

Il en résulte, notamment, que ce service doit respecter le principe de l'équilibre budgétaire qu'il soit doté ou non d'un budget spécifique (art. L.322-5 du C. des Cnes) et qu'il est géré financièrement selon les modalités de l'instruction budgétaire et comptable M 49. De plus, les relations individuelles entre ce service et ses usagers et ses agents relèvent, compte tenu de sa nature, du droit privé et du juge judiciaire en cas de litige.

Ensuite, une commune peut directement gérer un tel service, soit le confier à une régie communale dotée de la personnalité morale et de l'autonomie financière (art. L.323-9 et s. et R-323-7 et s. du C. des Cnes), soit de la seule autonomie financière (art. L.323-10 et s. et R.323-75 et s. du C. des Cnes), soit par la voie de l'affermage ou de la concession faire appel à un gestionnaire privé (2/3 de l'eau potable distribuée en France au titre du service public communal le sont par des compagnies ou sociétés privées fermières ou concessionnaires).

Enfin, l'organisation de ce service public communal révèle l'un des inconvénients de l'éclatement de la structure communale française. Il est financièrement très difficile aux petites communes (par exemple celles de moins de 2 000 h) de prendre seules en charge l'organisation d'un tel service et c'est à propos des services publics de ce type, nécessitant notamment des investissements lourds, que les communes font largement appel aux structures de coopération intercommunale (SIVU, SIVOM, districts, etc.) : plus du quart des 15 000 SIVU ont été créés pour la gestion intercommunale du service public de l'eau. Ces syndicats et districts peuvent gérer eux-mêmes le service ou en confier la gestion quotidienne à une personne publique ou privée.

§ 2. Le service public de l'assainissement

Voici bien le type de service public dont on apprécie, *a contrario*, l'intérêt lorsque, dans une commune donnée, on ne peut pas en bénéficier, soit parce qu'il n'est pas organisé, soit parce que l'habitation ne peut être raccordée à un réseau d'assainissement existant. Les personnes qui doivent utiliser des installations individuelles d'assainissement des eaux usées connaissent les limites de celles-ci. Combien d'épandages horizontaux au bout de quelques années n'épandent plus ou pas toujours horizontalement !

Il résulte des dispositions du C. des Cnes et de la loi, précitée, du 3 janvier 1992 sur l'eau que, non seulement les communes prennent obligatoirement en charge les dépenses relatives aux systèmes d'assainissement collectif ainsi que celles concernant le contrôle des systèmes non collectifs, mais qu'elles devront, au plus tard le 31 décembre 2004, assurer l'ensemble des prestations suivantes sur la totalité du territoire : épuration des eaux usées, élimination des boues qu'elles produisent, financement du contrôle des systèmes non-collectifs.

Par ailleurs, il appartient aux communes de délimiter par zones les systèmes d'assainissement utilisés (collectif, non collectif, etc.), les exigences imposées par la loi de 1992 aux communes résultant de la transposition en droit français d'une directive communautaire du 21 mai 1991. Lorsque l'égout public est installé, il y a, pour les particuliers, une obligation de raccordement.

Les services publics d'assainissement et les installations d'épuration sont financièrement gérés comme des SPIC (art. L.372-6 du C. des Cnes), ce qui nécessite que leurs budgets soient équilibrés en recettes et dépenses sans intervention du budget communal (art. L.322-5 du C. des Cnes), encore que l'article L.322-5 prévoit la possibilité d'une subvention de ce budget sous certaines conditions, mais en aucun cas pour compenser un simple déficit de fonctionnement. Cette gestion doit être assurée selon les principes et règles contenus dans l'instruction budgétaire et comptable M 49 (voir également la circulaire interministérielle du 10 novembre 1992 qui éclaire les modalités d'application de l'article

L.322-5 ; BOMI 1992, 4, 58 et s.). La rédaction de l'article L.372-6 du C. des Cnes qui précise que, sur le plan financier, le service public de l'assainissement doit être considéré comme un SPIC n'est pas dépourvue d'ambiguïté : est-ce à dire que, d'un autre point de vue que financier, il soit assimilable à un service public administratif (SPA) ? La jurisprudence a levé cette ambiguïté et a considéré que ce service, financé par une redevance qui correspond et au prix d'un service rendu (CC, 83-166 DC du 29 décembre 1983, loi sur le prix de l'eau, RCC, 77 ; TC, 12 janvier 1987, Cie des eaux et de l'ozone, *RFDA*, 1987, p. 284, concl. Massot) doit être considéré, globalement en quelque sorte, comme un SPIC (TC, 20 janvier 1988, SCI « La Colline », *AJDA*, 1988, 407, note J.-B. Auby) et les relations individuelles entre ce service et ses usagers et ses agents relèvent, en principe, du droit privé.

Ce service public, par les installations qu'il nécessite (réseaux, stations d'épuration, lacunages), ne se prête pas toujours à une organisation intercommunale et il est donc fréquemment organisé dans le cadre d'une seule commune. Mais il sera difficile aux petites communes de faire face, seules, aux obligations que la loi met à leur charge avant 2005. Elles pourront, cependant, avoir recours, comme cela existe notamment dans les zones urbanisées où l'habitat est moins dispersé, à des solutions intercommunales (syndicats, districts, communautés de communes ou de villes). La loi ATR du 6 février 1992 prévoit, d'ailleurs, parmi l'une des quatre compétences que les communautés de villes ou de communes doivent exercer, en plus des deux groupes de compétences obligatoires, la protection de l'environnement à laquelle se rattache sans artifice l'assainissement (voir d'ailleurs l'article L.168-4 du C. des Cnes).

§ 3. Le service public de collecte et d'élimination des déchets

A) S'agissant de la collecte et de l'évacuation des ordures ménagères, il s'agit d'un service public relevant traditionnellement de l'administration communale et qui est même obligatoire pour elle depuis le 16 juillet 1980 (loi du 15 juillet 1975, modifiée par celle du 13 juillet 1992 et codifiée dans les articles L.373-1 à L.373-7 du C. des Cnes). Ce service public se rattache d'ailleurs sans difficultés à l'un des objets de la police administrative municipale, à savoir le maintien de la salubrité et sa mise en œuvre est fonction de la population des zones agglomérées qu'elles s'étendent sur une ou plusieurs communes (décret 7 février 1977 qui définit selon les zones les fréquences et les modalités de la collecte). On estime qu'à l'heure actuelle ce service public est organisé dans 95 % des communes françaises tout au moins en ce qui concerne la collecte. Le service public en cause peut être organisé par la commune elle-même ou confié à un organisme de coopération intercommunale (syndicat, district, communautés de communes ou de villes : art. L.167-3 et L.167-8 du C.

des Cnes) et il peut être géré directement par la commune ou l'organisme de coopération ou, ce qui est souvent le cas, affermé ou concédé à un exploitant privé.

Comme pour bien d'autres services publics, notamment communaux, se pose inévitablement pour ce service public le problème de sa nature administrative ou industrielle et commerciale et la réponse à cette question conditionne, non seulement le régime financier de l'exploitation du service (il doit équilibrer son budget sans subvention du budget communal), mais aussi la nature du droit — administratif ou privé — applicable aux relations individuelles entre le service et l'usager et le service et l'agent. Or, s'agissant du service public de la collecte des déchets ménagers, un élément rend encore plus complexe la détermination de cette nature puisque le droit positif prévoit deux modes de financement possibles : soit par la traditionnelle taxe d'enlèvement des ordures ménagères qui se présente, en réalité, comme un véritable impôt puisque cette taxe n'apparaît pas, ne serait-ce que dans son assiette, comme la contrepartie d'un service rendu (art. 1520 du Code général des impôts) ; soit par l'utilisation d'une véritable redevance calculée en fonction de l'importance du service rendu (art. L.233-78 du C. des Cnes). Le choix du mode de financement possède une influence directe sur la détermination de la nature du service, car il est difficile de considérer comme industriel et commercial un service public financé par l'impôt.

Dans un avis du 10 avril 1992 (*CJEG*, 1992, 480, chr. J.-F. Lachaume), le Conseil d'État a estimé que, lorsque l'autorité compétente (en principe le conseil municipal, même si le service est confié à un organisme de coopération intercommunale : v. art. 12 de la loi de finances rectificative du 29 décembre 1978) décide de recourir à la redevance, elle marque sa volonté de substituer une rémunération directe par l'usager à une recette de caractère fiscal et donc de gérer ce service comme une activité industrielle et commerciale. En revanche, quand le service public en cause est financé par la taxe sur l'enlèvement des ordures ménagères, cela met en évidence la volonté de l'organisateur du service de ne pas le gérer comme une activité industrielle et commerciale. On peut comprendre la solution retenue par le Conseil d'État dans son avis, et qui avait été déjà retenue par certaines juridictions (v. notamment : Cass. com. fin., 4 juin 1991, Blot, *JCP*, 1991, II, 21734, concl. Jéol), mais elle ne simplifie pas les choses puisque la nature d'un même service public peut varier d'une commune à l'autre suivant le mode de financement choisi et qu'il s'ensuit, par exemple, que le droit administratif régit les relations individuelles entre le service et les usagers et les agents lorsqu'il est financé par la taxe et qu'il est donc de nature administrative, alors que le droit privé, et la compétence judiciaire en cas de litige, s'imposent lorsque le service en cause, étant financé par la redevance, il sera considéré comme industriel et commercial sans compter, dans cette dernière hypothèse, l'application de règles de gestion financières spécifiques.

B) Il ne suffit pas de collecter et d'évacuer les déchets ménagers, encore faut-il, et cela devient un problème majeur, les éliminer soit dans des usines d'incinération, soit dans des décharges contrôlées. Si tous les habitants produisent des déchets ménagers, certains font néanmoins preuve, c'est le moins que l'on puisse dire, de réticence pour accueillir les installations de stockage et de traitement pourtant nécessaires à leur élimination. La meilleure décharge est souvent, dans l'esprit de la population, celle qui est installée sur la commune voisine. Il est vrai qu'une prise en main par le droit de ce problème était nécessaire pour éviter les décharges sauvages et l'atteinte à l'environnement qu'elles généraient.

La loi n° 92-646 du 13 juillet 1992 relative à l'élimination des déchets ainsi qu'aux installations classées pour la protection de l'environnement, s'attache à la solution des difficultés engendrées par l'élimination des déchets, notamment ménagers, et confirme et précise, à ce titre, les modalités d'action de l'administration communale.

Celle-ci peut intervenir au-delà de la collecte, dans l'élimination des déchets ménagers (art. L.373-2 du C. des Cnes) et autres déchets, et l'étendue des prestations qu'elle développe ici doit être définie dans le cadre des plans d'élimination de ces déchets établis à l'échelon départemental par l'État après consultation des autorités locales.

Pour le financement de l'élimination des déchets autres que ménagers, l'administration communale (ou le groupement de communes) peuvent, lorsque n'a pas été institué un système de redevance, en établir une spéciale pour l'enlèvement de ces déchets qui est « calculée en fonction de l'importance du service rendu et notamment de la quantité de déchets éliminés » (art. L.373-3 du C. des Cnes dans sa rédaction issue de la loi du 13 juillet 1992) et une redevance forfaitaire est possible pour l'élimination des petites quantités de déchets. Les personnes soumises à la redevance spéciale peuvent, par délibération motivée du conseil municipal (ou de l'organe délibérant du groupement de communes), être exonérées de la taxe d'enlèvement des ordures ménagères. Enfin, les communes qui accepteront de recevoir sur leur territoire une nouvelle installation intercommunale de traitement de déchets ménagers et assimilés recevront une aide financière du Fonds de modernisation des déchets géré par l'Agence de l'environnement et de la maîtrise de l'énergie.

§ 4. Le service public des abattoirs municipaux

Un tel service public doit être directement rattaché à l'hygiène publique, et au-delà, à un abattage, exempt de cruauté espérons-le, des animaux. Il appartient à l'administration communale, compte tenu de la suppression des tueries particulières (art. L.378-1, C. des Cnes), de créer, si elle le juge utile, un abattoir municipal, ce qui peut être également réalisé dans un cadre intercommunal. La compétence communale n'est d'ailleurs pas exclusive et ne fait pas obstacle à la création d'abattoirs départementaux (v. ch. II de la loi du 8 juillet 1965 relative à la modernisation du marché de la viande).

Ici, encore, la nature du service public en cause a soulevé quelques difficultés. La loi du 8 juillet 1965 et le C. des Cnes (art. L.378-8) pouvaient être interprétés comme ayant opté pour la solution du SPIC. Il a néanmoins fallu une décision du Tribunal des conflits pour confirmer cette solution (TC, 8 novembre 1982, Maine-Viande, R, 460) alors que le Conseil d'État y avait vu un SPA (CE, 25 juin 1975, Montpillié R, 916).

Dans un secteur voisin, il faut mentionner la possibilité pour les communes de créer et de gérer des frigorifiques municipaux qui constituent, eux aussi, des services publics industriels et commerciaux (TC, 17 décembre 1962, dame Bertrand, R, 813, concl. Chardeau ; *AJDA*, 1963, 88, chr. Gentot et Fourré).

§ 5. Les services publics d'exécution en matière d'hygiène

Pour exécuter, sur le terrain en quelque sorte, les mesures prises par les autorités municipales ou autres autorités publiques dans le domaine sanitaire et celui de l'hygiène, les communes de 20 000 habitants et plus, ainsi que celles d'au moins 2 000 h. qui sont le siège d'un établissement thermal et les stations de cure pour tuberculeux, devaient créer un bureau municipal d'hygiène qui était en réalité un service municipal chargé, sous l'autorité du maire, de l'exécution des dispositions relatives à la protection générale de santé publique.

L'article 41 de la loi du 22 juillet 1983 relative au transfert de compétence a modifié les règles précitées, codifiées aux articles L.772 et s. du Code de la santé publique. Cet article rappelle que les bureaux municipaux d'hygiène et les services de désinfection entrent dans les compétences de l'administration communale ou d'un organisme de coopération intercommunale auquel des communes auraient confié cette compétence. Mais, la loi du 22 juillet 1986 supprime le seuils démographiques précités et l'on doit en déduire que toute commune, quelle que soit sa taille, peut créer un tel bureau ou, s'il s'agit de petites communes, le faire dans un cadre intercommunal. Quant aux compétences, le bureau est toujours chargé sous l'autorité du maire de l'application des dispositions relatives à la protection générale de la santé publique entrant, bien sûr, dans la compétence de l'administration communale (hygiène des immeubles, de l'alimentation ; contrôle des eaux, des piscines, des baignades, de la qualité de l'air, des bruits, etc.). Le bureau pouvant être aidé dans sa tâche par un laboratoire municipal d'hygiène créé dans les grandes villes, ces deux institutions constituant les services communaux d'hygiène et de santé, cette expression devant d'ailleurs être considérée comme se substituant à celle de bureau municipal d'hygiène (v. la loi 86-17 du 6 janvier 1986 relative à la législation sanitaire). Les services communaux peuvent être secondés par des services de désinfection dont l'article L-14 du Code de la santé publique impose la création dans les communes de 20 000 habitants et plus.

Nous verrons, un peu plus loin, que lorsque l'on évoque les éléments du domaine de l'administration communale au titre de l'action sociale et sanitaire, il convient de tenir compte des importantes attributions reconnues au département en la matière depuis la répartition des compétences opérée par les lois des 7 janvier et 22 juillet 1983.

§ 6. Le service public des pompes funèbres et des cimetières

A) Il s'agit également pour les pompes funèbres d'un service public traditionnellement confié à l'administration communale (art. L.362-1 et s., R-363-1 et s. du C. des Cnes), tant pour des raisons d'hygiène publique que pour le respect dû aux morts. L'art. L.362-1, dans sa rédaction antérieure à la loi 93-23 du 8 janvier 1993, réservait aux communes « à titre de service public », « le transport des corps, la fourniture des corbillards, cercueils, tentures extérieures de la maison mortuaire, voitures de deuil ainsi que les fournitures et le personnel nécessaires aux inhumations, exhumations et crémations ». Les communes pouvant exploiter ce service soit directement, donc en régie, soit le déléguer à une entreprise privée, ce dernier procédé étant très largement utilisé et ayant donné lieu à des quasi-monopoles de fait qui sont, pour partie, à l'origine de la réforme réalisée par la loi précitée du 8 janvier 1993, d'autant que ces quasi-monopoles de fait (une seule société privée détenait la moitié des contrats de concession en la matière) apparaissaient comme étant des sources d'abus possibles de position dominante condamnés par l'article 86 du Traité de Rome et la jurisprudence de la Cour de justice des Communautés européennes (arrêt du 4 mai 1988, Bodson et autres).

1) La loi du 8 janvier 1993 définit en son article 1er (nouvelle rédaction de l'art. L.362-1 du C. des Cnes) le contenu du service extérieur des pompes funèbres qui est toujours qualifié de service public. Ce service comprend : « transport des corps avant et après mise en bière ; organisation des obsèques ; soins de conservation ; fourniture des tentures, cercueils, etc., ainsi que des urnes funéraires ; fourniture des tenues

extérieures des maisons mortuaires ; gestion et utilisation des chambres funéraires ; fourniture des corbillards et des voitures de deuil ; fourniture de personnel et des objets et prestations nécessaires aux obsèques, inhumation, exhumation et crémation, à l'exception des plaques funéraires, emblèmes religieux, fleurs, travaux divers d'imprimerie et de marbrerie funéraire ». L'article 1er précise donc le contenu du service extérieur (le service intérieur est celui visé à l'art. L.362-6 et concerne la fourniture des objets au service des funérailles dans les édifices religieux et leur décoration extérieure et intérieure).

Mais la grande nouveauté de la loi du 8 janvier 1993 est de briser, en matière de service public extérieur, le monopole communal d'organisation. Certes, ce service peut être assuré par les communes, soit en régie directe, soit par voie de régie dotée de la personnalité morale et de l'autonomie financière ou de la seule autonomie financière (art. 74 de la loi du 29 janvier 1993 relative à la prévention de la corruption et à la transparence de la vie économique et des procédures publiques et art. 4 de la loi du 8 janvier 1993 intégré dans le C. des Cnes sous le numéro L.362-21), soit par voie de gestion déléguée à une entreprise privée (concession, affermage, gérance etc.). Cependant, la commune ou les personnes publiques ou privées délégataires ne bénéficient, désormais, « d'aucun droit à l'exclusivité pour l'exercice de cette mission » (celle définie à l'article L.362-1 du C. des Cnes). Il en résulte que l'activité communale, ou celle de ses délégataires, peut être, en la matière, concurrencée par toute autre entreprise privée ou association bénéficiaire d'une habilitation, que doivent d'ailleurs également solliciter les régies communales. Cette habilitation est accordée par le représentant de l'État dans le département qui doit procéder à un certain nombre de vérification concernant les aptitudes, à différents points de vue, des dirigeants de ces régies et entreprises (art. 4 et 5 de la loi codifiés sous les numéros L.362-2-1 et L.362-2-2 du C. des Cnes). Elle peut être suspendue ou retirée par le représentant de l'État dans le département pour les motifs énoncés à l'article 6 de la loi (art. L.362-2-3).

Au-delà de la mission de l'administration communale dans le service extérieur et qui n'est plus détentrice d'un monopole, cette administration intervient également aux titres suivants :

— le conseil municipal peut, dans le respect du règlement national des pompes funèbres établi par décret en Conseil d'État, élaborer un règlement municipal qui s'impose aux régies, entreprises ou associations habilitées ;

— ce même conseil peut décider la perception de taxes sur les convois, inhumations et crémations dont il fixe les tarifs ;

— lorsque la commune n'assure pas la mission du service extérieur, elle doit prendre en charge les frais d'obsèques des personnes dépourvues de ressources suffisantes ;

— les communes ou leurs groupements sont seuls compétents pour créer et gérer soit en régie directe, soit par voie de délégation, les crématoriums.

2) Comme pour les autres services publics locaux précédemment étudiés, le problème s'est posé, à propos du service extérieur des pompes funèbres, de sa nature juridique : service public administratif ou industriel et commercial ? La réponse présente, on le sait, de l'importance quant au droit applicable à certains aspects de l'organisation, voire du fonctionnement, du service public en cause. La difficulté a été tranchée par un arrêt du Tribunal des conflits (20 janvier 1986, ville de Paris c/ SA Roblot, R, 298 ; *AJDA*, 1986, 287, obs. Richer) dans lequel, le régulateur des compétences considère que « compte tenu tant de son objet, que de son mode de financement et des modalités de son fonctionnement le service extérieur des pompes funèbres présente un caractère administratif ». On est tenté, évidemment, de se demander si cette solution conserve sa pertinence compte tenu des réformes opérées par la loi du 8 janvier 1993.

Il ne nous paraît pas qu'elles soient de nature à remettre en cause la solution retenue dans la décision Roblot. L'objet du service n'a pas, pour l'essentiel, changé, il a conservé « un lien avec la police des funérailles et revêt un aspect religieux » (note Richer, précitée) qui font obstacle à ce qu'il puisse être, sur le strict plan juridique, assimilé à une activité de nature industrielle et commerciale. Quant aux modalités de financement, nous avons vu que le conseil municipal avait la possibilité de percevoir des taxes sur les convois, inhumations etc, et que, par ailleurs, le service public est gratuit pour les personnes démunies de ressources puisque la commune doit prendre les frais en charge ; nous nous trouvons donc ici en face d'un régime financier différent de celui rencontré dans le fonctionnement d'une entreprise. Enfin, les modalités de fonctionnement du service ont certes été affectées par la remise en cause du monopole communal, mais ce fonctionnement reste très sérieusement encadré (ne serait-ce que par l'exigence de l'habilitation et le régime juridique de celle-ci) et l'on remarque que, lors de la discussion de la loi devant l'Assemblée Nationale, notamment s'agissant de la délégation possible du service public à des entreprises privées, les députés ont raisonné en considérant la jurisprudence Roblot comme incontournable (Rapport Colcombet, 1re session 1992-1993, p. 25). De toute façon, à s'en tenir au critère classique de distinction entre les SPA et les SPIC, le renversement de la présomption d'administrativité, dont bénéficie tout service public en l'absence de qualification textuelle contraire, est mise en œuvre par le juge de telle façon que l'objet du service peut, en lui-même, bloquer un tel renversement, peu importe alors les modalités de financement et d'organisation du service (voir le raisonnement suivi par le Conseil d'État à propos d'un pont départemental à péage dans l'arrêt

Jeissou, 20 octobre 1985, R, 544 ; *AJDA*, 1986, 38, concl. Jeanneney). Or, encore une fois, l'objet des pompes funèbres fait obstacle au renversement de la présomption d'administrativité, tout au moins dans le silence des textes. Enfin, ne semble pas, non plus, remise en cause, la jurisprudence permettant aux communes d'accomplir, dans le prolongement du service public des pompes funèbres qu'elles prennent en charge, des opérations susceptibles de concurrencer l'initiative privée, telle la thanatopraxie (CE, 10 février 1988, Mézy, R, 53).

B) Au titre de l'hygiène et du respect dû aux morts, l'administration communale possède une compétence, enracinée dans l'histoire, en matière de cimetière et de chambre funéraire (art. L.361-1 et s. et R-361-1 et s du C. des Cnes).

1) Pour les chambres funéraires, dont l'objet est de recevoir, avant l'inhumation ou la crémation, le corps des personnes décédées, leur organisation ne bénéficie pas d'un monopole communal (rédaction de l'art. L.361-19 du C. des Cnes), mais rien n'empêche, bien sûr, une commune d'en créer une.

2) S'agissant des cimetières, c'est-à-dire « des terrains spécialement consacrés par chaque commune à l'inhumation des morts » (art. L.361-1, C. des Cnes), le monopole communal n'a pas été remis en cause, sauf à réserver son transfert à un organisme de coopération intercommunale (c'est, par exemple, une compétence de plein droit des communautés urbaines : art. L.165-7 du C. des Cnes). La jurisprudence les intègre dans le domaine public communal en considérant, qu'étant la propriété d'une personne publique, les cimetières se trouvent affectés à l'usage direct du public (CE, 28 juin 1935, Marécar, R, 734 ; GDJDA, 383), on arriverait, d'ailleurs, au même résultat par l'autre critère de la domanialité publique dans la mesure où les cimetières sont des propriétés communales affectés au service public administratif des inhumations et ayant fait, à cette fin, l'objet d'aménagement spéciaux.

Section III

LES ÉLÉMENTS DU DOMAINE RELATIFS AU SECTEUR DE L'ÉNERGIE

Il s'agit, ici, d'éléments entrant dans les attributions de l'administration communale et qui illustrent parfaitement le rôle majeur joué par cette administration, au titre des services publics de proximité, dans la satisfaction des besoins de la vie quotidienne des habitants. Il est difficile d'être exhaustif en la matière, mais certains points doivent être mis en évidence.

§ 1. La fourniture de l'électricité et du gaz

Dès la seconde moitié du XIXe siècle, les communes ont créé de tels services publics et leur intervention a été consacrée par la voie législative (art. L.374-1 du C. des Cnes pour le gaz ; art. L.375-1 pour l'électricité). Avant la nationalisation de ces services publics par la loi du 8 avril 1946, l'administration communale pouvait les exploiter en régie directe ou par des régies municipales dotées de la personnalité morale et obéissant à des régimes juridiques divers suivant leur date de création voire, solution souvent retenue, les concéder à des entreprises privées, cette dernière solution présentant l'avantage, en principe tout au moins, de transférer à ces entreprises concessionnaires la charge financière de l'établissement des ouvrages nécessaires au bon fonctionnement de ces services. La loi du 8 avril 1946 ayant nationalisé la production, le transport, la distribution, l'importation et l'exportation du gaz et de l'électricité, on pouvait légitimement en déduire que ces services publics échappaient, désormais, au domaine de l'administration communale. D'un strict point de vue juridique, il n'en est rien. Les services publics en cause restent des services communaux à l'égard desquels les collectivités communales et les groupements intercommunaux peuvent continuer à intervenir dans la production et la distribution du gaz (art. L.374-2 C. des Cnes) et de l'électricité (art. L.375-2) dans des conditions qui ont été, d'ailleurs prévues, par la loi de nationalisation elle-même.

D'abord, les collectivités communales conservent, en matière de distribution de l'énergie électrique et gazière, leur qualité de concédant (art. 36 de la loi de 1946), même si elles n'ont plus le choix du concessionnaire qui est, compte tenu des exigences de la nationalisation, EDF et GDF. Les relations entre le concédant et le concessionnaire étant définies, non plus par un cahier des charges-type qui ne serait pas compatible avec les exigences des lois de décentralisation de 1982 et 1983, mais par un modèle de cahier des charges, élaboré au cours de l'année de 1992, s'agissant des relations entre les collectivités concédantes et EDF, et dont l'un des objectifs est de « revivifier » ces relations pour que le concédant n'ait plus l'impression d'être un simple comparse mais un véritable partenaire. Les grands traits de ce modèle sont les suivants : incitation au regroupement des concessions, accroissement du pouvoir de l'autorité concédante, nouveau mode de calcul des redevances de concession, protection de l'environnement, engagement du concessionnaire sur la qualité du produit fourni, etc. (sur ces points : v. Sablière, commentaire de la loi du 8 avril 1946, *CJEG*, n° hors série, 1993, p. 291 et s).

Ensuite, les collectivités concédantes conservent, en théorie tout au moins, la propriété des installations et ouvrages de la concession, mais la qualité de « concessionnaire obligé » d'EDF et de GDF vide ce droit de propriété d'une bonne part de son contenu, les collectivités locales ne pouvant en disposer librement.

Enfin, la loi de nationalisation du 8 avril 1946 a laissé subsister les sociétés d'économie mixte, dans lesquelles l'État ou les collectivités publiques possédaient la majorité du capital, et les régies publiques locales de distribution constituées par les collectivités locales et qui, avant 1946 et à côté des entreprises privées concessionnaires, apparaissaient, en quelque sorte, comme des nationalisations avant la lettre puisque ces SEM et ces régies faisaient partie du secteur public local. La loi de 1946 a figé la situation de ces SEM et régies, mais cela n'a pas empêché certaines d'entre elles de vouloir étendre leurs activités, sans compter la tentative de quelques communes, à l'expiration de la concession les liant à EDF et GDF, d'échapper à ces concessionnaires pourtant imposés par la loi et de se tourner vers ces SEM ou régies. Le juge administratif a eu l'occasion, à cet égard, de préciser certains points :

— une régie locale qui est constituée sous la forme d'un établissement public peut toujours se transformer en SEM à capitaux publics majoritaires puisque, ce faisant, la nouvelle personne morale, pourtant de nature privée, reste dans le secteur public (CE, 28 juin 1989, Syndicat du personnel des industries électriques et gazières du centre de Grenoble, CFDT et autres, *RFDA*, 1989, 929, concl. Guillaume, note Lachaume) ;

— une régie ou une SEM locale ne peut pas étendre son périmètre d'intervention ou succéder à EDF ou GDF à l'expiration d'un contrat de concession, car la loi de nationalisation ne le permet pas (CE, 28 mars 1990, Commune de la Réole c/ GDF, D, 1991, 4, note Lachaume ; *AJDA*, 1990, 468, note Pontier) ;

— la création d'une SEM ou d'une régie nouvelle dans le domaine de la distribution du gaz et de l'électricité, postérieurement à la loi du 8 avril 1946, n'apparaissait pas compatible avec cette loi, certaines créations sont pourtant intervenues. Le législateur a donc dû figer la situation et opérer quelques régularisations. L'article 88 de la loi ATR du 6 février 1992 (art. L.374-2 du C. des Cnes) dispose, à cet égard, que « les services publics locaux de distribution du gaz en cours d'exploitation au 1er juillet 1991 peuvent poursuivre de plein droit leur activité dans les limites territoriales que celle-ci couvrait à cette date, nonobstant toutes dispositions contraires, notamment celles de la loi n° 46-628 du 8 avril 1946 sur la nationalisation de l'électricité et du gaz ». On signalera, en terminant, que la nature du service public de la distribution de l'électricité et du gaz n'a jamais soulevé de difficultés majeures, il s'agit d'un SPIC (TC, 22 juin 1992, Berger, DA, 1992, 444 ; R, 880).

§ 2. L'intervention dans le chauffage urbain

La loi du 15 juillet 1980 sur l'utilisation de la chaleur et le décret d'application du 13 mai 1981 permettent aux communes d'intervenir dans le domaine du chauffage urbain. Ces textes reprenant, et modifiant d'ailleurs, des règles éparses édictées dans le souci, tout à la fois, de réaliser, dans les années 1970, des économies d'énergie et d'assurer un chauffage pour les immeubles collectifs réalisés dans des zones d'urbanisation nouvelle.

La loi du 15 juillet 1980 poursuit toujours ces deux objectifs. Elle permet ainsi aux communes d'être informées sur les installations existant sur leur territoire et produisant, au-delà d'un certain seuil, de la chaleur à titre principal ou accessoire. Les communes peuvent demander le classement d'un réseau de distribution de chaleur et imposer le raccordement à celui-ci, dans des zones délimitées, d'installations industrielles nouvelles, d'installations de chauffage de locaux, de climatisation ou de production d'eau chaude excédant une certaine puissance.

§ 3. L'intervention dans la fourniture d'autres sources d'énergie

La compétence de l'administration communale dans le domaine de l'énergie ne se limite pas aux seuls cas d'intervention prévus par les textes relatifs à l'électricité, au gaz, au chauffage urbain. D'autres hypothèses peuvent être envisagées dans cette perspective, même si elles donnent lieu à des applications moins fréquentes. La raréfaction de postes privés de distribution de carburants a, par exemple, amené les petites communes, ou celles situées dans des zones très peu urbanisées, à intervenir à ce titre pour assurer la satisfaction des besoins de la population pour lesquels l'initiative privée s'avère défaillante. Conjuguant, ici, la jurisprudence et les textes, on recense trois hypothèses possibles d'intervention de l'administration communale.

Tout d'abord, et suivant la jurisprudence classique sur le socialisme municipal, l'administration communale est fondée, sans méconnaître la liberté du commerce et de l'industrie, à créer, *ex-nihilo* en quelque sorte, un véritable service public communal en matière de distribution au détail des carburants les plus usuels. Il en est ainsi lorsque, dans une commune donnée, il existe, en ce domaine, un besoin de la population (celle qui habite ou celle qui passe) et que ce besoin n'est pas ou est mal satisfait par l'initiative privée absente ou défaillante. On retrouve, ici, les données de la célèbre jurisprudence Chambre syndicale du commerce en détail de Nevers (CE 30 mai 1930, GAJA, 259 ; GDJDA, 238), étant entendu qu'ayant créé un tel service public, qui correspond à un intérêt communal et qui présente une nature industrielle et commerciale, la commune peut le gérer elle-même ou le confier à une personne privée.

Ensuite, la loi du 2 mars 1982 autorise l'administration communale à accorder des aides directes ou indirectes à des entreprises privées « lorsque son intervention a pour but d'assurer le maintien des services nécessaires à la satisfaction des besoins de la population en milieu rural et que l'initiative privée est défaillante ou absente, sous réserve de la conclusion avec le bénéficiaire de l'aide d'une convention fixant les obligations de ce dernier ». Cette hypothèse se distingue de la précédente dans la mesure où il s'agit d'aider, directement (par exemple par mise à disposition d'un immeuble ou d'un terrain) ou indirectement (garantie d'emprunt), un distributeur privé de carburants qui, sans cette aide, ne se serait pas installé dans la commune ou l'aurait quittée. Le juge administratif vérifie ici que la condition tenant au caractère rural du milieu est bien satisfaite (TA, Poitiers, 9 octobre 1991, Préfet de la Charente-Maritime c/commune de Lagord, *RJCO*, 1992, n° 10, 55, note Lachaume).

Enfin, et suivant une jurisprudence classique, une commune érige légalement en service public une activité industrielle et commerciale dès lors que celle-ci apparaît comme le complément normal ou nécessaire d'un service public existant. Ainsi une commune peut légalement adjoindre une station-service à un parking municipal dès lors que cette adjonction est de nature à inciter les propriétaires de véhicules automobiles à utiliser des parcs municipaux de stationnement au lieu de laisser leurs véhicules sur les voies publiques et de gêner ainsi la circulation et la desserte des immeubles riverains (CE, 18 décembre 1959, Delansorme, *R*, 692 ; *D*, 1960, 371, note Lesage ; *AJDA*, 1900, II, 213, concl. Mayras).

Section IV

LES ÉLÉMENTS RELATIFS AU SECTEUR DES TRANSPORTS

Il s'agit, bien sûr, de transports collectifs et publics pour lesquels la commune est amenée à intervenir à deux titres : les transports urbains et les transports scolaires. Nous signalerons, par ailleurs et pour mémoire, que le maire, au titre de son pouvoir de police, dispose d'une compétence de réglementation à l'égard des taxis (art. L.131-4 C. des Cnes, décret du 2 mars 1973) : il lui appartient d'accorder les autorisations de stationnement, de délimiter les zones de prise en charge, etc., sous réserve de la compétence du préfet dans l'enceinte du domaine public ferroviaire, notamment les cours de gare. De plus, un conseil municipal dispose toujours, dès lors qu'il s'agit d'une affaire de la commune, du droit de créer des services de transport individuel bénéficiant aux personnes âgées, handicapées, sous réserve que son intervention corresponde bien à un intérêt public local. La loi lui confère également le pouvoir de donner un avis sur le plan régional et départemental des transports.

§ 1. Les transports urbains

En application des articles 27 et 28 de la loi 82-1153 du 30 décembre 1982 d'orientation des transports intérieurs (LOTI) et des dispositions de celle 79-475 du 19 juin 1979 relative aux transports publics d'intérêt local, l'administration communale (ou intercommunale) possède compétence pour définir le périmètre à l'intérieur duquel le service public des transports urbains de voyageurs sera organisé et dont le préfet constate, par arrêté, la création. A l'intérieur de ce périmètre, la commune ou le groupement de communes peut constituer son propre service de transports urbains et doit également élaborer un plan de déplacements urbains définissant « les principes généraux de l'organisation des transports, de la circulation et du stationnement dans le périmètre des transports urbains ». Ce plan doit être approuvé par le conseil municipal, ou par l'organe délibérant du groupement de coopération intercommunale après accord des conseils municipaux, et sa mise en œuvre incombe au maire ou au président du groupement.

L'autorité qui a le pouvoir d'organiser les transports publics urbains (la commune par exemple) doit donner son accord à la création des dessertes locales de transports publics routiers non urbains, ou de leur modification intervenant à l'intérieur du périmètre précité.

§ 2. Les transports scolaires

Avant les lois de 1983 relatives aux transferts et à la répartition des compétences, rien ne s'opposait à ce qu'une commune puisse organiser un circuit de « ramassage scolaire » et à ce qu'elle l'exploite elle-même en régie, donc sans faire nécessairement appel à une entreprise de transport public de voyageurs assurant un service régulier traversant la zone de ramassage (CE, 8 octobre 1965, Sté Finand et Cie, R, 504 ; *AJDA*, 1965, 614, chr. Puissochet et Lecat). Le décret du 7 décembre 1965, tout en confirmant la compétence des communes en la matière, ne les autorisait à utiliser le procédé de la régie directe qu'en cas de carence des entreprises assurant un service régulier de transports dans la zone de ramassage ou à défaut d'entente réalisée avec elle. Il faut dès maintenant noter que la compétence des communes n'était pas exclusive puisque les textes (notamment le décret de 1975) prévoyaient même l'intervention de principe du département en cette matière. La loi du 22 juillet 1983 relative à la répartition des compétences entre les communes, les départements, les régions et l'État, confie, en son article 29, la responsabilité de l'organisation et du fonctionnement des transports scolaires au département. Cela n'a pas entraîné la disparition totale de toute intervention communale (ou intercommunale). Le département peut, en effet, par convention, confier tout ou partie de l'organisation des transports scolaires aux communes (art. 30 de la loi du 22 juillet 1983). De plus, à l'intérieur des périmètres de transports urbains existant à la date d'entrée en vigueur de cette loi, la responsabilité des transports scolaires appartient toujours à l'autorité compétente pour organiser les transports urbains et qui peut être la commune (art. 29 de la loi précitée).

§ 3. Les infrastructures nécessaires aux transports

A) En relation directe avec les transports publics et également privés, la commune possède une responsabilité de première importance en matière de création, d'entretien, de gestion, des voies de communication qui font partie de la voirie communale et des compléments nécessaires de ces voies : places, ouvrages d'art (pénétrantes, ponts, etc.), parcs de stationnement. Certes ces voies et dépendances sont utilisées en dehors des fins de transport proprement dites, par exemple au titre de l'environnement et du cadre de vie (voies piétonnes, espaces verts, etc.), mais il est difficile de nier que leur création et leur gestion soient, aujourd'hui, très largement tributaires des exigences des transports publics ou privés (collectifs et individuels). Il appartient au conseil municipal d'acquérir les immeubles bâtis et non-bâtis nécessaires à l'emprise de ces voies et de leurs dépendances, de les affecter à la circulation (ou de les désaffecter) (art. L.141-3 du Code de la voirie routière), de prendre les décisions relatives à leur entretien, à leur aménagement. De son côté, le maire exerce sur ces voies communales et leurs dépendances, qui font partie du domaine public communal, la police de la conservation, de la circulation, de la sécurité etc.

B) Toujours, au titre des infrastructures nécessaires aux transports et activités annexes, la loi du 22 juillet 1983 relative à la répartition des compétences attribue à l'administration communale la création, l'aménagement et l'exploitation des ports exclusivement affectés à la plaisance (art. 6) et, en tant que de besoin, l'État met à la disposition des communes les dépendances du domaine public nécessaires.

La commune, qui, dans l'exploitation de ces ports de plaisance, doit respecter les dispositions du Code des ports maritimes et des prescriptions des schémas de mise en valeur de la mer, peut établir un règlement particulier de police, percevoir un droit de port. Quant à l'aménagement et à la gestion proprement dite des installations portuaires, la commune est en droit de faire appel à des concessionnaires publics (notamment les chambres de commerce et d'industrie) ou privés (SEM notamment).

SECTION V

LES ÉLÉMENTS RELATIFS A L'ACTION SANITAIRE ET SOCIALE

§ 1. Les interventions sanitaires et sociales

A) On sait que, depuis les lois relatives au transfert et à la répartition de 1983 et 1986, cette action relève en priorité du département dont elle constitue une compétence majeure, représentant d'ailleurs près de la moitié des dépenses de fonctionnement de cette collectivité. C'est donc à cette dernière qu'il revient de créer et d'organiser les services publics correspondant, que ce soit au titre de l'aide sociale (aide à l'enfance ; aide aux personnes handicapées ou âgées ; aide aux familles ; action d'insertion au titre du revenu minimum d'insertion ; établissement du règlement départemental), ou au titre de l'action sanitaire (protection des enfants, des mères de famille ; vaccinations ; lutte contre les fléaux sociaux ; dépistage des affections cancéreuses, tuberculeuses ; formation des assistantes maternelles). Il incombe, également, au département d'élaborer le schéma départemental des établissements et services sociaux et médico-sociaux.

Cependant, la compétence départementale n'a pas entraîné la disparition totale de l'intervention communale, compte tenu de la nécessité de gérer certaines actions sanitaires et sociales dans le cadre administratif qui est le plus proche de l'administré. La commune conserve donc, au titre de l'action sanitaire et sociale, différentes compétences, généralement mises en œuvre, notamment dans les moyennes et grandes communes, par le centre communal d'action sociale qui est un établissement public communal ou, mais très rarement, intercommunal (v. sur la structure et le rôle des CCAS et la loi 86-17 du 6 janvier 1986 relative aux transferts des compétences en matière d'aide sociale et de santé, v. Darles, le CCAS, thèse, Tours, 1991).

B) Les compétences communales les plus importantes sont les suivantes :

— instruction par les CCAS des dossiers de demande d'aide sociale ; pour le RMI, l'intervention du centre n'est pas obligatoire ;

— exercice par la commune et son CCAS des compétences en matière d'action et aide sociales que le département a, par convention, confié à la commune, mais on doit souligner la rareté des conventions conclues ;

— participation de la commune aux dépenses d'aide sociale qui constituent des dépenses obligatoires ;

— le CCAS, en vertu de la loi du 6 janvier 1986, joue un rôle d'animateur « pour la prévention et le développement social dans la commune » et, à ce titre, prend souvent en charge des services publics sociaux créés librement par le conseil municipal (cantines scolaires, centres aérés, crèches, garderies, colonies de vacances, foyers-logement, maisons de retraite, services de repas à domicile, clubs de loisirs, etc.). Il reste que la commune peut les gérer directement pour la plupart d'entre eux.

Tout cela dépend, en réalité, de la conception que les élus municipaux se font de l'action sociale ; de l'indépendance qu'ils entendent laisser au CCAS, dont le maire est quand même président de droit du conseil d'administration, ce qui peut expliquer « la municipalisation » de fait de certains CCAS, d'autant que les élus craignent quelquefois que le CCAS ne devienne un véritable contre-pouvoir animé par les représentants d'associations siégeant dans son conseil et se transforme en gouffre financier subventionné par le budget de la commune (sur ces points : v. Ligneau, « Décentralisation et politique sociale », *AJDA*, 1992, n° spécial d'avril consacré à la décentralisation, p. 77 et s.). Sans compter que, dans les petites communes, le CCAS a souvent une activité très limitée : instruction des dossiers d'aide sociale ; prise en charge d'un repas annuel réunissant les personnes du troisième âge ou d'une activité d'animation pour les jeunes et des activités, comme les cantines scolaires et les garderies, sont souvent directement assurées par la commune, un syndicat intercommunal ou une association de parents d'élèves.

Il faut remarquer que, lorsqu'à l'échelon communal, est accordée une prestation d'aide sociale relevant du département, l'octroi de celle-ci, son étendue, sa modification, nécessitent, en principe, une autorisation délivrée par le président du conseil général.

C) Enfin, on rappellera, ici, le rôle que sont susceptibles de jouer dans le domaine de l'aide et de l'action sociales, les services municipaux d'hygiène (v. *supra*, S-II, p. 6) et le fait que le maire est, de droit, président du conseil d'administration des établissements publics hospitaliers considérés comme locaux. Il serait inexact d'en déduire que cela confère du pouvoir à l'administration communale à l'égard de ces établissements. Par ailleurs, les communes interviennent également dans le domaine du crédit par l'intermédiaire des caisses de crédit municipal et une partie de la mission de ces caisses présente un caractère social puisqu'elles ont notamment pour rôle de combattre l'usure par l'octroi de prêts sur gages corporels dont elles ont le monopole (v. L.92-518 du 15 juin 1992 sur les caisses de crédit municipal). Il est évident que seules les grandes communes sont en mesure d'assumer une telle intervention.

§ 2. Le logement social

Sans trop solliciter les notions d'action et d'aide sociales, il est possible de leur rattacher certaines des missions dévolues à la commune dans le domaine du logement. Les textes, et parmi eux la loi du 7 janvier 1983 relative à la répartition des compétences, disposent à cet égard :

— que les communes, comme les autres collectivités territoriales, « définissent dans le cadre de leurs compétences respectives, leurs priorités en matière de programmes locaux de l'habitat », ce qui englobe l'habitat social et, d'ailleurs, la loi (art. 78) dispose que, dans son programme local d'habitat, la commune définit des opérations prioritaires, « notamment les actions en faveur des personnes mal logées ou défavorisées » ;

— les communes, ou leurs groupements peuvent, par l'intermédiaire des organismes d'HLM ou des offices publics d'aménagement et de construction dont la création est demandée par le conseil municipal ou l'organe délibérant de l'organisme de coopération intercommunale, réaliser une politique sociale dans le domaine du logement (vente, location) (art. L.421-1 et s. du Code de la construction) ;

— enfin, mais l'on s'éloigne quelque peu de l'action sociale, encore que des considérations sociales puissent guider de telles réalisations, les communes prennent souvent en charge la réalisation de lotissements leur permettant d'offrir des terrains constructibles et viabilisés à des prix, quelquefois inférieurs, à ceux du marché.

Il reste que dans le domaine du logement social, l'intervention communale, pour importante qu'elle soit, doit tenir compte des attributions dévolues aux régions, aux départements et de la politique nationale définie par l'État en cette matière.

Section VI

LES ÉLÉMENTS RELATIFS AU SECTEUR DE L'ÉDUCATION

Voici bien un secteur qui se prête à des découpages qui se veulent symétriques mais dont le bien-fondé reste quelquefois discutable. Si l'on considère qu'il existe, en France, quatre étages d'administration territoriale (État, région, département, commune), il est tentant d'attribuer à chaque étage une responsabilité définie par rapport à un type d'établissement d'enseignement ou par rapport à un niveau d'enseignement. C'est, dans les grandes lignes, la solution retenue par les lois de répartition des compétences de 1983, encore que, sur certains points, le rôle des communes par exemple, ces lois ont re-consacré des solutions contenues dans des textes épars. Ce rôle apparaît ainsi : constructions scolaires ; activités périscolaires ou d'accompagnement ; aide à l'enseignement privé. Mais, dans ce secteur, comme dans bien d'autres, l'administration communale ne doit pas faire abstraction de nombreuses contraintes : l'État conserve, seul, la compétence quant à la détermination des programmes, l'organisation des examens ; le recrutement, la gestion et la rémunération du personnel de l'enseignement public ; de plus, les autres collectivités territoriales ont également, dans le secteur de l'éducation, des attributions qui s'imposent aux communes. Si bien qu'il n'est pas possible de prévoir un découpage de ce secteur de telle façon qu'une collectivité locale soit, dans la gestion de celui-ci, totalement autonome et compétente.

§ 1. Les équipements scolaires publics

A) Confirmant la solution déjà adoptée par la loi du 30 octobre 1886, celle du 22 juillet 1983 (art. 13 et s.) dispose, en son article 14 : « la commune a la charge des écoles. Elle est propriétaire des locaux et en assure la construction, la reconstruction, l'extension, les grosses réparations, l'équipement, l'entretien et le fonctionnement ». La compétence de l'administration communale ne s'étendant ni au recrutement, ni à la rémunération des personnels enseignants, ni, bien sûr, aux programmes et à la pédagogie. Il revient donc à cette administration, après avis du représentant de l'État, de décider de l'implantation des écoles maternelles et pré-élémentaires, de financer leur construction, leur entretien, leur fonctionnement (chauffage, électricité, matériel pédagogique, etc.) en rappelant que, si chaque commune a l'obligation de créer une école primaire élémentaire, les écoles maternelles ou les classes enfantines sont, elles, librement créées par l'administration communale (CE 31 mai 1985, ministre de l'Éducation nationale c/ Association d'éducation populaire, Notre-Dame d'Arc-les-Gray, R, 167). Mais décider de l'implantation d'une école maternelle ou élémentaire, et même la construire, sont une chose, lui affecter le personnel enseignant en est une autre, puisque c'est l'État qui, sur ce dernier point, décide. On mesure donc qu'il existe ici, mais on sait que ce n'est pas un exemple unique, des relations obligées entre la commune et l'État et que le sort des écoles maternelles et élémentaires (construction, maintien ou disparition) dépend beaucoup plus, en définitive, des décisions prises en matière de personnel enseignant par l'inspection académique — donc l'État — que par le conseil municipal.

B) La loi, précitée, place dans la compétence des départements les collèges et, dans celle des régions, les lycées. Mais le texte prévoit, cependant, une intervention communale à leur sujet dans les cas suivants :

— les communes doivent donner leur accord à l'implantation, sur leur territoire, d'un collège ou d'un lycée ; on ne voit pas pourquoi, tout au moins dans la majorité des cas, elles refuseraient cet accord — sauf à craindre des troubles liés à la présence d'un établissement scolaire à risques — souvent même, elles apportent une aide directe ou indirecte à cette construction ;

— la commune d'implantation d'un collège ou d'un lycée est susceptible de se voir confier par le département ou la région, et ce au moyen d'une convention, la construction et l'équipement d'un collège ou d'un lycée, ainsi que la responsabilité de son fonctionnement pour au moins six ans, à condition, bien évidemment, que le département ou la région assument les obligations financières qui sont les leurs.

C) La commune d'implantation d'une université, l'enseignement supérieur relevant de l'État tant sur le plan des infrastructures que de la pédagogie, des enseignants et de la délivrance des diplômes nationaux, doit être consultée sur les implantations et les aménagements des établissements d'enseignement supérieur. Certaines communes n'hésitent pas d'ailleurs à prendre, elles-mêmes, l'initiative de financer des investissements en matière d'enseignement supérieur, soit pour aider le développement d'une université existante, soit pour permettre l'installation d'une antenne d'enseignement supérieur dans laquelle elles voient, souvent avec raison, l'ébauche d'une université dont elles tenteront, par la suite, d'arracher la création à l'État.

D) L'utilisation des équipements scolaires communaux à des fins d'enseignement soulève, quelquefois, des difficultés entre des communes limitrophes, lorsque l'une accueille, pour leur scolarisation dans ses installations, des élèves venant d'une commune voisine. Les administrations communales en cause fixent, d'un commun accord, la répartition des dépenses de fonctionnement entre elles, à défaut d'accord cette répartition est fixée par le représentant de l'État après avis du conseil de l'éducation nationale (art. 23, L. du 22 juillet 1983). L'administration communale d'accueil, surtout dans les petites communes, est souvent, en la matière, partagée entre le souci d'accueillir dans ses équipements scolaires le plus grand nombre d'enfants possible, ce qui la met à l'abri d'une fermeture de classes, et celui de ne pas faire supporter a ses propres contribuables la charge financière de la scolarisation d'enfants venant d'autres communes. La pratique met en évidence qu'il n'est pas toujours facile de trouver ici, entre deux communes, un terrain d'entente.

E) L'article 27 de la loi du 22 juillet 1983, précitée, autorise le maire « après avis de l'autorité scolaire responsable, de modifier les heures d'entrée et de sortie des établissements d'enseignement en raison des circonstances locales ». Le pouvoir qui leur est, ainsi, reconnu s'exerce tant à l'égard des écoles, que des lycées et collèges.

L'administration communale peut également prendre diverses initiatives susceptibles de déboucher sur une modification des rythmes scolaires (scolarisation sur quatre jours de la semaine par exemple).

F) Les locaux scolaires communaux, en dehors de leur affectation normale aux activités d'enseignement strictement entendues, sont également susceptibles d'être utilisés pour des activités périscolaires ou d'accompagnement (v. *infra* § 2 et art. 26 de la loi du 22 juillet 1983). Ils le sont, également et quelquefois, en dehors de toute activité scolaire ou préscolaire, par exemple pour abriter des bureaux de vote ou tenir lieu de centres d'hébergement en cas de catastrophes entraînant l'obligation de loger pendant quelques heures, des sinistrés. La loi ATR du 6 février 1992 contient, en outre, un article prévoyant l'utilisation de locaux communaux par des associations, syndicats, partis politiques dans des conditions fixées par le maire en tenant compte, selon les exigences jurisprudentielles classiques, des nécessités de l'administration des propriétés communales, du fonctionnement des services publics et du maintien de l'ordre public. Le conseil municipal fixant, en tant que de besoin, une contribution en raison de cette utilisation. Or, les écoles sont des locaux communaux et sont quelquefois les seuls, en dehors de la mairie, qui, dans les petites communes, puissent être utilisés à des fins de réunion.

§ 2. Les activités d'accompagnement

En matière d'activités pédagogiques, l'État assure le minimum vital, mais il est vrai qu'on ne saurait tout lui demander. Les communes, d'elles-mêmes, à la demande des maîtres ou à la demande ou sous la pression des parents d'élèves, prennent souvent en charge l'organisation d'activités d'enseignement (musique, arts plastiques, etc.) mais surtout d'accompagnement ou périscolaires : activités d'éveil, de plein air ; classes de neige ; activités sportives et culturelles complémentaires de l'enseignement ; échanges scolaires, etc. La loi du 22 juillet 1983 consacre cette possibilité d'intervention de l'administration communale dans son article 26 et l'encadre juridiquement de la façon suivante : ces activités sont éventuellement organisées dans les locaux scolaires, elles restent facultatives et ne sauraient ni se substituer, ni porter atteinte, aux activités d'enseignement et de formation fixées par l'État ; elles sont financées par les communes (investissement et fonctionnement) qui prennent, également, en charge les agents de l'État mis, pour ces activités, à leur disposition. Une convention fixe les relations entre la commune et l'établissement scolaire.

Quoique plus éloignées des activités éducatives, mais se présentant, tant dans les zones urbaines que rurales, comme le complément indispensables de celles-ci, les communes organisent souvent des restaurants scolaires, des garderies, des ramassages scolaires (voir *supra* l'étendue de la compétence communale en la matière). Il s'agit de services publics administratifs ne serait-ce que par leur objet, et l'une des difficultés les plus souvent rencontrées à leur propos, par l'administration communale, est la fixation de tarifs qui tiennent compte des différences de situation appréciables susceptibles d'exister entre les usagers de ce service public — et l'on retrouve ici l'aspect social de ces activités — sans pour autant méconnaître le principe d'égalité qui régit le fonctionnement des services publics (voir à titre d'exemple et parmi une jurisprudence récente : CE, 5 octobre 1984, COREP de l'Ariège, R, 315, concl. Delon ; *AJDA*, 1984, 675, chr. Schoettl et S. Hubac). Ce principe d'égalité, qui n'exclut donc pas des tarifs différents entre élèves-usagers ne se trouvant pas dans une situation analogue, permet aussi à une commune d'accueil de demander aux enfants, dont les parents ne sont pas domiciliés sur son territoire, un tarif supérieur à celui supporté par les enfants dont les parents sont domiciliés dans la commune d'accueil et qui possèdent la qualité de contribuable communal, ce tarif ne devant pas, toutefois, excéder le prix de revient, pour la commune, de la prestation. Enfin, une commune accorde légalement la gratuité des repas dans ses restaurants scolaires à des élèves qui sont enfants de salariés grévistes, dès lors que la situation particulière dans laquelle se trouvent des enfants le justifie, par exemple l'absence de ressources financières des parents du fait d'une grève (CE, 11 octobre 1989, commune de Port-Saint-Louis-du-Rhône, R, 184 ; Droit social, 1990, 534, note Lachaume).

§ 3. L'aide à l'enseignement privé

Les lois portant répartition des compétences et celle du 25 janvier 1985 ont maintenu les charges que les communes supportent au titre de l'enseignement privé en vertu des textes antérieurs, notamment la loi du 31 décembre 1959, ainsi d'ailleurs que les limites fixées à cette aide.

A) La loi du 30 octobre 1886 dispose que les établissements d'enseignement privé « sont fondés et entretenus par des particuliers et des associations » et le Conseil d'État en a déduit que les communes ne devaient pas subventionner les écoles primaires privées. Mais, depuis les lois du 31 décembre 1959 et 30 juin 1977, les communes, sous forme d'une contribution forfaitaire versée par élève et par an et calculée selon les mêmes critères que pour les classes correspondantes de l'enseignement public, doivent participer aux dépenses de fonctionnement des classes élémentaires de ces écoles privées dès lors qu'elles bénéficient d'un contrat d'association. Il s'agit d'une dépense obligatoire pour les communes susceptible, en cas de refus de leur part, de donner lieu à la mise en œuvre de la procédure d'inscription d'office, par le préfet, de la dépense au budget communal (CE, 12 février 1982, ministre de l'Intérieur c/ commune d'Aurillac, R, 68, *RDP*, 1982, 470, note Robert ; sur la portée de l'obligation communale : CE, 31 mai 1985, Ville de Moissac c/ Nicol et autres, R, 168).

B) Pour les établissements d'enseignement secondaires privés, les collectivités locales, donc notamment les communes, peuvent leur accorder des subventions, et une solution identique vaut au profit d'établissements privés d'enseignement technique (loi du 25 juillet 1979). La loi Falloux, du 15 mars 1850, autorise même les communes à mettre un local à leur disposition. Cependant, cette même loi plafonne la subvention communale, éventuellement versée pour la couverture des dépenses d'équipement des établissements secondaires privés, au dixième des dépenses annuelles de l'établissement (CE, 6 avril 1990, Département d'Ille-et-Vilaine, R, 91), mais ce texte ne fait pas obstacle à ce qu'une commune, en se fondant sur l'article 6 de la loi du 2 mars 1982, accorde sa garantie à un emprunt contracté par un établissement privé (CE, 6 avril 1990, Ville de Paris et École Alsacienne, R, 92). Ces dispositions avaient été abrogées, dans un sens favorable aux écoles privées, par une loi votée en décembre 1993, censurée par le Conseil constitutionnel (décision du 13 janvier 1994) pour rupture d'égalité entre les établissements privés eux-mêmes et entre ces derniers et les établissements publics.

C) Les collectivités communales sont en droit de subventionner les établissements privés d'enseignement supérieur. On voit même des collectivités communales importantes, mais non dotées d'une université d'État ou d'établissements publics d'enseignement supérieur, susciter la création d'une association privée qu'elles subventionnent, tant en investissement qu'en fonctionnement, afin que celle-ci organise, notamment par convention conclue avec une université d'État, une ou plusieurs filières d'enseignement relevant du supérieur. L'espoir de l'administration communale étant très souvent qu'à terme l'État prenne le relais et crée sur son territoire une délocalisation universitaire, un IUT ou même une université de plein exercice. Quelquefois, il faut se rendre à l'évidence, l'espoir se concrétise.

§ 4. L'intervention dans la formation professionnelle et l'apprentissage

Ces deux secteurs relèvent de la région qui assure la mise en œuvre des actions d'apprentissage et de formation professionnelle continue (art. 82 et s. de la loi du 7 janvier 1983). Toute intervention communale n'a pas, pour autant, disparu :

— les communes ou groupements de communes qui ont arrêté un

programme de formation sont associés, à leur demande, à l'élaboration du programme régional de formation ;

— la création des centres de formation d'apprentis donnent lieu à des conventions passées entre les régions et divers partenaires publics et privés dont les communes.

Le secteur de l'enseignement constitue un bel exemple de l'impossibilité, dans la répartition des compétences entre l'État et les collectivités locales et entre les collectivités locales, d'isoler une compétence donnée au profit d'une seule personne publique territoriale. Limiter l'intervention communale aux seules écoles maternelles et élémentaires, hors enseignement bien sûr, et au financement d'activités complémentaires ou annexes, revient à perdre de vue l'intérêt que constitue pour une commune l'installation, sur son territoire, d'un collège, d'un lycée ou d'une université et qui l'amène ainsi à s'immiscer, sous une forme ou une autre, mais le plus souvent au moyen d'une aide financière, dans des secteurs qui lui échappent juridiquement. Sans compter que la personne publique compétente à titre principal, n'hésite pas à solliciter financièrement les communes en subordonnant ses propres actions à une aide communale (le plan Universités-2000 en constitue un bel exemple).

Face à ces interventions et à ces financements croisés, le législateur a compris qu'il ne serait pas réaliste d'établir des frontières étanches entre les compétences des différentes personnes publiques territoriales (État compris) et que la meilleure solution consistait à accompagner un mouvement qui constitue une belle illustration de synergie administrative. C'est ainsi que la loi *ATR* du 6 février 1992 énonce, dans son article 92, « que les communes, les départements et les régions financent par priorité les projets relevant des domaines de compétences qui leur ont été dévolus par la loi ». Élégante façon de souligner, *a contrario*, que si une collectivité, communale par exemple, décide d'aider financièrement l'exercice par une autre collectivité locale d'une compétence entrant dans le domaine de cette dernière collectivité, il ne faut pas qu'elle se gêne et qu'elle rencontre d'obstacles juridiques dans l'octroi de son aide et cette dernière sera la bienvenue... dès lors que la commune ne cherche pas à exercer, sous quelque forme que ce soit, une tutelle sur la collectivité bénéficiaire de son aide. A vrai dire, ce risque de tutelle est quasinul dans le sens commune — département ou région, c'est plutôt dans l'autre sens que le risque existe. Le secteur de l'enseignement et de l'éducation fournit l'occasion de cette remarque, mais elle vaut, bien sûr, dans bien d'autres domaines de l'action de l'administration communale.

SECTION VII

LES ÉLÉMENTS RELATIFS AU SECTEUR SOCIO-CULTUREL ET SPORTIF ET DE L'ENVIRONNEMENT

Voici un secteur de l'activité communale dont l'accroissement, lié à la demande des habitants, a été considérable depuis quelques décennies et à propos duquel les élus locaux perçoivent, tout à la fois, la nécessité d'y intervenir et les risques de dérapage financier en cas de mauvaise maîtrise de ces interventions.

§ 1. Les éléments découlant des textes

Les textes confient à l'administration communale la responsabilité de la création et de l'organisation et du financement d'un certain nombre de services publics intéressant le secteur socio-culturel au sens large mais il n'est pas sûr qu'il existe un sens étroit :

— archives communales (art. L.317-1 C. des Cnes) ;

— bibliothèques communales (art. L.341-1 et s C. des Cnes ; art. 61 de la loi du 22 juillet 1982) et musées (art. L.341-2) ;

— établissements d'enseignement public de la musique, de la danse, de l'art dramatique, des arts plastiques à l'exception de ce qui concerne l'enseignement supérieur (art. 63, loi du 22 juillet 1982) ;

— réseaux cablés de radiodiffusion et de télévision (art. 33 de la loi du 30 septembre 1986 relative à la liberté de communication).

Au-delà de ces services publics, l'administration communale donne son avis sur le plan départemental des itinéraires de promenade et de randonnée ; elle propose l'institution de périmètres de protection autour des réserves naturelles ou du patrimoine architectural et urbain ou donne son accord à son établissement (loi du 22 juillet 1983) ; elle doit consacrer 1 % du montant de l'investissement à l'insertion d'œuvres d'art dans toutes les constructions qui faisaient l'objet, à la date de janvier 1983, de la même obligation à la charge de l'État (art. 59). Il ne faut pas majorer les interventions communales à ces derniers titres et il n'est pas certain que l'obligation du 1 % soit toujours respectée.

§ 2. Les initiatives communales spontanées

Au-delà des obligations que la loi met à leur charge dans le domaine socio-culturel, les communes, par référence à la notion d'affaires communales consacrées par l'article L.121-26 du C. des Cnes, possèdent la faculté d'intervenir très largement dans le domaine socio-culturel et de créer les services et équipements nécessaires et ceci toujours sous les limites de compétence habituelles : ne pas empiéter sur les attributions des autres personnes publiques ; ne pas concurrencer, sans justifications tirées des circonstances locales, les initiatives privées. Il est impossible d'établir une liste exhaustive de ces interventions qui revêtent des formes diverses : subventions à des associations ; construction d'équipement tels : les maisons des jeunes et de la culture ; les salles de réunion ; les salles polyvalentes ; les stades ; les piscines ; les terrains de tennis ; les patinoires ; les théâtres et cinémas municipaux ; les terrains de camping etc. Il ne faut pas perdre de vue, l'effort considérable accompli ici par les communes qui, pour ne prendre que cet exemple, ont réalisé et entretiennent, en France, la presque totalité des grands équipements sportifs collectifs (v. sous la direction de J.-P. Théron, *Sports et collectivités locales*, 1993, Dalloz) et qui consacrent, sous forme de subventions accordées à des associations sportives, culturelles, artistiques, du troisième âge, etc., des sommes importantes pour soutenir les activités se rattachant au secteur culturel et sportif. L'engagement communal est, quelquefois, d'autant plus important que les associations intervenant dans ces secteurs sont souvent sur le plan financier, matériel, du personnel, soutenues à bout de bras par les communes, au point que l'autonomie réelle de ces associations fait problème et amène le juge à les considérer quelquefois comme ectoplasmiques et ne se distinguant pas juridiquement des services communaux.

Enfin, se rattachant au secteur socio-culturel largement entendu, il faut faire état des compétences dans le domaine du tourisme. La loi du 23 décembre 1992, portant répartition des compétences dans le domaine du tourisme, après avoir posé le principe suivant lequel « l'État définit et met en œuvre la politique nationale du tourisme », précise que « les collectivités territoriales sont associées à la mise en œuvre de la politique nationale du tourisme » et « qu'elles conduisent, dans le cadre de leurs compétences propres et de façon coordonnée, des politiques dans le domaine du tourisme » (art. 2 et 3 de la loi précitée).

Dans ce secteur, l'administration communale (en l'espèce le conseil municipal) se voit reconnaître la possibilité de créer un office de tourisme dont il lui appartient de préciser la nature juridique (établissement public ou association privée) et qui peut être chargé de très nombreuses missions en relation avec le tourisme : promotion touristique de la commune ; accueil des touristes ; coordination des interventions des divers partenaires du développement touristique local ; élaboration des programmes locaux de développement touristique, etc. (voir l'article 10 de la loi du 23 décembre 1992).

§ 3. La protection du patrimoine et des sites

Les communes jouent un rôle important dans la création et l'entretien du patrimoine culturel, qu'il s'agisse des édifices proprement dits mais aussi de leur environnement. Certes l'État est investi, en ce domaine, de compétences majeures mais elles ne doivent pas dissimuler le rôle des communes qui d'ailleurs sont les propriétaires d'une bonne partie des édifices religieux (mises à part les cathédrales). Il appartient donc aux communes d'entretenir ce patrimoine et d'en protéger l'environnement et, à cette fin, « sur proposition ou après accord du conseil municipal des communes intéressées, des zones de protection du patrimoine architectural et urbain peuvent être instituées (par le préfet de région) autour des monuments historiques et dans les quartiers et sites à protéger ou à mettre en valeur pour des motifs d'ordre esthétique ou historique » (art. 70, L. du 7 janvier 1983). Dans la délivrance des permis de construire concernant des immeubles situés dans le périmètre de la zone de protection, le maire doit recueillir l'avis conforme de l'architecte des bâtiments de France et, en cas de désaccord entre le maire et cet architecte, l'avis du préfet de région se substitue à celui de l'architecte.

Par le biais de leur plan d'occupation des sols, les communes qui en sont dotées peuvent protéger également le patrimoine architectural, son environnement, les sites et paysages. On doit, à cet égard, reconnaître chez les élus communaux, et depuis une trentaine d'années, une volonté de protéger, de mettre en valeur, de rentabiliser lorsque cela s'avère possible, les éléments de ce patrimoine bâti ou même non bâti.

Au-delà de cette protection du patrimoine et des sites, les communes, dans le souci de donner à leurs habitants, un cadre de vie agréable s'efforcent de développer les espaces verts, les parcs et jardins publics, les promenades aménagées. De même que des communes rurales n'hésitent pas à entretenir, voire à rénover, leurs chemins ruraux qui font partie de leur domaine privé afin d'inciter les promeneurs et les sportifs à les emprunter.

Section VIII

LES ÉLÉMENTS RELATIFS AU SECTEUR DE L'URBANISME

Le droit de l'urbanisme est généralement défini comme relatif aux institutions et aux règles concernant l'utilisation des sols en milieu urbain. Compte tenu du rôle joué par les documents et autorisations d'urbanisme dans les zones non-urbaines, il vaudrait mieux supprimer, de cette définition, la référence au milieu urbain qui a pourtant justifié, à l'origine, l'apparition et le développement de cette branche du droit.

La rédaction de l'article L.110 du Code de l'urbanisme va d'ailleurs dans ce sens en assurant les buts suivants aux règles générales d'urbanisme : « aménager le cadre de vie, assurer sans discrimination aux populations résidentes et futures des conditions d'habitat, d'emploi, de services et de transports répondant à la diversité du territoire et de ses ressources, gérer le sol de façon économe, assurer la protection des milieux naturels et des paysages, ainsi que la sécurité et la salubrité publique, promouvoir l'équilibre entre les populations résidant dans les zones urbaines et rurales... ». A vrai dire, aménagement et urbanisme sont inséparables (voir d'ailleurs le titre du livre 1er du Code de l'urbanisme), mais qui en doutait ! Lors du mouvement de décentralisation de 1982-1983, un pas décisif a été franchi en confiant aux collectivités communales d'importantes attributions en matière d'urbanisme, même si l'État a conservé, ce qui est parfaitement justifié, les moyens d'assurer la protection de l'intérêt général et de ses propres intérêts.

§ 1. Les documents généraux d'aménagement et d'urbanisme

Ces documents généraux définissent, de façon générale et impersonnelle, diverses règles et contraintes. Depuis 1983, les communes possèdent, notamment sur la base de la loi du 7 janvier 1983, des substantiels pouvoirs en la matière.

A) Tout d'abord, il revient aux communes, « présentant une communauté d'intérêts économiques et sociaux », de prendre l'initiative de l'élaboration ou de la révision des schémas directeurs (ou de secteur) fixant, dans un périmètre donné, les orientations fondamentales de l'aménagement en tenant compte des équilibres à respecter, de la diversité des activités, de la protection des sites, de l'existence de zones à risques naturels, etc. (art. L.122-1 et L.122-1-1 du Code de l'urbanisme). Les communes confient les compétences que la loi leur attribue à un établissement public de coopération intercommunale ou à un syndicat mixte (collectivités territoriales et groupements de ces collectivités), mais les conseils municipaux donnent leur avis sur ces projets de schémas, en proposent le périmètre, etc., et il appartient à l'établissement public de coopération intercommunale (EPCI) d'approuver le schéma dans les conditions et suivant les procédures prévues à l'article L.122-1-3 du Code de l'urbanisme. Une commune, qui estime que le schéma « est de nature à compromettre l'un de ses intérêts essentiels en lui imposant, notamment, des nuisances ou des contraintes excessives », en avise le représentant de l'État qui saisit l'EPCI et si ce dernier n'approuve pas dans un délai de six mois les modifications demandées, la commune peut se retirer de l'EPCI et du périmètre du schéma, le représentant de l'État se bornant à constater le retrait.

B) Il reste que la compétence primordiale transférée aux communes par les lois des 7 janvier et 22 juillet 1983 est relative à l'établissement des plans d'occupation des sols (POS). Le rôle du POS (art. L.123-1 du Code de l'urbanisme) est de fixer « dans le cadre des orientations des schémas directeurs ou des schémas de secteurs... les règles générales et les servitudes d'utilisation des sols, qui peuvent notamment comporter l'interdiction de construire ». Désormais, lorsqu'une commune le désire, elle peut donc se doter d'un POS (14 000 communes environ sont couvertes par un POS) et, lorsque ce plan est approuvé, il appartient à l'administration communale de délivrer les permis de construire et diverses autorisations et documents relatifs à l'utilisation des sols (art. L.421-2 du Code de l'urbanisme), alors que dans les communes non couvertes par un POS c'est l'État qui reste compétent en la matière et lorsque le maire intervient, dans ce dernier cas, c'est en sa qualité d'agent de l'État.

La procédure d'élaboration du POS constitue un parcours complexe dont il n'est pas possible de recenser ici toutes les étapes, seulement, dans la perspective qui nous intéresse, il suffira de souligner :

— que le POS est élaboré à l'initiative et sous la responsabilité de la commune ;

— que le conseil municipal (ou l'organe de l'EPCI auquel la commune a confié l'élaboration du POS) arrête le projet de POS ;

— que le maire (ou le président de l'EPCI) rend le projet de POS public et le soumet à l'enquête publique ;

— qu'enfin le POS, éventuellement modifié, est approuvé par le conseil municipal (ou l'organe délibérant de l'EPCI) et qu'il devient, en principe, exécutoire un mois après sa transmission au représentant de l'État.

Cette présentation ne donne qu'une petite idée de la complexité de la procédure d'élaboration, mais elle met en relief l'importance de la compétence de l'administration communale, même si de nombreuses contraintes législatives en réduisent quelque peu la portée. On comprend, cependant, que la liberté communale doit être sérieusement canalisée dans un domaine où se trouve directement en cause certains aspects du droit de propriété. Le problème s'est même posé de savoir s'il fallait transférer aux communes une telle compétence qui les place directement sous la pression conjuguée des propriétaires de terrains, des promoteurs, des personnes désirant construire, etc. Il n'est pas facile pour les élus des petites et moyennes communes de faire abstraction de ces pressions, de placer en zones non-constructibles les terrains d'un ami ou d'un membre de la famille, ce qui aboutit à diviser par 100 ou 200 la valeur vénale d'un terrain. Ne fallait-il pas, pour l'exercice de cette compétence, en réserver le bénéfice aux grandes communes dans lesquelles l'élaboration peut, plus facilement, se dérouler de façon impersonnelle ? A vrai dire, il n'existe pas de bonnes réponses et c'est le genre de questions pour lesquelles on peut avancer autant d'arguments sérieux pour justifier tout aussi bien la compétence de l'État ou celle de la commune. En tout cas, l'élaboration d'un POS permet souvent de découvrir chez les élus municipaux la conception qu'ils se font de l'intérêt général... et, de façon générale, il n'y a pas à désespérer de la démocratie locale.

§ 2. Les autorisations individuelles d'occupation des sols

Dans les communes dotées d'un plan d'occupation du sol, approuvé, les diverses autorisations individuelles relatives à l'occupation des sols sont délivrées par le maire ou, lorsque le POS a été confié à un EPCI, par le président de cet établissement. Il s'agit :

— du certificat d'urbanisme indiquant, notamment par rapport au POS, si un terrain est constructible (art. L.410-1 du Code de l'urbanisme) ;

— du permis de construire (art. L.421-1 du même code), et du permis de démolir (art. L.430-4) ;

— du certificat de conformité d'une construction avec le permis de construire (art. L.460-2) ;

— des autorisations et actes relatifs au lotissement (art. L.315-1-1), etc.

La compétence du maire n'est nullement discrétionnaire dans la délivrance de ces diverses autorisations eu égard aux règles, dont certaines sont à la limite du byzantisme, qui s'imposent à lui, sans compter les avis qu'il doit solliciter. Encore une fois, la décentralisation de nombreuses compétences s'est opérée à droit constant, ce qui signifie que leur exercice n'a pas été juridiquement assoupli et qu'il a même été, quelquefois, alourdi. Il est bien évident, enfin, que les arrêtés du maire intervenus, au titre de l'urbanisme, sont soumis au contrôle de la légalité (voir *infra*).

Section IX

LES ÉLÉMENTS RELATIFS AU DÉVELOPPEMENT COMMUNAL

Même au niveau de l'administration communale, le temps n'est plus de l'administration-gendarme vouée à des tâches de police, de protection et d'éducation. Les communes savent depuis longtemps qu'elles doivent mener une politique volontariste en matière de développement et qu'elles ne doivent plus s'en remettre totalement à la seule initiative privée. C'est vrai, bien sûr, pour les grandes communes mais également pour les petites qui doivent prendre en main leur développement ou périr lentement.

§ 1. Les chartes intercommunales de développement

La loi du 7 janvier 1983 permet aux communes, en vue de promouvoir et de programmer leur développement économique, social et culturel, d'élaborer et d'approuver des chartes intercommunales de développement et d'aménagement. Ces chartes précisent les programmes d'action correspondants, ainsi que les conditions d'organisation et de fonctionnement des équipements et services publics (voir les art. 29 et 30). Sur la base des objectifs fixés par la charte, les communes peuvent conclure des conventions avec le département, la région et l'État. Dans les zones rurales, ces chartes se substituent aux plans d'aménagement rural. La technique des chartes est surtout utilisée dans les petites et moyennes communes.

§ 2. Les interventions économiques des communes

Dès le début du XXe siècle, les communes sont intervenues dans le domaine économique, ne serait-ce que par leurs initiatives visant à créer, au profit de leurs habitants, un service public ayant un objet commercial (boulangerie, alimentation, boucherie municipale, etc.) et ce afin de pourvoir aux besoins de ces habitants compte tenu de l'absence ou de l'insuffisance des initiatives purement privées en la matière. Le juge administratif, réservé à l'égard de ces interventions relevant du socialisme municipal, posa deux conditions pour reconnaître la légalité de celles-ci : un besoin de la population et une carence ou une insuffisance de l'initiative privée, la conjonction des deux faisant l'intérêt public local justifiant l'intervention (CE, 30 mai 1930, Chambre syndicale du commerce en détail de Nevers, GAJA, 259 ; GDJDA, 238). Par la suite, apparurent des interventions communales tendant à soutenir des entreprises en difficultés, à en attirer de viables sur le territoire communal en vue de la création d'emplois ou/et d'un accroissement des recettes fiscales de la commune au moyen de la taxe professionnelle. Ces interventions, souvent utiles pour le développement communal, n'étaient pas, quelquefois, sans danger pour les finances locales et il est apparu, lors du mouvement de décentralisation de 1982-1983, qu'un encadrement législatif s'imposait sans que celui-ci ait d'ailleurs entraîné la caducité des solutions jurisprudentielles ci-dessus évoquées.

A. Les interventions fondées sur un texte

La loi du 2 mars 1982 relative aux droits et libertés des communes, des départements et des régions établit, dans ses articles 5 et 6, le régime juridique des interventions communales au titre du développement économique. D'abord, la loi encadre ces interventions en précisant, d'entrée de jeu dans l'article 5, les limites imposées à l'intervention communale. Celles-ci sont les suivantes : c'est l'État qui a la responsabilité de la politique économique et sociale et de la défense de l'emploi et qui fixe, en conséquence, les règles s'imposant aux communes en ce domaine. Les communes doivent, ensuite, dans leurs interventions tenir compte de la liberté du commerce et de l'industrie et du principe d'égalité des citoyens devant la loi, la jurisprudence imposait déjà de telles contraintes, ainsi que des règles de l'aménagement du territoire définies par la loi approuvant le Plan.

En tenant compte de ces limites, l'administration communale intervient à plusieurs titres.

1) Lorsque son intervention est justifiée par le souci d'assurer le développement économique de la commune ; cette intervention prenant la forme d'aides directes et indirectes accordées à des entreprises dans les conditions prévues par la loi qui a approuvé le plan. Les aides directes se concrétisent surtout par l'octroi de primes accordées en complément des primes régionales ou de bonifications d'intérêts ou d'avances et les aides indirectes se matérialisent par des garanties d'emprunt, des locations de terrains ou de bâtiments, des cautions, etc.

Alors que les aides directes et indirectes hors garantie d'emprunt s'élevaient, en 1989, à 5 milliards de francs, les garanties d'emprunt consenties par les communes atteignaient, elles 98 milliards de francs. Il faut reconnaître que les communes sont fréquemment tentées, pour assurer ou maintenir leur développement, d'accorder assez facilement des garanties d'emprunt qui ne débouchent pas nécessairement sur des dépenses effectives, ceci explique, tout à la fois, l'importance des garanties accordées et la volonté du législateur de mieux définir les conditions de l'octroi de cette garantie (art. 6 de la loi du 2 mars 1982 dans sa rédaction issue de la loi du 5 janvier 1988).

2) L'intervention communale est, également, prévue par la loi lorsqu'elle a « pour but d'assurer le maintien des services nécessaires à la satisfaction des besoins de la population en milieu rural et que l'initiative privée est défaillante ou absente » et elle est en droit, alors, d'accorder « des aides directes et indirectes sous réserve de la conclusion, avec

le bénéficiaire de l'aide d'une convention fixant les obligations de ce dernier. On reconnaît, dans la rédaction de cette disposition, un emprunt à la jurisprudence sur le socialisme municipal, mais on doit en cantonner le jeu dans un domaine précis qui est celui d'une aide apportée à un partenaire privé et en déduire qu'elle ne s'applique pas à la création directe, *ex nihilo*, par une commune d'un service public ayant le même but que celui évoqué plus haut et que cette création directe reste soumis aux éléments dégagés par la jurisprudence, d'autant que la gestion du service public ainsi créé peut être assurée en régie directe par la commune, ce que ne permet pas le système d'aides prévu par la loi.

3) La loi du 2 mars 1982 (art. 5, III) exclut la possibilité pour l'administration communale, sauf autorisation donnée par décret en Conseil d'État, de participer au capital d'une société commerciale et de tout autre organisme à but lucratif n'ayant pas pour objet d'exploiter les services communaux ou des activités d'intérêt général dans les conditions prévues à l'article L.381-1 du C. des Cnes, cet article permettant cependant aux communes d'entrer dans le capital d'une SEM locale régie par la loi du 7 juillet 1983 (voir, également, art. 6, II).

4) Enfin, dans un premier temps (1982-1988), la loi du 2 mars 1982 permettait aux communes « lorsque la protection des intérêts économiques et sociaux de la population communale l'exige », d'accorder des aides directes et indirectes à des entreprises en difficulté pour la mise en œuvre de mesures de redressement prévues par une convention passée avec celle-ci. La pratique a montré qu'il n'était pas toujours facile aux élus communaux de résister à des demandes d'aides dans ce cas de figure, surtout qu'elles étaient quelquefois assorties d'un véritable chantage à l'emploi ; que, par ailleurs, ils ne disposaient pas toujours des moyens leur permettant d'apprécier l'impact de ces aides sur le redressement de l'entreprise, d'où des aides accordées en pure perte. En conséquence, la loi du 5 janvier 1988, dite d'amélioration de la décentralisation, supprime la possibilité pour l'administration communale d'accorder une telle aide, réservée, dorénavant, aux régions et aux départements.

B. Les interventions admises par la jurisprudence

On retrouve, ici, le phénomène dit du socialisme municipal qu'illustre la création par les communes de services publics, en principe industriels et commerciaux, intervenant dans des domaines normalement réservés, dans un État libéral, à l'initiative privée. La forme la plus frustre, mais non la moins justifiée, étant, par exemple, la création par une commune d'une boucherie ou d'une alimentation municipale. Il ne s'agit pas de revenir dans ces développements sur ce phénomène et la jurisprudence qu'il a engendrée, d'autant que l'un et l'autre ont donné lieu dans les ouvrages de droit administratif à de substantiels développements.

1) On sait que la jurisprudence traditionnelle subordonnait la légalité de ces interventions communale, susceptibles de porter atteinte à la liberté du commerce et de l'industrie, à la réunion de deux conditions : un besoin objectif de la population, il vaudrait mieux dire du public ce qui est plus large que la population ; une carence de l'initiative privée liée à l'absence totale d'une telle initiative ou à l'insuffisance de celle qui existe. La réunion de ces deux conditions constituant l'intérêt public justifiant, selon le juge, de telles interventions (CE, 30 mai 1930, Chambre syndicale du commerce en détail de Nevers, précité). Dans un premier temps, le juge se montra exigeant quant à l'appréciation et à la réunion de ces deux conditions sauf lorsque l'intervention communale portait sur un objet pouvant être rattaché, sans trop d'artifices, à une compétence normale de la commune (salubrité, hygiène, activités physiques, voir, à propos de la création d'une piscine : CE, 22 juin 1972, Sté la plage de la forêt, R, 477 ; *RDP*, 1972, 1259, concl. Bernard ; *AJDA*, 1972, 452, chr. Labetoulle et Cabanes). Puis, face à la désertification des zones rurales, au déclin de l'idéologie libérale pure et dure, etc., le juge apprécia beaucoup plus largement les besoins du public (TA, Clermont-Ferrand, 21 octobre 1983, Tay, précité : besoins justifiant la création d'un café-hôtel-restaurant) et se montra moins exigeant sur l'état de l'initiative privée. A la limite, l'intervention communale était légale aux yeux du juge si elle pouvait se justifier d'une façon ou d'une autre au regard des deux éléments précités.

Dans certaines décisions plus récentes, on dénote, il est vrai, un certain raidissement de la jurisprudence qui indique qu'il « peut appartenir exceptionnellement aux administrations locales d'intervenir pour la satisfaction des besoins essentiels de la collectivité en cas de défaillance ou d'insuffisance manifeste de l'initiative privée » (CE, 4 juillet 1984, Département de la Meuse c/ Poilera, *RFDA*, 1985, 58, note Douence ; *RDP* 1985, 199, note de Soto) et cette formulation peut être interprétée comme illustrant la volonté du juge de limiter assez strictement ce type d'intervention en leur conférant un caractère exceptionnel et en exigeant une insuffisance manifeste de l'initiative privée. Il est vrai, qu'en l'espèce, on se trouvait, peut-être, dans un cas-limite puisqu'il s'agissait de la création par un département d'un service d'assurances. Une certaine prudence s'impose donc quant à l'interprétation de la position du juge, même si l'air du temps, les dispositions de la loi du 2 mars 1982 et la consécration de la valeur constitutionnelle de la liberté d'entreprendre (CC, 81-132 DC du 16 janvier 1982, loi de nationalisation, GDCC, 460) ne sont guère favorables au socialisme municipal.

2) Toujours à propos des interventions de l'administration communale susceptibles de concurrencer l'initiative privée, la jurisprudence considère que la liberté du commerce et de l'industrie ne saurait être utilement invoquée à l'appui d'un recours en excès de pouvoir dirigé contre

les interventions suivantes : le service public créé apparaît comme le complément normal d'un service public existant (CE, 18 décembre 1959, Delansorme précité ; CE, 10 février 1988, Mézy, R, 52 ; activité de thanatopraxie complétant un service public communal de pompes funèbres) ; le service public a pour objet de satisfaire aux propres besoins de la commune qui l'a créé (CE, 29 avril 1970, Sté Unipain, R, 280) ; le service public créé est en relation directe avec l'exploitation d'une dépendance du domaine public ; sans compter, bien sûr, les hypothèses où l'intervention de l'administration communale entre, par sa nature ou son objet, dans les attributions de celle-ci : CE, 23 juin 1972, Sté La plage de la forêt, précité).

Il est bien évident qu'en plus des initiatives spécifiques que l'administration communale prend — ou peut prendre — pour le développement de la collectivité dont elle a la charge, ce développement est également tributaire des décisions qu'elle édicte en matière de voirie, de logement, d'équipements collectifs, de création de zones artisanales, industrielles, d'impôts locaux, etc., et qui font partie du domaine de cette administration soit sur la base d'un texte, soit parce qu'il s'agit d'une affaire de la commune. Il y a, en matière d'équipements nécessaires au développement économique de la commune, une volonté de nombreuses communes de créer, dans les limites de leurs possibilités financières, les structures d'accueil (zones industrielles, artisanales, etc.) et les équipements collectifs de nature à aider ce développement. Certes cela ne résoud pas pour autant toutes les difficultés : il existe, dans de petites communes, des zones artisanales ou industrielles vides, des équipements déserts ou sous-utilisés, mais à ne rien tenter ou risque fort de ne rien obtenir c'est d'ailleurs, peut-être, dans ce domaine du développement économique que les communautés de communes (et de villes), instituées par la loi ATR du 6 février 1992, trouveront leur meilleure justification et leur mission fondamentale.

*

* *

En guise de conclusion sur le recensement des éléments composant le domaine de l'administration communale, on remarque la diversité de ces éléments qui donne à cette administration une multitude de chefs d'interventions. Cette diversité n'exclut pas, ensuite et bien au contraire, de nombreux liens entre ces éléments, on l'a bien vu à propos du développement économique influencé, directement ou indirectement, par des interventions économiques spécifiques mais aussi par celles prises par la collectivité dans le domaine de la voirie, culturel, sportif, de la communication. Enfin, la mise en œuvre concrète de ces éléments de la compétence communale se traduit par des initiatives, décisions et actions très diversifiées, qui vont de la simple délibération du conseil municipal à la construction de grands équipements collectifs dont les populations n'admettraient plus, aujourd'hui, qu'ils ne soient pas construits. A cet égard, la commune apparaît tout à la fois comme une micro et une macro-administration : elle est la plus petite des administrations dans la mesure où c'est elle qui est la plus proche des habitants ; elle a, néanmoins, un domaine d'intervention extrêmement diversifié et touchant à la plupart des aspects de l'action administrative qui en font une administration de première grandeur dont les éléments ne peuvent être recensés de façon exhaustive.

CHAPITRE II

L'ENCADREMENT JURIDIQUE DES ÉLÉMENTS DU DOMAINE

Les éléments du domaine étant recensés dans les conditions précitées, il convient de s'interroger maintenant sur la nature juridique de la compétence de l'administration communale à leur égard (compétence générale ou compétence d'attribution) et sur leur prise en charge dans le cadre de l'action administrative quotidienne par l'intermédiaire des services publics communaux.

SECTION I

LA NATURE JURIDIQUE DE LA COMPÉTENCE DE L'ADMINISTRATION COMMUNALE

A) On a pendant longtemps, s'agissant des compétences de l'administration communale, vécu sur une analyse juridique classique dite de la clause générale de compétence qu'il est possible de synthétiser ainsi : la commune a l'aptitude juridique pour connaître des affaires d'intérêt général ayant un rapport étroit avec son territoire et sa population et pour prendre des décisions à leur égard, à l'exception de celles pour lesquelles un texte prévoit qu'elles relèvent de l'État, d'une autre collectivité locale ou d'un établissement public. Ce raisonnement juridique prenait largement appui sur l'article L.121-26 du C. des Cnes (article qui figurait déjà dans la loi municipale du 5 avril 1884) selon lequel « le conseil municipal règle par ses délibérations les affaires de la commune » et qui donnait lieu à une interprétation à double détente : toute affaire, non spécialement affectée à une autre personne publique que la commune, relève de cette dernière dès lors qu'elle concerne directement un intérêt public lié à la collectivité communale et, au sein des organes de l'administration communale, le conseil municipal est normalement compétent pour connaître de ces affaires à l'exception de celles pour lesquelles un texte prévoit la seule intervention du maire (la police municipale par exemple). Cependant, même lorsque le système de la clause générale de compétence recueillait une large approbation doctrinale, ce système devait cohabiter avec des textes consacrant, sur tel ou tel point précis, la compétence communale pour en connaître et en décider. La clause générale de compétence n'a donc jamais, à elle seule, réglé le problème de la compétence de l'administration communale, même si elle constituait le fondement le plus usuel et le plus large.

C'est surtout avec les lois de transfert de compétences de 1983 que la contestation de cette clause s'est développée, il ne semble pas, pour autant, qu'on doive la considérer comme caduque.

B) La contestation de la clause générale de compétence s'est développée à partir de l'article 1er de la loi du 7 janvier 1983 selon lequel « les communes, les départements et les régions règlent par leurs délibérations les affaires de leur compétence ». Des auteurs en ont déduit, non sans raisons, que désormais il n'existe de compétences locales que par affectation sur la base d'un texte et non à partir de la clause de compétence générale (Chapuisat et Bouyssou, « La répartition des compétences », *AJDA*, 1983, 81) : la commune exerce et n'exerce de compétence qu'à l'égard des affaires qu'un texte lui confie. Néanmoins une autre lecture de cet article, proche de la tautologie il est vrai, était possible et elle consistait à souligner que la commune gère les affaires de sa compétence et qu'entrent dans celle-ci les affaires communales au sens de la clause de compétence générale. Après tout, la loi du 2 mars 1982, pas plus que celles des 7 janvier et 22 juillet 1983, n'abrogent l'article L.121-26 du C. des Cnes et, mieux encore, la loi du 2 mars 1982 étend le système de cette clause au département (art. 23) et à la région (art. 59).

Après dix années d'application des lois dites de décentralisation, on doit constater que le système de la clause générale de compétence n'a pas disparu. L'article L.121-26 du C. des Cnes n'a pas été abrogé et, de toute façon, dans un système véritablement décentralisé, on ne peut pas se passer d'une clause générale de compétence, tout simplement parce qu'il est impossible à la loi de prévoir, par avance, tous les cas de figure auxquels l'administration communale est confrontée et pour lesquels, alors qu'ils possèdent un rapport direct avec l'intérêt public communal, aucune personne publique n'a reçu d'un texte un pouvoir d'intervention. Si l'on veut éviter qu'il existe, dans le champ d'intervention de l'Administration, des îlots de jachère administrative et des atteintes à la continuité de l'action administrative, on se trouve obligé d'utiliser la clause générale de compétence, car les lois de répartition des compétences ne sauraient tout prévoir et rien ne s'oppose, en définitive, à la cohabitation d'une clause générale et de clauses d'attribution limitatives, même si cela heurte la stricte logique juridique, qui exige, en principe, qu'à propos d'une même personne publique ses compétences se définissent par la clause générale de compétence ou par des clauses d'attribution, l'une excluant, en principe, les autres, tout en soulignant quand même que, dans le système administratif français, les notions de collectivité territoriale et de compétence générale sont intimement liées.

Si bien que le fondement juridique de l'encadrement des compétences communales reste, aujourd'hui encore, la notion d'affaires communales : la commune est compétente à l'égard des affaires touchant à l'intérêt public communal pour la gestion administrative desquelles les textes ne prévoient l'intervention d'aucune autre personne publique. Les affaires de la commune se déterminent donc de la façon suivante : soit à partir d'un texte qui fait expressément entrer une affaire dans le domaine de la compétence communale (loi du 2 mars 1982, lois des 7 janvier et 22 juillet 1983, textes spécifiques à une compétence donnée) ; soit à partir du lien existant entre une affaire donnée et l'intérêt public communal dès lors qu'aucun texte n'attribue cette affaire à une personne publique donnée et, ici, la clause générale de compétence est irremplaçable (v. J.-M. Pontier, Semper Manet, « Sur une clause générale de compétence », *RDP* 1984, 1443 et s.).

D'ailleurs, le juge continue à l'utiliser pour fonder la compétence communale, dans le silence des textes, à propos d'une affaire donnée. Ainsi dans l'arrêt commune de Port-Saint-Louis-du-Rhône (CE, 11 octobre 1989, R, 184, précité), le juge considère, qu'en accordant une subvention à des cheminots qui viennent d'entamer leur quatrième semaine de grève, le conseil municipal s'est immiscé dans un conflit collectif de travail qu'il n'est pas possible de rattacher aux affaires de la commune visées à l'article L.121-26 du C. des Cnes ; en revanche il admet qu'en accordant la gratuité des restaurants scolaires aux enfants de ces grévistes le conseil municipal « a entrepris à des fins sociales une action présentant un objet d'utilité communale » et que l'article L.121-26 donnait un fondement juridique à son intervention. C'est donc bien, ici, la clause générale de compétence qui permet à l'administration communale d'intervenir, sans encourir la censure du juge administratif, dans des secteurs qui ne lui sont affectés par aucun texte, ni à une autre personne publique d'ailleurs et qui concernent directement la population communale, le territoire communal, le développement de la commune, etc. La clause générale de compétence apparaît donc indispensable et comme étant la seule permettant de faire évoluer, en douceur et dans la continuité, les compétences de l'administration communale et donc, car c'est ce qui importe en définitive, d'assurer la satisfaction de l'intérêt général.

Section II

LA MISE EN ŒUVRE DE LA COMPÉTENCE DE L'ADMINISTRATION COMMUNALE

Selon les cas, l'administration communale devra mettre en œuvre les compétences qui sont les siennes (parce que la loi l'y oblige par exemple) ou, au contraire, il lui appartiendra de décider si, compte tenu des besoins de la population, des possibilités financières de la commune, etc., telle intervention, en vue de la satisfaction d'un besoin d'intérêt public local, doit ou non être assurée. La mise en œuvre effective de ces compétences obligatoires ou facultatives se traduit, en principe, par l'accomplissement d'une activité de service public, c'est-à-dire d'une activité créée par la commune en vue de la satisfaction de l'intérêt général. Les services publics communaux constituent donc les points de passage obligé de l'exercice de la très grande majorité des compétences communales et il y a très peu d'activités liées à ces compétences qui ne constituent pas des activités de service public (CE, 12 avril 1972, Chatelier, R, 262 : l'organisation par une commune d'une fête locale non traditionnelle ne constitue pas une mission de service public ; de même que certains aspects de la gestion par la commune de son domaine privé). Certes, il est possible d'opposer à cette présentation, la distinction traditionnelle entre les activités de service public conçues comme des activités accordant des prestations à des usagers et celles de police administrative produisant de la réglementation en vue du maintien de l'ordre public, une partie des activités communales, celles liées au pouvoir de police municipale, ne se rattachant pas, dans cette perspective, aux missions de service public. Mais cette distinction a quelque peu vieilli et on doit admettre, avec la caution du juge d'ailleurs, que les activités de police et de réglementation constituent également des missions de service public par le but poursuivi (CE, 12 avril 1957, Mimouni, R, 262 ; D, 1957, 413, concl. Tricot ; *AJDA*, 1957, 272, chr. Fournier et Braibant ; Picard, *La notion de police administrative*, 2 vol., L.G.D.J., 1984).

Les missions de service public communal par lesquelles sont mises en œuvre les compétences de l'administration communale se concrétisent par l'édiction d'une réglementation (en matière de police municipale), mais aussi, et le plus souvent, dès lors qu'il faut accorder une prestation aux administrés (eau, assainissement, enlèvement des déchets, cantines scolaires, transports urbains etc.), par la réalisation d'équipements adaptés, par la mise en place d'une véritable organisation avec ses agents, ses services, ses moyens matériels.

Dès lors que le juge considère que la réalisation par l'administration communale d'un élément relevant de son domaine de compétence aboutit à la création d'une activité de service public, on retrouve l'une des plus vieilles notions du droit administratif qui sert de structure d'accueil à l'exercice des attributions communales. Mais cette réalisation va se trouver juridiquement encadrée par le régime juridique, pour l'essentiel d'origine jurisprudentielle, du service public et tributaire, également, des vicissitudes ayant affecté ce régime.

§ 1. La ventilation des services publics communaux entre les SPA et les SPIC

Il ne s'agit pas, ici, de revenir en détail sur les origines de la distinction entre les services publics administratifs (SPA) et les services publics industriels et commerciaux (SPIC). On remarquera seulement que cette distinction est exhaustive depuis que la jurisprudence a rayé de la carte la catégorie, qui n'avait jamais été très consistante, ni très stable, des services publics sociaux, type colonies de vacances, centre aéré, centre de jeunesse, etc. (TC., 4 juillet 1983, Gambini, R, 540 ; *JCP*, 1984, II, 20 275, concl. Labetoulle ; *RDP*, 1983, 1481, note Auby).

A) Sans entrer dans les conséquences de la distinction SPA/SPIC, il faut rappeler que les plus importantes de celles-ci intéressent essentiellement le régime juridique du fonctionnement des SPIC. Lorsqu'une compétence communale s'exerce au moyen d'un SPIC et que ce service est géré par une personne publique (la commune ou un établissement public), le fonctionnement du service obéit à des exigences budgétaires spécifiques (le budget du service doit être équilibré sans subvention du budget général de la commune : art. L.322-5 du C. des Cnes) ainsi que comptables (application de règles comptables particulières contenues pour les services d'eau et d'assainissement dans l'instruction M 49). De plus, et surtout, la jurisprudence impose une privatisation globale, au sens de l'application du droit privé et de la compétence judiciaire en cas de litige, des relations individuelles entre le service et le candidat — usager ou l'usager effectif (CE, 21 avril 1961, dame veuve Agnési, R, 253 ; TC, 17 décembre 1962, dame Bertrand, R, 831, concl. Chardeau ; *AJDA*, 1963, 88, chr. Gentot et Fourré) neutralisant ainsi les éléments qui, normalement, déclenchent l'application du droit administratif et la compétence de la juridiction administrative. La jurisprudence place également dans une situation individuelle de droit privé, avec compétence judiciaire en cas de litige, les agents des SPIC, à l'exception du directeur général du service et du comptable s'il possède la qualité de comptable public (CE, 8 mars 1957, Jalenques de Labeau, R, 158 ; D, 1957, 378, concl. Mosset, note A. de Laubadère ; *AJDA*, 1957, 184, chr. Fournier et Braibant). Il n'est pas certain que cette jurisprudence sur les agents des SPIC soit scrupuleusement respectée : les communes en ignorant quelquefois l'existence et la portée (J.-F. Lachaume, « Remarques sur l'efficacité de la jurisprudence relative à la situation juridique des agents des SPIC », *Mélanges J. Savatier*, 283).

L'application du droit privé, et la compétence judiciaire qui y est attachée au SPIC ne concernent, ni les actes réglementaires relatifs à son fonctionnement, ni les contrats et marchés conclus avec les entrepreneurs et les fournisseurs, ces derniers sont administratifs ou privés en vertu des critères jurisprudentiels traditionnels d'identification.

B) Quelques rares services publics communaux sont qualifiés de SPA ou de SPIC par la loi, ce qui résoud évidemment le problème de leur nature. Nous avons, déjà, rencontré des hypothèses de ce genre, c'est ainsi que le C. des Cnes qualifie de SPIC des services publics comme l'assainissement, les abattoirs publics, etc. Encore que la qualification puisse être donnée en termes ambigus, le législateur précisant seulement que le service est géré financièrement comme un SPIC, ce qui peut suggérer qu'il ne possède un caractère industriel et commercial qu'en ce qui concerne cette gestion financière (v. *supra*, Ch. I).

C) Dans l'immense majorité des cas, la distinction SPA/SPIC résulte, en l'absence de qualification textuelle, de la mise en œuvre d'un critère jurisprudentiel de distinction qui n'est pas toujours, non plus, d'un maniement facile. Le juge part d'une présomption : en l'absence de qualification législative contraire, tout service public est présumé avoir une nature administrative. Cette présomption est renversée, et le service public est alors considéré comme industriel et commercial, si les trois conditions suivantes sont réunies :

— l'objet du service doit apparaître comme susceptible de donner lieu à des opérations d'achat et de vente, en un mot comme étant semblable ou assimilable aux objets des activités des entreprises privées ; en soulignant que les activités de service public, qui sont facilement rattachables à des missions de police administrative, telle la surveillance des élèves dans les restaurants scolaires, possèdent par leur objet une nature administrative ;

— le financement du service (et son équilibre budgétaire imposé par l'article L.322-5 du C. des Cnes) doit, pour l'essentiel, être assuré par les redevances perçues sur les usagers en contrepartie de la prestation accordée par le service et non par des impôts, taxes parafiscales ou autres subventions budgétaires. Nous avons vu (*supra* à propos du service de distribution de l'eau) que, dans certaines décisions, le juge semblait ne pas attacher à cet élément autant d'importance que par le passé. Il faut être prudent quant à l'interprétation de ces décisions, rendues à propos d'un service public dont le caractère industriel et commercial n'est guère contesté (celui de l'eau), d'autant que, postérieurement à certaines décisions, le Conseil d'État, statuant dans le cadre de la procédure de l'avis prévue à l'article 12 de la loi du 31 décembre 1987 portant réforme du contentieux administratif, a utilisé les modalités de financement du service de l'enlèvement des ordures ménagères pour leur reconnaître un caractère industriel et commercial lorsqu'il est financé par une redevance, c'est-à-dire par une technique proche d'un prix, demandée à l'usager et permettant d'équilibrer le budget du service (avis, précité, du CE, 10 avril 1992, *CJEG*, 1992, 496, note J.-F. Lachaume) alors qu'il possède un caractère administratif quand l'usager paie, pour son organisation et son fonctionnement, une taxe qui s'analyse, en réalité, en un véritable impôt ;

— les modalités de fonctionnement du service doivent être proches ou analogues à celles rencontrées dans les entreprises et commerces privés : utilisation des techniques de la comptabilité privée ; recours aux usages du commerce dans les relations avec les usagers, etc.

Lorsque les trois conditions sont réunies, la présomption d'administrativité tombe et le service public présente un caractère industriel et commercial (concl. Laurent sur CE, 16 novembre 1956, Union syndicale des industries aéronautiques, D, 1956 ; 759 ; concl. Bertrand sur CE, 26 janvier 1968, dame Maron, *AJDA*, 1968, 296).

A partir de ces critères et des modalités d'organisation et fonctionnement des services publics adoptées par les communes ou imposées par la loi, sont reconnus comme possédant, en principe, un caractère industriel et commercial, les services publics de l'eau, de l'électricité, du gaz, de l'enlèvement des ordures ménagères financé par la redevance, des abattoirs publics, des transports urbains, des frigorifiques municipaux, des installations d'un port de plaisance, des remontées mécaniques, d'un hôtel municipal dans une station thermale, etc. En revanche, et toujours par appel aux éléments ci-dessus analysés, présentent un caractère administratif, les services publics : des cantines scolaires ; des pompes funèbres ; des crèches ; des halte-garderies ; des centres aérés ; des foyers logements (CE, 17 mars 1993, Tortajada) ; des ponts à péage ; de l'enlèvement des ordures ménagères financé par la taxe d'enlèvement ; des transports scolaires ; de la voirie ; des activités culturelles et de loisirs ; des prêts sur gages accordés sans intérêt par les caisses de crédit municipal (TC, 15 janvier 1979, Caisse de crédit municipal de Toulon, R, 658) ; des piscines municipales, etc.

On remarque donc que l'appartenance d'un service public communal à l'une ou l'autre catégorie est, dans certains cas, tributaire des décisions prises par la commune quant à l'organisation du service public, c'est le cas, nous l'avons vu, pour le service public d'enlèvement des ordures ménagères dont le caractère — administratif ou industriel et commercial — dépend de la décision prise par le conseil municipal quant au mode de financement du service. Il y a donc place pour un certain volontarisme de l'administration communale dans la détermination du caractère d'un service public dépendant d'elle.

§ 2. Les modes de gestion des services publics communaux

La présentation des modes de gestion des services publics ne souffre guère le raccourci tant ces modes se sont diversifiés, sans compter que le législateur a estimé (loi ATR du 6 février 1992 ; loi du 29 janvier 1993 relative à la prévention de la corruption et à la transparence de la vie économique et des procédures publiques, etc.) qu'il convenait de mieux encadrer la dévolution à des personnes privées de la gestion des services publics. On se limitera, cependant, à présenter les lignes directrices gouvernant ces modes. En la matière, la présentation la plus simple et la plus pertinente sur le plan juridique, compte tenu des conséquences attachées à l'utilisation de chacun de ces modes, est celle qui distingue entre la gestion par une personne publique et la gestion par une personne privée.

A) Il y a une gestion du service public communal par une personne publique, décidée par le conseil municipal ou imposée quelquefois par un texte de loi, dans les cas suivants :

— régie directe ou simple rencontrée lorsqu'une commune décide de gérer elle-même, avec son budget, ses agents, ses biens, un service public (SPA ou SPIC) sur lequel elle entend avoir une mainmise totale ; elle est très largement utilisée pour les SPA ;

— régie dotée de la seule autonomie financière prévue par les articles L.323-10 et s. du C. des Cnes. Dans ce cas, le service public est géré par un organisme qui dépend largement des organes de l'administration communale puisque si la régie ne possède pas la personnalité morale, elle a, néanmoins, ses propres organes de gestion, ce qui rend ce mode de gestion peu attractif car lourd à faire fonctionner. L'article L.323-13, du C. des Cnes est révélateur, à cet égard, en précisant que les régies de ce type « sont administrées, sous l'autorité du maire et du conseil municipal par un conseil d'exploitation et un directeur désignés dans les mêmes conditions (par le conseil municipal) sur proposition du maire ». Ce même article, dans sa rédaction résultant de la loi du 3 janvier 1992 sur l'eau, reconnaît au conseil municipal le pouvoir de déterminer l'organisation administrative et financière de ces régies, ce qui normalement rend caducs les articles R.323-75 et s. du C. des Cnes dans leur rédaction imposée par le décret du 6 mai 1988. Conçue à l'origine pour la gestion de SPIC, la régie dotée de la seule autonomie financière est, aujourd'hui, utilisable pour la gestion des SPA communaux (art. 74 de la loi, précitée, du 29 janvier 1993) (sur ces régies, voir J. Viguier, *Les régies des collectivités locales*, 1992, Economica ; J.F. Lachaume, Régies, *Juris-classeur des collectivités locales*) ;

— régie dotée de la personnalité morale et de l'autonomie financière prévue aux articles L.323-9 et s. du C. des Cnes qui est, en réalité, compte tenu des deux attributs que la loi lui confère, un véritable établissement public administré par un conseil d'administration et un président désignés, sur proposition du maire, par le conseil municipal

(CE, 10 juillet 1989, Régie départementale des passages d'eau de la Charente-Maritime, *RFDA*, 1991, 180, note J.-F. Lachaume). Conçue à l'origine pour la gestion de SPIC communaux, la loi prévoit qu'elle peut être, également, utilisée, aujourd'hui, pour la gestion de SPA (art. 74 de la loi, précitée, du 29 janvier 1993) et qu'il appartient au conseil municipal de la commune qui l'a créée d'en déterminer l'organisation et le fonctionnement (art. L.322-9 du C. des Cnes dans sa rédaction issue de la loi du 3 janvier 1992) ;

— établissement public imposé et organisé par la loi pour la gestion de certains services publics, tel le centre communal d'action sociale (Darles, le CCAS, thèse, précitée) ou prévu et organisé par la loi que la commune peut créer comme les caisses des écoles (J.-P. Chevalier, *Les caisses des écoles : situation actuelle et perspectives d'avenir*, Décentralisation et éducation, Les Cahiers du droit, 1992, 23) ou les caisses de crédit municipal (réorganisées par la loi du 15 juin 1992), sans compter les établissements publics imposés comme concessionnaires de la distribution de l'électricité et du gaz (EDF, GDF) ;

— groupements d'intérêt public (GIP) qui apparaissent comme une nouvelle catégorie de personnes publiques spécialisées et que les collectivités locales, dont les communes, peuvent, en application de la loi ATR du 6 février 1992, créer notamment « pour exercer, pendant une durée déterminée, des activités contribuant à l'élaboration et la mise en œuvre de politiques concertées de développement social urbain » (v. la convention constitutive type pour la création d'un tel GIP annexée à l'arrêté interministériel du 27 mars 1993, *JORF*, 1993, 544).

Indépendamment des considérations administratives et politiques amenant une administration communale à confier la gestion d'un service public à une personne publique (volonté de le faire gérer dans un cadre public ; de conserver sur lui des moyens d'action ou de contrôle ; d'écarter des « appétits privés »), il faut souligner que, s'agissant du droit applicable à la gestion du service, l'intervention directe d'une personne publique constitue, en principe, la condition nécessaire, à défaut d'être suffisante, de l'application du droit public et de la compétence de la juridiction administrative en tenant compte, bien sûr, de la mise à l'écart de ce droit et de cette compétence, au profit du droit privé et du juge judiciaire, imposée par la loi ou par le jurisprudence (par exemple dans les relations individuelles SPIC-usagers ou SPIC-agents ou à propos des accidents causés par un véhicule : loi du 31 décembre 1957).

Lorsque le SPA ou le SPIC communal sont confiés à un établissement public par la voie d'une convention de délégation de service public, les dispositions de la loi du 29 janvier 1993 sur la transparence des procédures publiques ne sont pas applicables dès lors que l'activité déléguée figure expressément dans les statuts de l'établissement (art. 41), ce qui revient à dire qu'elles sont applicables si cette dernière condition n'est pas remplie. La loi prévoit également que ces dispositions ne jouent pas lorsque la délégation ne peut intervenir qu'au profit d'un établissement public bénéficiant d'un monopole, tel EDF ou GDF.

B) L'administration communale peut décider, pour la plupart des SPIC relevant de sa compétence (réserve faite de l'existence d'un monopole légal pour l'électricité et le gaz) et pour certains SPA (voir *infra*), de confier la gestion du service public en cause à une personne privée soit, ce qui est de loin le cas le plus fréquent, au moyen d'une convention de délégation de service public ; soit, beaucoup plus rarement, par une délibération du conseil municipal investissant unilatéralement une personne privée de la gestion d'une mission de service public (par ex. une association intervenant dans le domaine sportif ou scolaire).

1) On remarque, tout d'abord, que la notion de convention de délégation de service public, de plus en plus utilisée par le législateur (v. la loi ATR du 6 février 1992 et la loi du 29 janvier 1993), recouvre les marchandises les plus diverses, puisque les délégations de service public à des personnes privées prennent des formes juridiques très variées, imposées plus par les nécessités de la pratique que par l'imagination des juristes.

Il peut s'agir, d'abord, d'un contrat simple, on est tenté de dire élémentaire, par lequel une personne publique, une commune par exemple, confie à une personne privée la gestion d'une mission de service public, ponctuelle le plus souvent, ce contrat pouvant être d'ailleurs oralement conclu (CE, 20 avril 1956, Bertin, GAJA, 527 ; GDJDA, 327). Mais, dans la grande majorité des hypothèses, ces conventions de délégation de service public s'inscrivent dans des schémas qui permettent, en quelque sorte, de les catégoriser.

Certaines conventions s'analysent en des contrats d'affermage, il s'agit d'un contrat administratif, car confiant à une personne privée l'exécution même d'une mission de service public (CE, 20 avril 1956, Bertin, précité). Le contrat d'affermage du service public se caractérise, essentiellement, notamment par rapport aux conventions de concession de service public *stricto sensu*, par le fait que l'administration communale assume la prise en charge financière des investissements de premier établissement nécessaires à la gestion (organisation et fonctionnement du service public) pour l'utilisation desquels le fermier acquitte un loyer (CE, 29 avril 1987, commune d'Elancourt, R.153). Pour le reste, le fermier exploite le service public à ses risques et périls en se rémunérant sur l'usager de celui-ci.

D'autres conventions de délégation, très largement utilisées dans le domaine de l'eau, de l'électricité, du gaz, des transports urbains, dès la seconde moitié du XIXe siècle, sont des conventions de concession de service public, par lesquelles la commune concédante charge un concessionnaire, en principe privé, de l'exploitation d'un service public à charge pour lui de réaliser et de financer les investissements, y compris ceux de premier établissement, nécessaires au fonctionnement du service, mais à l'exclusion de ceux étrangers à l'objet de la concession (art. L. 324-2 C. des Cnes). Le concessionnaire, lié donc au concédant par un contrat administratif, possède la maîtrise de l'exploitation du service public et se rémunère sur l'usager de celui-ci. On mesure l'avantage de la concession par rapport à l'affermage : la commune transfère au concessionnaire la charge financière, non seulement de l'exploitation du service, mais aussi de son établissement et, comme dans l'affermage, elle est déchargée des soucis de la gestion quotidienne du service pour laquelle elle choisit un gestionnaire maîtrisant bien en principe cette gestion.

En dehors de la concession et de l'affermage, la pratique met en évidence une très grande variété de conventions de dévolution de services publics communaux : la régie intéressée dans laquelle le régisseur privé est chargé par un contrat administratif de la gestion d'un service public avec une rémunération que lui verse la collectivité et qui est calculée en fonction du chiffre d'affaires réalisé, complétée souvent par une prime de productivité ; la commune conservant une certaine maîtrise du service car le régisseur agit pour le compte de celle-ci ; la gérance qui consiste à confier à une personne, agissant comme mandataire de la collectivité communale, la gestion du service moyennant une rémunération forfaitaire versée par la collectivité ; l'exploitation à l'entreprise qui est un contrat par lequel une personne publique confie à un entrepreneur privé la gestion d'une partie d'un service public local, ce dernier étant rémunéré par la personne publique, etc. (Guibal et Rapp, *Contrats des collectivités locales*, 1989, Éditions Lefebvre, 138 et s. ; Peyrical, *Éléments pour une conception renouvelée du service public local : le cas de la ville de Paris*, thèse, Paris XIII, 1993). En revanche, le ministre de l'Intérieur n'assimile pas aux contrats de délégation de service public, le marché d'entreprise de travaux publics (METP) permettant à une commune de confier à un entrepreneur privé tout à la fois la construction d'un ouvrage public et l'exploitation du service public dont cet ouvrage est le support. Selon une réponse ministérielle (Sénat, 1993, p. 2839), dans ce marché, la personne privée est rémunérée par la commune et la gestion du service public n'est pas l'objet essentiel du marché, ce qui ne permet pas d'y voir un contrat de délégation de service public et l'on doit le considérer comme un marché public échappant aux dispositions législatives propres aux contrats de délégation de service public.

2) A propos de la délégation de la gestion d'un service public communal à une personne privée, surgissent, traditionnellement, deux questions : pourquoi une personne publique y a-t-elle recours et pour quels services publics ?

a) On pourrait croire qu'il existe, à la première question, une réponse politique de type manichéen. Les gestionnaires communaux de gauche seraient hostiles à la gestion par une personne privée parce qu'ils posent comme postulat la supériorité de la gestion par une personne publique et seraient, par principe, hostiles à l'introduction du capitalisme privé et de sa logique de rentabilité dans la gestion des missions d'intérêt général. Les élus communaux de droite considéreraient, au contraire, qu'il faut faire gérer par « le privé » tout ce qui peut l'être et ne réserver à la prise en charge par les personnes publiques que les services publics régaliens ou de souveraineté (police, éducation, voirie), la meilleure des administrations communales étant, dans cette perspective, celle qui gère la moins et les finances locales et la liberté ne s'en porteraient que mieux. La pratique montre que l'explication politique est loin d'être systématiquement déterminante et que, lorsque la loi n'impose pas un type de gestion donné, certains élus de droite préfèrent la régie directe qui leur assure une maîtrise totale sur un service public essentiel, alors que des élus de gauche ont une approche réaliste du choix en considérant que celui-ci doit être opéré en tenant compte des intérêts des usagers et de la collectivité, ce qui n'exclut pas *a priori* l'appel à des gestionnaires privés, d'autant que certains d'entre eux, comme les associations, les sociétés d'économie mixte, n'ont que peu de rapport avec le capitalisme privé et sa logique. En réalité, la plupart des élus locaux choisissent le mode de gestion d'un service public donné en faisant souvent abstraction de considérations idéologiques et en établissant une sorte de bilan coût-avantages des différents modes de gestion en présence compte tenu, bien sûr et on serait tenté de dire qu'ils ont été élus pour cela, de la conception qu'ils se font des conditions dans lesquelles, à travers les services publics, doivent être satisfaits les intérêts de la population.

b) La seconde question, très liée à la première, est relative au point de savoir quels sont les services publics communaux susceptibles d'être, pour leur gestion, confiés à des personnes privées. Une idée, souvent reçue, doit être écartée : il n'existe pas une correspondance systématique entre SPA et gestion par une personne publique d'une part, et SPIC et gestion par une personne privée de l'autre. Selon les décisions de l'administration communale, l'on rencontre des SPIC gérés par la commune elle-même ou un établissement public et des SPA confiés à des personnes privées. Ce qui est vrai, en revanche, c'est que, sauf disposition législative contraire (cas de l'électricité et du gaz par exemple), rien ne s'oppose, d'un strict point de vue juridique à ce qu'un SPIC soit géré par une personne privée bien au contraire car un tel service se prête sans difficulté à une telle gestion. S'agissant des SPA, leur gestion, notamment pour certains d'entre eux (ceux intervenant dans le domaine de l'action sociale, des activités socio-culturelles, de l'équipement, etc.), par une personne privée s'est considérablement développée depuis quelques années, encore que les personnes privées en cause ne recherchent pas généralement le profit et d'ailleurs ne sont pas organisées pour (associations, SEM), alors que certaines sociétés commerciales gestionnaires de SPIC sont d'authentiques sociétés capitalistes mais, après tout, on ne saurait leur reprocher, surtout si elles donnent satisfaction à la personne publique délégataire et aux usagers.

Il reste que divers SPA sont, par leur objet, exclus du champ de gestion par une personne privée car, dans le système politico-administratif français, on ne conçoit leur gestion que par une personne publique, voire par celle même qui a créé le service public. Il s'agit, essentiellement, des SPA par lesquels s'accomplissent des missions de puissance publique traditionnelles qui relèvent des personnes publiques, voire ont justifié historiquement la création de celles-ci. Dans ce cas, le mariage personne publique service public est indissoluble, même au stade de la gestion. Ceci dit, il n'est pas facile de dresser une liste exhaustive des services publics non délégables à des personnes privées et il faut raisonner au coup par coup. Des éléments de solution sont fournis par un avis du Conseil d'État (7 octobre 1986) : l'administration communale ne saurait déléguer à des gestionnaires privés, les missions de service public qu'elle exerce au nom de l'État (état-civil ; élections, service national, etc.), les missions qui se rattachent directement à l'exercice du pouvoir de police administrative et, de façon générale, à la mise en œuvre de prérogatives de puissance publique. En matière de cantines scolaires, par exemple, l'avis précise que la délégation ne saurait porter sur la totalité du service public et qu'échappent à cette délégation les missions qui relèvent « du service de l'enseignement public et notamment de la surveillance » (v. circulaire du 7 août 1987 relative à la gestion par les collectivités locales de leurs services publics, *JORF*, 1987, 14863).

c) Pendant très longtemps, les conventions de délégation de service public, qui constituent des contrats administratifs, ont bénéficié d'un régime à part au sein de ces contrats et n'entraient pas dans le champ d'application du code des marchés publics, et la commune bénéficiait d'une totale liberté dans le choix de son délégataire. Considérées, à tort ou à raison, par les pouvoirs publics comme l'une des sources des « affaires » et scandales qui ont émaillé la vie publique et administrative depuis quelques années, ces conventions de délégation de service public font désormais l'objet de la sollicitude du législateur (notamment loi ATR du 6 février 1992 ; loi du 29 janvier 1993). Les points forts découlant des textes précités sont les suivants :

— le conseil municipal doit se prononcer sur le principe de toute délégation de service public ;

— les conventions de délégation de service public échappent à la compétence du Conseil de la concurrence (TC, 6 juin 1989, Cour d'appel de Paris : ville de Pamiers, précité) et même aux règles de mise en concurrence de l'ordonnance du 1er décembre 1986 (CE, 23 juillet 1993, Compagnie générale des eaux, DA, 1993, 398) ;

— une publicité doit cependant être organisée avant la conclusion d'une convention de délégation afin de susciter plusieurs candidatures, l'autorité délégante conservant cependant le libre choix du délégataire ;

— en cas de manquement à ces obligations de publicité, le juge administratif est saisi, soit par le représentant de l'État, soit par toute personne ayant un intérêt à conclure le contrat et susceptible d'être lésée par ce manquement ; le juge (président du tribunal administratif ou son délégué) peut ordonner à l'administration communale de se conformer à ses obligations et suspendre la conclusion de contrat ;

— pour que le conseil municipal puisse statuer en toute connaissance de cause, le choix du délégataire et le projet de convention et l'ensemble des pièces s'y rapportant doivent être mis à la disposition de tout conseiller municipal quinze jours au moins avant la délibération ;

— le conseil municipal statue sur le choix du délégataire et la convention de délégation, étant entendu que celle-ci doit être limitée dans sa durée, et le dispositif de la délibération approuvant la convention doit faire l'objet d'une mesure de publicité ;

— la convention est transmise, bien sûr, au représentant de l'État qui peut saisir pour avis la chambre régionale des comptes et la déférer au juge administratif s'il l'estime illégale.

Une fois conclue, la convention est exécutée suivant les règles, pour l'essentiel d'origine jurisprudentielle, applicables au contrat administratif. Sans entrer dans les détails, on se bornera à signaler les règles majeures de cette exécution qui mettent en évidence que, si l'administration communale doit laisser à son délégataire une autonomie suffisante dans la gestion du service, elle dispose des moyens nécessaires pour le contraindre à respecter les principes de base gouvernant le fonctionnement des services publics. A cet égard, l'administration communale dispose d'un droit de contrôle sur l'exécution du contrat, d'un pouvoir de modification unilatérale de ses clauses pour l'adapter aux exigences du service public (CE, 11 mars 1910, Cie générale française des tramways, GAJA, 125 ; GDJDA, 335 ; CE, 2 février 1983, Union des transports publics urbains et régionaux, GDJDA, 335), d'un pouvoir de sanction même dans le silence du contrat et d'un pouvoir de résiliation unilatérale (CE, 2 février 1987, Sté TV6, R, 28 ; *RFDA*, 1987, 29, concl. Fornacciari ; *AJDA*, 1987, 315, chr. Azibert et M. de Boisdeffre). La mise en œuvre de ces prérogatives par l'administration communale contractante nécessite, en contrepartie, une indemnisation du préjudice subi de ce fait par le délégataire qui peut également, lorsque les conditions sont remplies, solliciter une indemnité d'imprévision (CE, 30 mars 1916, Cie générale française des tramways, GAJA, 173 ; GDJDA, 340).

§ 3. Les principes de base de la gestion des services publics communaux

Ces principes valent pour l'ensemble des services publics d'État ou locaux.

A) La jurisprudence, relayée quelquefois par le législateur, a, d'abord, imposé trois principes considérés comme consubstantiels à la notion de service public : continuité, adaptation, égalité.

1) La continuité se justifie par la nécessité d'assurer une satisfaction « sans éclipse » de l'intérêt général. Elle exige, pour certains services publics, un fonctionnement permanent (services de sécurité, eau, gaz, électricité etc.) alors que, pour d'autres, un fonctionnement aux jours et heures ouvrables suffit. Dans les petites communes, la continuité est respectée alors même que la mairie n'est ouverte que quelques heures par semaine et qu'il n'existe qu'un enlèvement hebdomadaire des ordures ménagères. A vrai dire, dans les petites et moyennes communes la continuité, dans la mesure où elle est largement tributaire des agents communaux, ne soulève pas de difficultés majeures, les mouvements de grève, étant, sauf exception, rares. Dans les grandes communes, ces mouvements peuvent être plus fréquents car le personnel est plus nombreux, mieux organisé, les syndicats plus influents, ce qui peut expliquer que les dispositions de la loi du 31 juillet 1963 relative à certaines modalités de la grève dans les services publics (préavis, interdiction des grèves tournantes, etc.) soient applicables aux personnels des communes de plus de 10 000 habitants (art. L.521-2 du Code du travail). En tout état de cause, et quelle que soit la taille de la commune, il appartient au maire, en sa qualité de chef des services publics locaux, de concilier, ce qui n'est pas toujours facile, grève et continuité, ne serait-ce qu'en imposant un service minimum.

2) L'adaptation des services publics permet de faire évoluer leur organisation juridique, matérielle, technique, en fonction du changement des circonstances de droit, de fait, de l'évolution des techniques et ce en vue d'assurer une satisfaction maximum des besoins d'intérêt général. Elle peut, à la limite, justifier une réorganisation complète du service, voire sa suppression, ou l'éviction d'un délégataire. La plupart des prérogatives dont dispose l'administration contractante à l'égard du contrat de délégation et du délégataire, et que nous avons rappelées plus haut, se justifient largement par les exigences de l'adaptation constante, ou de la mutabilité, des services publics.

3) Le principe d'égalité qui régit le fonctionnement des services publics soulève, lui, dans son application concrète plus de difficultés car l'administration communale, pour des raisons sociales, financières, établit souvent entre les usagers d'un même service public des discrimina-

tions tarifaires (cantines scolaires, crèches, garderies, piscines, écoles de musique, etc.) qui sont perçues, à tort ou à raison, par les personnes devant supporter le tarif le plus élevé, comme des atteintes au principe d'égalité.

Le juge administratif considère que l'égalité des usagers d'un même service public ne postule nullement qu'ils soient tous, notamment quant à la redevance liée à l'utilisation au service, traités d'une façon rigoureusement identique, ce serait, d'ailleurs, à la limite, la pire des inégalités puisque, à de très nombreux points de vue, les usagers ne se trouvent pas dans la même situation de fait. Un aménagement légal du principe d'égalité est donc possible, ne serait-ce que pour rétablir l'égalité par une inégalité de traitement. Le juge administratif a tracé les grandes règles de cet aménagement en admettant que les usagers d'un même service public puissent être traités de façon différente dans les cas suivants :

— lorsqu'entre ces usagers il existe des différences de situation appréciables, plusieurs catégories d'usagers peuvent alors être constituées par l'administration communale en fonction de ces différences et des discriminations, notamment tarifaires, sont alors possibles entre les usagers n'appartenant pas à une même catégorie et interdites entre ceux d'une même catégorie ;

— lorsque la loi impose, sous le contrôle éventuel du Conseil constitutionnel d'ailleurs (CC, 12 juillet 1979, ponts à péage, *AJDA*, 1979, n° 9, 46) des discriminations ;

— lorsque les discriminations entre les usagers d'un même service public se justifient par des raisons d'intérêt général (CE, 10 mai 1974, Denoyez et Chorques, GDJDA, 249).

Il est impossible, ici, de rendre compte de la diversité, et souvent de la subtilité, des solutions retenues à propos du principe d'égalité et qui sont largement abordées dans les manuels et traités de droit administratif et dans les ouvrages spécifiques au droit des services publics : (Mescheriakoff, *Droit des services publics*, 1991, PUF, 134 et s. ; J.-F. Lachaume, *Grands services publics*, Masson, 299 et s. ; sur le point de la jurisprudence, voir : Borgetto, note sous CE, 14 janvier 1991, Bachelet, *RFDA*, 1993, 673 ; concl. Pochard sur CE, 19 juin 1992, Département du Puy-de-Dôme, *RFDA*, 1993, 689). L'administration communale doit, en ce domaine, faire preuve de prudence, notamment s'agissant des services publics facultatifs et, par exemple, si elle peut avantager, pour certains services publics (les cantines scolaires, par exemple), les élèves domiciliés sur son territoire par rapport aux autres, c'est à condition que le tarif demandé à ces derniers n'excède pas le coût réel de la prestation accordée ; elle ne saurait, par ailleurs, établir des discriminations sans rapport avec l'objet du service public en cause ou qui ne tiennent pas compte de l'utilisation effective du service. On rencontre, à propos de ce principe d'égalité devant les services publics, le problème de la gratuité de ces services et il faut, à cet égard, souligner qu'il n'existe pas en droit français un principe général de gratuité des services publics locaux, ce qui n'empêche pas que certains SPA soient gratuits, quasi-gratuits ou sous-tarifés, alors que les SPIC doivent être normalement tarifés au coût réel de la prestation, l'exigence de leur équilibre budgétaire impose normalement cette solution.

B) A côté des trois principes ci-dessus analysés, on voit apparaître et se développer aujourd'hui, notamment à propos des services locaux, des nouveaux principes de gestion.

1) On mentionnera, d'abord, le principe de neutralité des services publics. Il ne constitue pas à proprement parler une exigence nouvelle car, depuis longtemps, il fait partie du patrimoine des services publics comme élément indispensable du principe d'égalité. Mais des décisions jurisprudentielles récentes ont mis en évidence une certaine autonomie de ce principe dans la mesure où, par exemple, une commune ne doit pas choisir comme assureur scolaire une compagnie étroitement liée à une fédération de parents d'élèves (TA, Caen, 23 juin 1992, Association des parents d'élèves de l'enseignement public, *D*, 1993, 147, note Sueur), ou autoriser dans les locaux scolaires des réunions politiques susceptibles de porter atteinte à la neutralité de l'enseignement, sans compter que la jurisprudence permet au conseil municipal d'exclure toute location d'une salle de réunion à des organisations politiques ou confessionnelles (CE, 21 mars 1990, commune de La Roque d'Anthéron, R, 74). Il n'est pas certain que cette dernière solution soit totalement compatible avec l'article 27 de la loi ATR du 6 février 1992 selon lequel « des locaux communaux peuvent être utilisés par les associations, syndicats ou partis politiques » ; il est vrai qu'il appartient au maire de déterminer les conditions d'utilisation de ces locaux en tenant compte « des nécessités de l'administration des propriétés communales, du fonctionnement des services et du maintien de l'ordre public » (sur la neutralité, v. étude de G. Koubi, RA, 1992 et 1993, 492 et s., 9 et s.).

2) Au titre des principes nouveaux rencontrés dans la gestion des services publics locaux, il faut, ensuite, citer celui de la transparence qui impose aux autorités responsables des services publics, notamment l'administration communale, d'informer les candidats-usagers et les usagers effectifs des conditions d'accès aux services, des modalités, notamment financières, de l'octroi de la prestation, des décisions individuelles prises à leur égard et, dans certains cas, de leur en indiquer les raisons ; de tenir à leur disposition différents documents permettant d'apprécier les conditions de fonctionnement du service, etc. Avec ce principe de transparence, se trouve ainsi remise en cause, tout au moins dans des proportions importantes et non sans réticences ou difficultés quelquefois, la sacro-sainte règle du secret administratif derrière laquelle s'abritait souvent l'administration pour expliquer aux administrés qu'elle faisait leur bonheur presque à leur insu.

Parmi les différents textes imposant une transparence dans la gestion des services publics, on citera les plus importants :

— loi du 6 janvier 1978 relative à l'informatique, aux fichiers et aux libertés qui tend à concilier l'utilisation administrative des moyens informatiques et le respect de la vie privée et des libertés des citoyens ;

— la loi du 17 juillet 1978 sur les relations entre l'administration et le public créant un véritable droit d'accès aux documents administratifs les concernant et qui généralise la publication des circulaires ministérielles riches en précisions opposables aux usagers dans le domaine de la gestion des services publics ;

— la loi du 11 juillet 1979 sur la motivation des actes individuels défavorables aux administrés et imposant à leur auteur de porter, à la connaissance des destinataires de l'acte, les motifs de droit et de fait justifiant leur édiction et expliquant leur contenu ;

— le décret du 28 novembre 1983 relatif à l'amélioration des relations entre l'administration et les administrés dont le chapitre 1er, seul, est applicable à l'administration communale et qui donne notamment à tout intéressé le droit de « se prévaloir, à l'encontre de l'administration, des instructions, directives et circulaires publiées... ».

S'agissant des services publics communaux, il faut, en plus des textes précités, faire état des dispositions de la loi ATR du 6 février 1992 renforçant de façon très substantielle le droit à l'information des habitants — donc notamment des usagers des services publics — sur les affaires locales (art. 11 à 20 de la loi). Les habitants ont le droit de prendre communication, selon diverses modalités, des documents les plus importants relatifs à la vie financière et administrative des communes, notamment les budgets. La loi de 1992 impose à l'administration communale un effort particulier de transparence dans les communes de 3 500 habitants et plus puisque doivent être mis à la disposition du public : les budgets mais également toute une série de documents relatifs à la vie financière de la commune (art. 13) ; certains documents relatifs à l'exploitation des services publics délégués ; doivent par ailleurs être publiés dans un recueil des actes administratifs : le dispositif des délibérations à caractère réglementaire, les arrêtés municipaux à caractère réglementaire, les délibérations relatives aux interventions économiques et sociales ; les séances du conseil municipal qui sont publiques peuvent être retransmises par les moyens de communication audiovisuelle, etc. Sans compter, bien sûr, la nécessaire publication des délibérations et arrêtés à portée réglementaire, celle-ci constituant l'une des conditions de leur entrée en vigueur, car nul n'étant censé les ignorer, il faut donner aux administrés les moyens de les connaître, encore qu'on puisse avoir quelques doutes sur l'efficacité des procédés de publication de ces actes, notamment lorsqu'elle intervient par affichage.

De façon générale, la loi de 1992, dans son article 10, consacre « le droit des habitants de la commune à être informé des affaires de celle-ci » et ce droit, « indissociable de la libre administration des collectivités territoriales, est un principe essentiel de la démocratie ». Nul ne contestera le bien-fondé de cette volonté de transparence, il reste que se pose le problème de la lisibilité de certains documents, notamment budgétaires et financiers, par le public. Si l'on veut que ce droit à l'information soit une liberté réelle et non formelle, il serait probablement nécessaire de former des agents territoriaux chargés d'en expliquer le contenu aux administrés, mais ne risque-t-on pas alors une explication — désinformation ? Cette dernière remarque ne justifie pas, d'ailleurs, une condamnation de la volonté de transparence qu'anime, aujourd'hui, les pouvoirs publics (v. aussi L. 29 janvier 1993, précitée).

3) On doit enfin faire état, sinon d'un nouveau principe commun aux différents services publics assorti de conséquences juridiques précises, tout au moins d'une volonté des pouvoirs publics de faire participer, dans la mesure du possible, les habitants d'une commune à la gestion des services publics dont elle a la charge. Se développe ainsi, au niveau des services publics communaux, l'idée d'une participation des habitants, donc également des usagers de ces services, à leur gestion. Certes il ne s'agit pas d'une idée neuve puisque, notamment depuis la fin de la Seconde Guerre mondiale, la mise en œuvre de la doctrine de la représentation des intérêts a permis, dans les grandes entreprises publiques gestionnaires de SPIC nationaux, d'associer avec des bonheurs divers d'ailleurs, les usagers de ces services à leur gestion. Cette doctrine est, peut-être, plus facile à mettre en œuvre dans l'organisation et la gestion des services publics locaux à propos desquels les affrontements idéologiques, qui risquent de paralyser sa mise en œuvre, sont, certainement, moins virulents et s'effacent souvent devant une volonté de gestion commune face aux réalités locales.

La circulaire Rocard du 23 février 1989, relative au renouveau du service public (*AJDA*, 1989, 368), précisait que l'usager du service public, national ou local, devait être traité en partenaire de l'administration afin de sortir du dilemme usager passif-usager critique. C'est cette conception que cherche à mettre en œuvre, au stade des services publics communaux, la loi ATR du 6 février 1992 dans son chapitre II relatif à la participation des habitants à la vie locale. Ces derniers ne se contentent pas d'élire, à date fixe, des élus locaux qui vont, seuls, c'est-à-dire sans consultation des habitants, prendre les décisions relatives à la gestion des services publics relevant de l'administration communale, ils sont appelés, en cours de mandat de leurs élus, à intervenir, même s'ils ne disposent pas d'un pouvoir de décision, dans cette gestion.

Dans cette perspective, la loi du 6 février 1992 institutionnalise la consultation des électeurs de la commune. Ces derniers, sur proposition du maire ou d'une fraction des conseillers municipaux, peuvent être consultés, pour avis, sur les décisions que les autorités municipales sont appelées à prendre pour régler les affaires de la commune. L'avis recueilli laisse le conseil municipal libre de la décision à prendre, tout au moins sur le plan juridique (sur cette procédure, v. *infra*, S III, p. 1).

En plus de cette procédure de consultation, la loi ATR du 6 février 1992, établit divers mécanismes permettant d'associer les habitants de la commune à l'élaboration des décisions de l'administration communale, tout en précisant que les organes de cette dernière restent les seuls maîtres de la décision à prendre. Il convient de mentionner ici :

— la possibilité pour le conseil municipal de créer des comités consultatifs sur tout problème d'intérêt communal dans lesquels peuvent siéger des personnes — et pas exclusivement des électeurs — n'appartenant pas au conseil, notamment des représentants des associations locales et, par là-même, les habitants de la commune sont en mesure de formuler des avis en direction des élus communaux ;

— l'obligation pour le conseil municipal, dans les communes de 3 500 habitants et plus, de créer une commission consultative pour un ou plusieurs services publics locaux, exploités en régie ou dans le cadre d'une délégation, et dans laquelle doivent siéger des représentants d'associations d'usagers du ou des services concernés. Cette commission permet aussi aux usagers de faire connaître leurs sentiments sur le fonctionnement des services publics et de proposer éventuellement des améliorations, encore faut-il que cette commission soit saisie de ces problèmes car sa saisine reste facultative.

Il ne faut donc pas exagérer l'importance de la participation des habitants puisque, après tout, ils ne donnent que des avis qui, dans tous les cas, laissent juridiquement l'administration communale libre des décisions à prendre. De plus, ces comités et commissions, qui risquent d'alourdir le processus administratif, n'auront peut-être pas l'efficacité escomptée et leur utilité dépend, en définitive, de la bonne volonté des maires et de l'aptitude des représentants des habitants et des usagers des services publics à formuler des avis qui ne soient pas systématiquement un catalogue de revendications démagogiques. Mais il ne faut jamais désespérer de la démocratie et des différentes procédures par lesquelles elle s'exprime.

SECONDE PARTIE

LES ORGANES DE L'ADMINISTRATION COMMUNALE

Comme toutes les personnes morales de droit public organisées dans un système démocratique, la commune est administrée par un organe collégial et délibérant procédant du suffrage universel direct : le conseil municipal et un organe d'administration : le maire, assisté d'un ou plusieurs adjoints élus par le conseil. L'article L.121-1 du C. des Cnes précise, à cet égard, que « le corps municipal de chaque commune se compose du conseil municipal, du maire et d'un ou plusieurs adjoints ».

On relèvera cependant que dans le titre II, de son livre 1er, consacré aux organes de la commune, le C. des Cnes traite du conseil municipal, du maire et des adjoints, et de la participation des habitants à la vie locale (Chapitre V du titre II). Ce chapitre a été inséré dans le code et à cette place, par la loi ATR du 6 février 1992 et il marque la volonté du législateur de mettre en évidence que les habitants constituent, en quelque sorte, par la procédure de consultation décrite ci-dessus, un des organes de l'administration communale.

Le législateur confirme ce faisant la position qu'il avait prise, dans l'alinéa 3 de l'article 1er de la loi du 7 janvier 1983, en soulignant « que les communes, les départements et les régions constituent le cadre institutionnel de la participation des citoyens à la vie locale et garantissent l'expression de sa diversité ». Il n'en reste pas moins que les organes de l'administration communale dotés d'un véritable pouvoir de décision et qui maîtrisent, pendant la durée de leur mandat, le fonctionnement de cette administration, sont le conseil municipal, le maire et les adjoints, c'est donc sur eux que cette étude doit être centrée en rappelant, ici, que les conseillers municipaux (parmi lesquels on trouve bien sûr, les maires et les adjoints) sont, en France, au nombre de 505 916 (Les collectivités locales en chiffres, 1992, *op. cit.*, p. 83).

CHAPITRE I

LE CONSEIL MUNICIPAL

C'est l'organe collégial et délibérant de l'administration communale qui règle par ses décisions les affaires entrant dans la compétence de celle-ci. Il illustre la démocratie représentative dans la gestion des affaires locales puisqu'il procède du suffrage universel direct. Juridiquement, c'est donc l'organe majeur de l'administration communale. Il l'est politiquement aussi puisque sa majorité peut imposer ses décisions à la minorité et c'est elle qui élit et soutient le maire dans son action. Sur le plan de la stricte administration de la commune, la toute puissance juridique du conseil municipal, dans les limites bien sûr qu'imposent la décentralisation territoriale et ses contrôles, est cependant tributaire de divers éléments qui la contiennent et la réduisent souventes fois et, parmi ces éléments, il faut citer : la personnalité du maire qui est — ou devrait être — l'imagination et le moteur de l'administration communale ; le poids politique du maire, notamment compte tenu de sa personnalité, des mandats locaux ou nationaux qu'il exerce par ailleurs ; la fidélité au maire de la majorité du conseil qui assure au premier un vote sans difficultés de ses projets par le second ; la connaissance des dossiers par le maire lié à la gestion quotidienne de la commune et qui se pose souvent en professionnel face à des conseillers plus amateurs, car moins au fait des affaires communales et de toutes leurs implications. Il est vrai qu'il est difficile de généraliser les remarques qui précèdent compte tenu de la diversité et de la subjectivité des éléments en cause. Il reste qu'il faut nuancer l'affirmation de la toute puissance du conseil municipal car, d'une part, il ne maîtrise pas juridiquement toutes les affaires de la commune (la police municipale lui échappe par exemple), de l'autre, il souffre d'un déficit d'efficacité, comme tout organe collégial délibérant, face à l'organe administratif composé d'une seule personne qu'est le maire, confronté quotidiennement, ou presque, à la gestion communale.

SECTION I

LA FORMATION DU CONSEIL MUNICIPAL

Sous cette rubrique, nous étudierons la composition du conseil municipal et son élection.

§ 1. La composition du conseil municipal

Le conseil municipal étant, démocratie oblige, un organe collégial, la loi devait retenir une composition qui fasse de lui un organe représentatif de la population communale en évitant une composition pléthorique non déterminante quant à l'efficacité démocratique. L'article L.121-2 du C. des Cnes, dans sa rédaction résultant de la loi du 19 novembre 1982, adopte la solution suivante :

Communes	Nombre des membres du Conseil municipal
De moins de 100 habitants	9
De 100 à 499 habitants	11
De 500 à 1 499 habitants	15
De 1 500 à 2 499 habitants	19
De 2 500 à 3 499 habitants	23
De 3 500 à 4 999 habitants	27
De 5 000 à 9 999 habitants	29
De 10 000 à 19 999 habitants	33
De 20 000 à 29 999 habitants	35
De 30 000 à 39 999 habitants	39
De 40 000 à 49 999 habitants	43
De 50 000 à 59 999 habitants	45
De 60 000 à 79 999 habitants	49
De 80 000 à 99 999 habitants	53
De 100 000 à 149 999 habitants	55
De 150 000 à 199 999 habitants	59
De 200 000 à 249 999 habitants	61
De 250 000 à 299 999 habitants	65
De 300 000 habitants et au-dessus	69

On complètera ce tableau en précisant que Paris compte 163 conseillers municipaux ; Marseille, 101 et Lyon 73.

On justifie souvent le nombre impair de conseillers municipaux par le souci d'éviter un partage égal de voix lors de l'élection du maire, mais si la loi impose effectivement que tous les postes de conseillers soient pourvus au moment de la convocation du conseil pour une telle élection (art. L.122-5 du C. des Cnes), elle n'impose nullement — et il vaut mieux — la présence de tous les conseillers au moment de celle-ci (CE, 25 juillet 1986, élection du maire de Clichy, R, 216 ; *AJDA* 1986, 704, concl. Roux).

§ 2. L'élection du conseil municipal

Cette élection nécessite des électeurs, des candidats, un mode de scrutin.

A) Pour participer, en qualité d'électeur, au choix des conseillers municipaux, il faut, dans une commune donnée, jouir du droit de vote et être inscrit sur la liste électorale de celle-ci. S'agissant de la première condition, l'article L.2 du Code électoral reconnaît ce droit aux personnes de nationalité française âgées de dix-huit ans accomplis, jouissant de leurs droits civils et politiques et n'étant dans aucun cas d'incapacité prévu par la loi. Mais il convient d'apprécier cette condition à la lumière de la réforme constitutionnelle réalisée par la loi de révision du 25 juin 1992 en vue d'adapter la Constitution au traité sur l'Union européenne du 7 février 1992. Désormais, en plus des personnes de nationalité française, la jouissance du droit de vote aux élections municipales peut être accordée, sous réserve de réciprocité et conformément au traité précité, aux seuls citoyens de l'Union résidant en France et cela dans les mêmes conditions que les ressortissants de cet État (art. 8 B du Traité et 88-2 de la Constitution). Une loi organique, votée dans les mêmes termes par les deux assemblées, déterminera les conditions d'application de cet article.

La seconde condition, à savoir l'inscription sur la liste électorale de la commune, suppose que la personne ait son domicile réel dans la commune ou y habite depuis six mois au moins ; ou qu'elle figure, pour la cinquième fois et sans interruption, au rôle d'une des contributions directes communales alors même qu'elle ne réside pas dans la commune ; ou qu'elle soit assujettie à une résidence obligatoire dans la commune en qualité de fonctionnaire public (art. L.11 du Code électoral).

B) La qualité d'éligible, c'est-à-dire celle exigée pour être légalement candidat aux élections au conseil municipal d'une commune, est reconnue, par l'article L.228 du Code électoral, à tout électeur de la commune âgé de dix-huit ans révolus, y compris, depuis la réforme constitutionnelle du 25 juin 1992, aux citoyens de l'Union européenne résidant en France (art. 88-3 de la Constitution).

1) Indépendamment de la qualité d'électeur dans la commune, la qualité d'éligible bénéficie également « aux citoyens inscrits au rôle des contributions directes ou justifiant qu'ils devaient être inscrits au 1er janvier de l'année de l'élection » (l'impôt sur le revenu est une contribution directe au sens de l'article L.228 : CE, 13 octobre 1978, élection municipale de Saint-Bazile-de-Meyssac, R, 372 ; *AJDA*, 1979, 5, 77, chr. Dutheillet de Lamothe et Robineau). Cependant, la démocratie locale exige que les élus locaux partagent les joies et les peines, les espoirs et les désillusions, les contraintes de la vie quotidienne, de leurs électeurs et, de toute façon, il serait difficilement justifiable qu'une commune soit administrée par des gouvernants qui habiteraient ailleurs. Ceci explique que la loi limite le nombre de conseillers municipaux dits « forains », c'est-à-dire ne résidant pas à titre principal dans la commune au moment de l'élection : leur nombre ne saurait excéder le quart des membres du conseil dans les communes de plus de 500 habitants et, dans celles de 500 habitants au plus, ce nombre maximum est de 4 (conseil municipal de 9 membres) et de 5 (conseil municipal de 11 membres). De plus, députés et sénateurs sont éligibles dans toutes les communes du département où ils ont été candidats.

2) La règle selon laquelle tout électeur est éligible est, ensuite, tempérée par des inéligibilités qui font obstacle à ce qu'une personne puisse valablement faire acte de candidature à une élection municipale (art. L.230 et s. du code électoral) : personnes dispensées de subvenir aux charges communales ; maire d'une commune de plus de 30 000 habitants n'ayant pas fourni une déclaration de situation patrimoniale ; le médiateur sauf s'il exerçait le même mandat avant sa nomination ; personne qui a méconnu les obligations de la loi du 15 janvier 1990 sur la limitation des dépenses électorales (inéligibilité limitée à un an) ; conseillers déclarés démissionnaires (inéligibilité d'un an).

A ces inéligibilités absolues, qui empêchent une personne de faire valablement acte de candidature dans quelque commune que ce soit, s'ajoutent les inéligibilités relatives faisant obstacle à une candidature dans certaines communes : certains agents de l'État dans le ressort d'exercice de leurs fonctions (préfets ; sous-préfets ; secrétaires généraux de préfecture ; magistrats judiciaires, administratifs, des chambres régionales des comptes ; fonctionnaires des corps actifs de police ; comptables communaux, ingénieurs des Ponts et chaussées et des Travaux publics, etc.). La même inéligibilité frappe, et pour les mêmes raisons (risque de peser sur le choix de l'électeur eu égard aux fonctions exercées), certains agents territoriaux : membres du cabinet du président du conseil général ou régional ; directeurs généraux, adjoints, chefs de service et de bureau de conseil général ou régional ; agents salariés de la commune). Elle touche également les entrepreneurs de services municipaux dans les communes où ils exercent de façon régulière leur activité.

3) Enfin, le droit électoral municipal établit des incompatibilités, qui ne font pas obstacle à ce qu'une personne puisse faire acte de candidature à un conseil municipal, mais qui l'oblige, en cas de succès, à choisir, dans un délai de 10 jours, entre le mandat de conseiller et sa fonction (préfet, sous-préfet, secrétaire général de préfecture, fonctionnaires des corps actifs de police, militaires de carrière, pour les communes situées hors du ressort de leurs fonctions) ou une situation donnée (nul ne peut être membre de plusieurs conseils municipaux ; dans les communes de plus de 500 habitants, les ascendants, les descendants, les frères et sœurs pouvant être simultanément membres du même conseil municipal est limité à deux). Ici encore on veut éviter, soit qu'une personne, compte tenu des fonctions qu'elle exerce puisse avantager sa commune ou dominer le conseil municipal, soit que l'administration communale devienne une simple affaire de famille.

C) Tous les six ans, en principe, il y a, en France, l'élection de l'ensemble des conseils municipaux. Or, à propos de cette élection, on retrouve, comme pour les élections politiques ou administratives, le problème du choix du mode de scrutin. Soit le législateur désire que le conseil municipal reflète fidèlement la diversité des opinions des électeurs et le mode de scrutin qui rend le mieux compte de cette diversité est la représentation proportionnelle (R.P.) avec, justement parce qu'elle rend compte de cette diversité, le risque de ne pas permettre au sein du conseil la constitution d'une majorité homogène et stable et, à supposer qu'une majorité existe, elle est souvent fragile (voir le cas de certains conseils régionaux). Soit, le législateur opte pour des conseils municipaux à majorité plus stable et homogène et, au risque de sacrifier quelque peu la justice électorale, il va s'en remettre au scrutin majoritaire qui aboutit en cas de listes bloquées à ne faire aucune place, si minime soit-elle, à la minorité au sein de l'organe délibérant (ce fut le cas dans les communes de plus de 30 000 habitants avec la loi du 27 juin 1964 abrogée par celle du 19 novembre 1982). Il est vrai que l'on peut tenter de réconcilier justice électorale et efficacité municipale en mixant les deux modes de scrutin précités : le scrutin majoritaire et la R.P. La loi du 19 novembre 1982 s'y est employée, tout au moins pour les communes de 3 500 habitants et plus.

1) Dans les communes de moins de 3 500 habitants, de loin les plus nombreuses (34 080), à défaut d'être les plus peuplées (le tiers de la population), la loi de 1982 n'a pas remis en cause l'ancien système et confirme donc que les conseillers municipaux sont élus, dans ces communes, au scrutin majoritaire à deux tours : pour être élu au premier tour la majorité absolue, c'est-à-dire plus de la moitié des suffrages exprimés (votants moins bulletins blancs et nuls), est exigée, encore faut-il qu'elle soit égale au quart des électeurs inscrits. A défaut d'un conseil complet à l'issue du premier tour, un second tour a lieu pour le

compléter et sont élus, dans la limite des postes restant à pourvoir, les candidats ayant obtenu la majorité relative, c'est-à-dire le plus grand nombre de voix et, en cas d'égalité de voix, c'est le plus âgé qui l'emporte.

Pour tenir compte du fait que, dans ces communes, les électeurs connaissent, en principe, tous les candidats et en apprécient, avec une certaine marge d'erreur, les qualités et les défauts et que le choix de l'électeur est souvent guidé par des considérations plus personnelles que politiques, les listes de candidats proposées à l'électeur — et qui doivent être complètes dans les communes de 2 500 à 3 499 habitants — sont susceptibles d'être panachées par ses soins : il peut voter à la carte et renoncer pour partie, voire totalement, au menu qu'on lui propose. De plus, entre les deux tours, lorsqu'un deuxième tour s'impose, de nouveaux candidats peuvent se présenter et des listes fusionner. A vrai dire, lorsqu'une liste a obtenu la majorité absolue des sièges du conseil municipal au premier tour, l'électeur a tendance, au deuxième tour, à assurer l'élection de candidats de la liste opposée pour éviter que la liste majoritaire se croit tout permis et échappe pendant six ans à la dure, mais nécessaire, loi de la critique.

2) C'est pour les communes de 3 500 habitants et plus que la loi du 19 novembre 1982 a innové en conciliant, dans un même mode de scrutin, les avantages du scrutin majoritaire, assurant l'existence d'une véritable majorité au sein du conseil municipal, et ceux de la représentation proportionnelle permettant la représentation dans le conseil des différentes opinions de la population, tout au moins lorsque ces courants ne sont pas, quantitativement tout au moins, marginaux.

Des listes bloquées, comprenant autant de noms que de sièges à pourvoir, sont proposées à l'électeur qui doit donc en choisir une pour laquelle il vote « sans adjonction ni suppression de noms et sans modification de l'ordre de présentation » (art. L.260 du Code électoral).

a) Si, au premier tour, une liste obtient la majorité absolue des suffrages exprimés, elle se voit attribuer la moitié des sièges à pourvoir arrondie à l'entier supérieur lorsqu'il y a plus de 4 sièges à pourvoir (à l'entier inférieur dans le cas contraire). Si bien que, lors du renouvellement général du conseil municipal, la liste majoritaire obtient, en réalité, la majorité absolue des sièges. Les sièges non pourvus sont attribués, ensuite, à la représentation proportionnelle (R.P.) avec utilisation de la plus forte moyenne, étant précisé que la répartition intervient entre toutes les listes, y compris celle qui dispose déjà de la majorité des sièges, à l'exclusion cependant des listes n'ayant pas obtenu 5 % au moins des suffrages exprimés : malheur aux grands vaincus du suffrage.

A défaut de liste ayant obtenu la majorité absolue des suffrages exprimés au premier tour, un second tour a lieu, huit jours après, et la liste qui arrive à ce tour en tête des suffrages exprimés décroche la majorité absolue des sièges au conseil municipal lorsqu'il y a plus de 4 sièges à pourvoir et les sièges restant sont répartis, comme au premier tour, entre toutes les listes ayant au moins recueilli 5 % des suffrages exprimés, à la R.P. et à la plus forte moyenne. Seules les listes ayant obtenu au moins 10 % du total des suffrages exprimés peuvent se présenter au second tour (art. L.264, Code électoral), des modifications, entre les deux tours, sont possibles entre les listes ayant obtenu au moins 5 % des suffrages mais la liste offerte à l'électeur est une liste bloquée : elle s'impose à lui, y compris dans l'ordre de présentation des candidats.

b) Un exemple chiffré n'est peut-être pas inutile pour illustrer ce mode de scrutin et en apprécier la portée.

Supposons une commune de 12 500 habitants dont le conseil municipal se compose donc de 33 membres à élire. Il y a 7 600 électeurs inscrits et, au premier tour, 6 600 votants, 88 blancs ou nuls, donc 6 512 suffrages exprimés. Une liste A obtient 3 300 voix, B : 3 004 voix, C : 208 voix. La liste A ayant obtenu plus de la majorité absolue des suffrages exprimés (3 257) se voit attribuer la moitié des sièges arrondie à l'entier supérieur, soit 17 sièges.

Le reste, soit 16 sièges, est réparti, à la R.P. à la plus forte moyenne, entre la liste A et la liste B ; la liste C, ayant obtenu moins de 5 % des suffrages exprimés, étant exclue de la répartition. On calcule, alors, le quotient électoral utile qui est égal au nombre de suffrages exprimés, déduction faite de ceux de la liste C (6 512 — 208), divisé par le nombre de sièges restant à pourvoir, soit 6 304 : 16 = 394.

En lui appliquant ce quotient, la liste A obtient à la R.P. 8 sièges (3 300 : 394 = 8 sièges, chiffre arrondi à l'entier inférieur), la liste B, quant à elle, va disposer de 7 sièges (3 004 : 394 = 7 sièges).

Il reste 1 siège à pourvoir qui est attribué à la plus forte moyenne :

pour la liste A : 3 300 : 8 + 1 = 366,66
pour la liste B : 3 004 : 7 + 1 = 375,5
le siège est donc obtenu par la liste B.

En définitive, la répartition est la suivante :

liste A : 17 (liste majoritaire) + 8 (R.P.) = 25 sièges
liste B : 7 (R.P.) + 1 (plus forte moyenne) = 8 sièges.

On mesure ainsi l'effet du scrutin majoritaire puisque la liste A avec 50,60 % des suffrages exprimés obtient 75 % des sièges du conseil et que B, avec 46,13 % des suffrages, n'a droit qu'à 25 % des sièges. Mais on apprécie le rôle de la représentation proportionnelle qui permet à la liste B d'avoir 8 sièges au conseil, alors que dans un système exclusivement majoritaire, la liste A aurait « raflé » la totalité des sièges à pourvoir (33) et la liste B n'aurait disposé d'aucune représentation au conseil (cas des villes de plus de 30 000 habitants de 1964 à 1982).

Le système de la loi du 19 novembre 1982 apparaît donc presque parfait, et pourrait d'ailleurs être étendu à d'autres élections locales ou nationales. Il suscite, la perfection n'étant pas de ce monde, quelques réserves chez certains élus, paradoxalement de la minorité, alors que c'est pourtant grâce à lui que, minoritaires chez les électeurs, ils sont pourtant présents au conseil municipal. Ces élus reprochent, quelquefois, à ce mode de scrutin, qui assurent la domination sans partage de la liste majoritaire, de les marginaliser : ils font de la figuration et n'ont aucune prise réelle sur la gestion des affaires communales, soit ils votent contre les projets de la majorité municipale et cela n'a aucune importance puisqu'ils sont politiquement minoritaires, soit ils votent pour, cela peut arriver car il y a des projets qui s'imposent d'eux-mêmes, et la majorité utilise cette attitude auprès de l'opinion publique pour souligner la pertinence de son action qui rallie même les voix de l'opposition. A vrai dire, il vaut mieux quand même assurer une représentation de la minorité dans les assemblées municipales ; même s'il est exact que la majorité est tentée, quelquefois, de ne tenir aucun compte de cette minorité et de ses propositions, celle-ci fait, ainsi, l'apprentissage de la gestion, ce qui peut lui être utile un jour. De plus, la loi ATR du 6 février 1992 renforce très sensiblement les droits des élus minoritaires et la majorité municipale doit leur ouvrir les dossiers, leur assurer une participation aux différentes commissions, les entendre au sein du conseil municipal, leur fournir un local pour leur réunion, etc. (art. 28 et s.). La transparence administrative bénéficie donc, non seulement, aux usagers des services publics, mais aussi aux élus, même minoritaires, du conseil.

3) On doit mentionner la situation particulière de Paris, Marseille et Lyon dont les membres des conseils (conseil de Paris qui est à la fois le conseil de la ville de Paris et le conseil général du département de la Seine ; conseil municipal de Marseille et celui de Lyon) sont élus par secteur correspondant à un arrondissement (Paris, Lyon) ou à plusieurs (Marseille).

Au sein de chaque secteur, sont élus, suivant le mode de scrutin applicable aux communes de 3 500 habitants et plus, le nombre de conseillers municipaux auxquels le secteur a droit et qui se regroupent ensuite au sein du conseil de Paris et des conseils municipaux de Lyon et de Marseille. En même temps, sont élus, dans chaque arrondissement, des conseillers d'arrondissement qui forment, avec les conseillers municipaux élus dans celui-ci, le conseil d'arrondissement. Ce dernier élit le maire d'arrondissement ; adresse des questions écrites au maire de la commune sur les affaires de l'arrondissement ; demande au conseil municipal de débattre de ces affaires ; donne, à ce dernier conseil, les avis qui lui sont demandés sur toute une série d'affaires intéressant l'arrondissement énumérées aux articles 6 à 19 de la loi du 31 décembre 1982 relative à l'organisation administrative de Paris, Marseille, Lyon ;

gère, par délégation du conseil municipal, tout équipement ou service de la commune.

4) Un sectionnement électoral peut également être établi dans les communes de moins de 30 000 habitants pour tenir compte, dans une commune, de l'existence d'agglomérations d'habitants distinctes et séparées, et un tel sectionnement est obligatoire en cas de fusion de communes avec création de communes associées. Dans chaque section, les électeurs désignent un nombre de conseillers déterminé en fonction de l'importance de sa population.

Quel que soit le mode de scrutin utilisé, le juge compétent, pour connaître du contentieux de l'élection, est le tribunal administratif dans le ressort territorial duquel se situe la commune. C'est un contentieux de pleine juridiction permettant, selon les dossiers, au juge saisi par le représentant de l'État, un candidat ou un électeur, soit d'annuler l'élection, soit de rectifier les résultats en cas d'erreur de calcul ou de bulletins déclarés nuls par erreur et de proclamer, en conséquence, l'élection d'un candidat.

Section II

LE STATUT DU CONSEIL MUNICIPAL

Deux points méritent de retenir l'attention : le statut collectif de l'organe ; le statut individuel des membres de celui-ci.

§ 1. Le statut collectif de l'organe

A) Le conseil municipal est élu pour un mandat de six ans et sauf décision contraire du législateur, l'élection se déroule au mois de mars. Le mandat de six ans est susceptible d'être écourté, d'abord, par la dissolution prononcée par décret motivé pris en conseil des ministres (art. L.121-4 C. des Cnes). Cette procédure, qui doit être utilisée avec prudence par le Gouvernement car elle constitue une atteinte portée par l'État à la démocratie locale, sera étudiée au titre du contrôle exercé sur les organes des collectivités locales par l'État (v. *infra*, IVe partie). En cas de dissolution, la commune est alors administrée par une délégation spéciale (3 à 7 membres), nommée par le représentant de l'État dans le département et qui, en attendant l'élection d'un nouveau conseil devant intervenir dans un délai de deux mois, doit se limiter « à des actes de pure administration conservatoire et urgente » (art. L.121-6 du C. des Cnes).

Le mandat de six ans est, ensuite et bien évidemment, écourté lorsque le juge administratif annule, pour irrégularités, l'élection d'un conseil municipal (CE, 18 mai 1990, élections municipales de Saint-Vincent-de-Paul, R, 129 et les autres décisions rapportées dans le Recueil Lebon 1990, p. 789 et s. ; Maligner, « Le contentieux des élections municipales de 1989 », *RFDA*, 1991, 3 et s.). Dans ce cas, la commune est administrée par la délégation spéciale précitée. Il en est de même, enfin, lorsque le mandat du conseil est écourté par une démission de tous ses membres en exercice, les démissions devant être adressées au maire et elles sont définitives dès leur réception par celui-ci.

B) Dans le cours du mandat, l'effectif du conseil est susceptible d'être affecté par le décès, la démission volontaire ou d'office, la survenance d'une incompatibilité ou d'une inéligibilité, d'un ou plusieurs conseillers municipaux. Dans les communes de 3 500 habitants et plus, le conseiller, qui n'appartient plus au conseil pour l'une des raisons précitées, est remplacé par le candidat venant après le dernier élu de la liste sur laquelle il s'est présenté. A supposer que, sur une liste donnée, il n'y ait plus de candidats pour remplacer le conseiller décédé ou démissionné, ce qui est, heureusement rare, il sera nécessaire de procéder, en application de l'article L.270 du Code électoral, à un renouvellement intégral (et non à une élection complémentaire) du conseil municipal dans les deux cas suivants : le conseil municipal a perdu le tiers de ses membres, il y a lieu de procéder à l'élection d'un nouveau maire.

Dans les communes de moins de 3 500 h, une élection, simplement complémentaire, ne s'impose que lorsque le conseil municipal a perdu le tiers de ses membres ou s'il est nécessaire d'élire un nouveau maire (art. L.122-5 du C. des Cnes).

Lorsqu'un conseil municipal se trouve, enfin, amputé d'une partie de son effectif du fait d'une annulation partielle de l'élection, il convient donc de provoquer une élection complémentaire et cela dans toutes les communes, sous réserve de l'hypothèse où, dans les communes de 3 500 h et plus, quand un ou plusieurs candidats sont déclarés inéligibles par le juge, ce dernier proclame alors l'élection du ou des suivants de liste.

C) En tant que corps constitué, le conseil municipal doit posséder, pour satisfaire le principe constitutionnel selon lequel les collectivités locales s'administrent librement par des conseils élus (art. 72), d'un certain nombre de prérogatives consacrées par loi et juridiquement protégées.

1) Tout d'abord, en tant que corps constitué chargé, par ses délibérations, de régler les affaires de la commune, le conseil municipal a droit d'être réuni, à cette fin, au moins une fois par trimestre (art. L.121-8 du C. des Cnes). Le maire est, en plus, obligé de le convoquer lorsque la

moitié au moins des conseillers municipaux en exercice ou le préfet fait une demande motivée en ce sens, c'est-à-dire en justifiant la demande.

2) Ensuite, le conseil municipal, démocratie et efficacité obligent, a le droit d'être informé des projets et propositions qui seront soumis à sa délibération, de même que, dans certains domaines, il peut orienter ces projets et propositions. Il convient, à cet égard, de faire état, ici, de diverses dispositions de la loi ATR du 6 février 1992 : nécessité, dans les communes de 3 500 habitants et plus, qu'un débat sur les orientations générales du budget ait lieu au conseil dans les deux mois précédant l'examen de celui-ci (art. L.212 du C. des Cnes) ; droit pour le conseil de créer des comités consultatifs sur tout problème d'intérêt communal concernant tout ou partie du territoire de la commune, comprenant des personnes n'appartenant pas nécessairement au conseil et notamment des représentants d'associations locales (art. L.121-20-1). Sans compter que le conseil va bénéficier, dans son ensemble, du : droit à information que la loi du 6 février 1992 reconnaît à tout membre du conseil municipal sur les affaires faisant l'objet d'une délibération (art. L.121-22) et qui énumère, notamment pour les communes de 3 500 h et plus, les pièces et documents devant être fournis avant toute délibération aux membres du conseil (v. *infra*, § 2) ; droit de la minorité du conseil à une représentation dans les différents comités et commissions y compris les bureaux d'adjudication et commissions d'appel d'offres assuré grâce à une désignation à la représentation proportionnelle (art. 32 de la loi du 6 février 1992), droit de cette minorité à disposer dans les communes de 3 500 h. et plus d'un local municipal (art. L.318-3 du C. des Cnes), ces droits de la minorité permettant, ainsi, d'assurer « une expression pluraliste des élus au sein de l'assemblée communale » (art. L.121-20 du C. des Cnes).

Certes, il ne suffit pas de graver dans le marbre, de moins en moins dur d'ailleurs, de la loi des exigences pour que celles-ci suffisent à donner au conseil municipal, considéré dans son ensemble, une place et un poids politiques lui permettant toujours de rivaliser avec le maire et de n'être pas réduit à enregistrer les volontés de ce dernier. Il reste qu'un rééquilibrage entre les deux organes de l'administration communale s'imposait car les exécutifs locaux, notamment les maires des grandes villes, ont été, en termes d'efficacité administrative, de prestige, et de poids politique, les grands bénéficiaires des lois de décentralisation de 1982-1983. Par ailleurs, la consécration des droits de la minorité au sein du conseil s'imposait, non seulement pour réagir face à des majorités municipales qui n'avaient pas toujours une grande considération pour la minorité, mais également pour faire bénéficier l'assemblée municipale de la troisième génération des exigences de la démocratie locale : cette dernière a d'abord imposé l'élection du conseil municipal ; elle a exigé, ensuite, la représentation de la minorité électorale au sein de celui-ci ; elle postule, aujourd'hui, un minimum de respect à l'égard de celle-ci qui ne doit être considérée ni comme un otage, ni comme un alibi, mais comme une représentation d'une partie, souvent, non négligeable du corps électoral. La démocratie ne requiert pas, bien au contraire, que la minorité partage le pouvoir avec la majorité, elle veut cependant que cette minorité puisse s'informer, être écoutée et pourquoi pas, quelquefois, se faire entendre ! Il reste que seule la pratique nous renseignera sur l'impact exact des dispositions généreuses de la loi du 6 février 1992.

3) Enfin, le conseil municipal, toujours en tant qu'organe collégial, a droit au respect du domaine de compétence dans lequel la loi lui attribue un véritable pouvoir de décision. Les conseillers municipaux disposent d'un certain nombre de procédés juridiques pour assurer la garantie des frontières de ce domaine, ne serait-ce que par un recours direct en excès de pouvoir devant le juge administratif ou par une demande de déféré présentée au préfet. Cette défense des frontières peut être assurée, éventuellement, contre le maire qui serait tenté de prendre une décision dans une matière relevant de la compétence du conseil municipal (CE, 28 février 1986, COREP des Landes, R, 50) ou contre une décision empiétant sur son domaine et émanant d'un organisme sans existence légale, telle la réunion « du maire et des adjoints » (CE, 9 novembre 1983, Saerens, R, 453), voire contre une décision analogue émanant d'une autorité de l'État ou d'un établissement public intercommunal (CE, 4 mai 1984, ministre de l'Intérieur et de la décentralisation c/ commune des Aubiers, R, 527). Le conseil municipal bénéficie ici de la protection juridique que le juge administratif français accorde au respect des règles de compétence des autorités administratives : leur violation est un vice qui affecte la légalité de l'acte et qui peut être soulevé d'office par le juge, sans compter que lorsque cette violation s'analyse en une usurpation de fonctions, l'acte ainsi édicté sera considéré comme inexistant.

§ 2. Le statut individuel des membres

On a longtemps considéré que la fonction de conseiller municipal n'était pas prenante à un point tel qu'elle justifie l'édiction d'un statut du conseiller. De plus, le conseiller doit être un amateur et non un professionnel de l'administration et il doit être libre et désintéressé dans l'exercice de ses fonctions. Cette approche justifia longtemps l'absence de véritable statut individuel du conseiller. Cette absence ne soulevait pas, et ne soulève toujours pas d'ailleurs, de problèmes majeurs dans les petites communes : les réunions du conseil ne sont pas très fréquentes (souvent moins d'une dizaine par an programmées hors des heures de travail), les conseillers sont peu sollicités et pas toujours très curieux, en profondeur tout au moins, des affaires communales, etc. Il n'en va pas nécessairement de même dans les grandes communes dans lesquelles, même si les réunions du conseil ne sont pas forcément très nombreuses, le conseiller est appelé, en outre, à participer aux réunions fréquentes des commissions du conseil et des commissions de passation des marchés, à collaborer à des tâches administratives (concours de recrutement des agents communaux par exemple) et de nature protocolaire, sans compter la représentation de la commune dans les organismes publics et privés les plus divers. Sans qu'il faille exagérer le temps qu'un conseiller consacre à sa fonction et qui varie, bien évidemment, en fonction de chaque personne et de la conception qu'elle se fait du dévouement à la chose publique, le législateur a estimé qu'il convenait de reconnaître à chaque conseiller municipal un certain nombre de droits lui permettant d'exercer, dans des conditions convenables, sa fonction et, en plus des droits traditionnels dont ont toujours bénéficié les quelques 505 000 conseillers municipaux, de nouveaux droits lui ont été reconnus par la loi du 3 février 1992 relative aux conditions d'exercice des mandats locaux.

A) Chaque conseiller est, d'abord, élu, comme le conseil, pour six ans. Cette durée est éventuellement abrégée par le décès, la démission individuelle qui est définitive dès la réception de celle-ci par le maire, la survenance d'une inéligibilité ou d'une incompatibilité. Il existe, également, une possibilité de révocation juridiquement baptisée, décentralisation et indépendance des conseillers municipaux obligent, démission d'office : celle-ci est prononcée par le tribunal administratif à l'encontre de tout conseiller municipal qui a, expressément ou par une abstention persistante, refusé de remplir l'une des fonctions qui lui sont dévolues par les lois (art. L.121-23 du C. des Cnes). On notera qu'une absence répétée, sans motif particulier, aux séances du conseil municipal ne constitue plus, au regard de la loi et de la jurisprudence, un motif valable de démission d'office (CE 6 novembre 1985, Maire de Viry-Chatillon, R, 311 ; *RFDA*, 1986, 388, concl. Latournerie), car il faut que la fonction concernée soit expressément prévue par un texte législatif ou réglementaire (CE, 8 juillet 1987, Commune de Vatilien, DA, 1987, n° 480) telle la présidence d'un bureau de vote (CE, 20 février 1985, Maire de Montesson). Le conseiller « démissionné d'office » est inéligible pendant une année. Il va de soi, enfin, que la dissolution du conseil entraîne une cessation prématurée des fonctions de chacun de ses membres.

B) Il est établi un tableau du conseil municipal sur lequel les conseillers municipaux sont placés suivant un ordre résultant de la date de l'élection et du nombre des suffrages obtenus ou de la présentation sur la liste. L'ordre du tableau joue, notamment, un rôle lorsqu'un conseiller municipal est appelé à remplacer le maire dans l'hypothèse prévue à l'article L.122-13 du C. des Cnes.

C) La gratuité des fonctions de conseiller municipal constituait, si l'on ose dire, un élément du statut. On considérait que le candidat à de telles fonctions ne devait pas se déterminer pour des raisons financières et que le conseiller élu administrait d'autant mieux qu'il le faisait de façon désintéressée. Sans remettre en cause ce principe de gratuité, pour lequel on trouve autant de raisons de le défendre que de le critiquer, les textes, et notamment la loi du 3 février 1992, relative aux conditions d'exercice des mandats locaux, en ont, quelque peu, limité la portée.

D'abord, ce principe ne fait pas obstacle à ce que le conseiller municipal perçoive le remboursement des frais entraînés par l'exécution d'un mandat spécial confié par le conseil à l'un de ses membres, c'est-à-dire d'une mission entrant dans le cadre de l'administration communale mais qui se distingue de l'exercice normal des fonctions (art. L.123-2, § 1 du C. des Cnes) et, en plus, le remboursement des frais de déplacement est prévu (§ 2). Dans les communes de moins de 100 000 habitants, la loi prévoit même le versement possible d'une indemnité aux conseillers municipaux exerçant des mandats spéciaux (art. L.123-6, § 3 et circulaire du ministre de l'Intérieur du 15 avril 1992, *JORF*, 1892, 7303). Ensuite, un conseiller municipal qui bénéficie d'une délégation du maire au titre de l'article L.122-11 du C. des Cnes, c'est-à-dire en l'absence ou en cas d'empêchement des adjoints, peut se voir attribuer par le conseil municipal une indemnité de fonction. De plus, dans les communes de 100 000 habitants et plus y compris Paris, Marseille et Lyon, les conseillers municipaux ont droit à une indemnité de fonction, encore faut-il que l'exercice des fonctions soit effectif, ce qui signifie que le conseiller municipal toujours absent et inactif ne saurait y prétendre (sur le calcul des indemnités, v. art. L.123-6, § 4 et L.123-8, § 3 du C. des Cnes). La loi du 3 février 1992 institue, et c'est une nouveauté, une fiscalisation des indemnités de fonction (sauf pour les élus des communes de moins de 1 000 habitants) mise en œuvre, en principe, par un système de retenue à la source à partir du montant net de l'indemnité perçue minorée d'une déduction pour frais d'emploi (v. art. 47 de la loi de finances rectificative pour 1992).

Enfin, les communes sont responsables des dommages causés aux conseillers municipaux et aux délégués spéciaux lorsque le dommage est survenu à l'occasion d'une séance du conseil municipal ou au cours de l'exécution d'un mandat spécial (art. L.12125 du C. des Cnes), les accidents de trajet devant normalement entrer dans les dommages réparables. Sans compter que le conseiller municipal revendique à bon droit la réparation des dommages qu'il subit lorsqu'il se trouve dans une situation lui permettant d'invoquer la qualité de collaborateur bénévole du service public (CE, 14 décembre 1988, commune de Catillon-Fumechon, R, 1001 ; D, 1989, somm. 354, obs. Bon et Moderne). Le conseiller municipal bénéficie, également, de la garantie de la commune pour les condamnations civiles prononcées contre lui pour une action relative à l'exercice de ses fonctions et non constitutive d'une faute personnelle détachable de celles-ci, de même qu'il a droit à la réparation, par la commune, des dommages subis au titre de menaces ou attaques liés à l'exercice de ses fonctions d'élu local.

D) Le conseiller municipal a également droit à une formation, consacré par la loi du 3 février 1992 et qui doit être adaptée, selon l'article L.121-46 du C. des Cnes, à ses fonctions. On ne voit guère d'ailleurs l'intérêt d'une formation non adaptée à ces fonctions, mais la loi a, probablement, voulu marquer sa méfiance à l'égard de voyages et de séminaires d'études d'élus de grandes villes dont la formation n'est pas toujours l'objet majeur et qui sont, désormais, s'agissant des voyages d'études, non couverts par les dispositions relatives à la formation des élus, ce qui n'empêche pas la prise en charge de ces voyages par la commune sous réserve qu'ils aient un lien direct avec l'intérêt de celle-ci.

Les frais de formation s'analysent en une dépense obligatoire pour la commune qui doit prendre, notamment, en charge les frais de déplacement, de séjour, d'enseignement, et même la perte de revenu de l'élu liée à cette formation dans des limites fixées par l'article L.121-47 du C. des Cnes (six jours par élu pour la durée d'un mandat, soit 48 h payées une fois et demie le tarif horaire du SMIC). Un système de congé formation est même prévu par la loi. Certains trouveront que c'est trop peu, d'autres que c'est beaucoup mais, dès lors que science infuse et suffrage universel ne coïncident pas nécessairement, il n'est pas inutile de permettre aux conseillers municipaux de vouloir s'informer sur les fonctions qu'ils exercent et la manière de les exercer. A vrai dire, le vrai problème n'est pas ici celui de la quantité de la formation, mais bien plus de la qualité de celle-ci.

E) Les droits du conseiller municipal ont été substantiellement renforcés par les lois du 3 février et 6 février 1992 pour ce qui a trait à l'exercice normal, on serait tenté de dire quotidien, de leurs fonctions.

1) Il faut, d'abord, que le conseiller municipal qui exerce, par ailleurs, une activité professionnelle (cas de 76 % d'entre eux) puisse disposer du temps nécessaire à l'exercice de ses fonctions. La loi du 3 février 1992 prévoit, à cet égard en son article 1er, que l'employeur est tenu de laisser à tout salarié de son entreprise le temps nécessaire pour se rendre et participer aux séances du conseil, des commissions, des organes délibérants des organismes dans lesquels il représente la commune. Cette dernière peut compenser les pertes de revenus liées à ces réunions, sans compter que, dans les communes de 100 000 habitants au moins, les conseillers municipaux ont droit à un crédit d'heures pour accomplir les missions impliquées par leurs fonctions. La même loi accorde des garanties au conseiller municipal qui s'absente pour l'exercice de ses fonctions : il ne saurait être, pour cela, ni licencié, ni déclassé, ni sanctionné. Ce sont surtout les 15 % de conseillers qui sont salariés du secteur privé qui sont les

principaux bénéficiaires de ces dispositions (v. art. L.121-36 et s. du C. des Cnes).

2) La loi ATR du 6 février 1992 reconnaît, ensuite, en son article 28, « que tout membre du conseil municipal a le droit, dans le cadre de sa fonction, d'être informé des affaires, de la commune qui font l'objet d'une délibération ». A la lecture de cet article, on est tenté d'invoquer les mânes de M. La Palice en soulignant que l'article en cause consacre une évidence et qu'on imagine mal qu'un conseiller municipal n'ait pas le droit de s'informer des affaires pour lesquelles il va devoir prendre une décision. Il n'en reste pas moins que cet article entend, d'abord, réagir contre certaines pratiques par lesquelles des maires refusaient de donner aux conseillers municipaux, notamment de l'opposition, les informations nécessaires au bon exercice de leurs fonctions. Ensuite, il faut bien comprendre qu'en instituant un droit de l'information du conseiller municipal, la loi lui donne le moyen juridique de requérir contre l'exécutif communal les informations nécessaires à l'appréhension des affaires soumises à son examen et à sa décision et, éventuellement, de faire sanctionner par le juge administratif un refus infondé du maire et des services municipaux.

Le conseiller doit, lors de la convocation à une réunion du conseil municipal, être informé des questions qui y seront examinées et débattues : en un mot l'ordre du jour doit figurer sur la convocation. Cela semble être exigence minimale de la démocratie locale, mais il faudra attendre la loi ATR du 6 février 1992 pour que l'ordre du jour soit imposé dans le cas des communes de moins de 3 500 habitants et il n'est exigé dans les autres que depuis la loi du 5 janvier 1988. Certes, bon nombre de conseillers municipaux n'utilisent pas cet ordre du jour pour préparer avec soin les réunions du conseil, mais quelques-uns le feront et, de toute façon, un ordre du jour joint à la convocation apparaît, encore une fois, comme une condition nécessaire du fonctionnement démocratique du conseil municipal, ne serait-ce que parce qu'il permet à l'opposition de préparer la réunion et d'y être ainsi efficace et, pourquoi pas, constructive. L'ordre du jour lie normalement le maire dans le déroulement de la réunion, encore que peuvent, en cours de séance, être ajoutées des questions diverses sous réserve qu'il ne s'agisse pas de problèmes importants (CE, 29 septembre 1982, Richert, R, 532). Il résulte donc des dispositions législatives qu'une réunion convoquée sans ordre du jour se tient irrégulièrement et qu'une question importante, non inscrite à l'ordre du jour, ne saurait être valablement discutée, et si elle l'est, la délibération la concernant est illégale.

Dans le souci d'assurer une information performante du conseiller municipal, convoqué à une réunion du conseil, la loi du 6 février 1992 dispose (art. 30) que, tout au moins dans les communes de 3 500 habitants et plus, « une note explicative de synthèse sur les affaires soumises à délibération doit être adressée avec la convocation aux membres du conseil municipal ». Ici encore, l'intérêt de ces notes dépend, non seulement de la qualité de leur rédaction, il faut faire court et être clair et complet, mais aussi de la réceptivité du conseiller municipal chez lequel il convient de ne pas provoquer un sentiment de lassitude face à une overdose d'informations. Nous nous trouvons dans un domaine où trop d'informations risque de décourager la volonté d'information. De plus, et dans les mêmes communes, lorsque le conseiller municipal est appelé à connaître d'un projet de délibération relative à un contrat de service public « le projet de contrat ou de marché accompagné, de l'ensemble des pièces peut, à sa demande, être consulté à la mairie dans les conditions fixées par le règlement intérieur ».

3) Lors du déroulement de la séance du conseil municipal, et dans des conditions fixées par le règlement intérieur, ou par délibération du conseil dans les communes non dotées d'un tel règlement (voir *infra*), les conseillers municipaux disposent du droit d'exposer des questions ayant trait aux affaires de la commune. On doit admettre que le droit d'exposer une question de cette nature n'a de sens que si chaque conseiller est en droit d'attendre une réponse du maire à la question posée, ce qui présente un intérêt certain pour les élus de l'opposition car on imagine mal un conseiller de la majorité posant une question susceptible de gêner le maire, mais on l'imagine bien en poser une permettant de mettre en valeur la bonne gestion du maire.

F) Lorsque le conseiller municipal perçoit une indemnité de fonction (conseiller délégataire, conseiller dans une commune de 100 000 habitants au moins), il est affilié, en vue de la constitution d'un droit à retraite, au régime complémentaire de retraite institué au profit des agents non titulaires des collectivités publiques et la pension qui en découle est cumulable sans limitation avec toutes les autres pensions ou retraites.

On a beaucoup insisté sur les droits du conseiller municipal, cela ne signifie nullement que le statut de celui-ci ne comporte que des droits. Il impose également certaines obligations : accomplir les missions dévolues par la loi sous peine, nous l'avons vu, d'une démission d'office ; obligation de désintéressement dans l'exercice des fonctions qui interdit à un conseiller de participer aux délibérations relatives à des affaires auxquelles il est intéressé à titre personnel ou comme mandataire, à défaut la délibération est illégale (art. L.121-35 du C. des Cnes) ; obligation de non-ingérence, c'est-à-dire qu'un conseiller municipal qui bénéficie notamment d'une délégation du maire ou est chargé d'un mandat spécial, doit se garder de prendre directement ou non un intérêt personnel quelconque dans une affaire ou une opération dont il avait, au moment de l'acte, la surveillance ou l'administration, sinon il se rend coupable du délit d'ingérence réprimé par l'article 175 du Code pénal (le nouveau code pénal qui entrera en vigueur le 1er mars 1994 prévoit des aménagements à cette interdiction de prise d'intérêt : art. 432-12 et renforce, par ailleurs, la répression du délit : 5 ans d'emprisonnement et 500 000 F d'amende) ; obligation de non-favoritisme pour assurer la liberté d'accès et l'égalité des candidats aux marchés publics, le favoritisme étant réprimé par l'article 432-14 du nouveau Code pénal.

Section III

LE FONCTIONNEMENT DU CONSEIL MUNICIPAL

Les aspects suivants du fonctionnement retiendront notre attention : la préparation des réunions, leur convocation et leur déroulement. A ce propos, une remarque préliminaire s'impose et elle est relative au règlement intérieur élaboré par le conseil et dont l'objet est de définir une règle du jeu concernant justement le fonctionnement du conseil municipal. La loi ATR du 6 février 1992 rend obligatoire l'élaboration d'un tel règlement dans les communes de 3 500 habitants et plus et ce dans les six mois de son installation. Elle prévoit même (art. 31 ; L.120-10-1 du C. des Cnes) que sa légalité puisse être contestée devant le juge administratif, condamnant ainsi une solution jurisprudentielle bien établie qui écartait ce règlement du prétoire du juge eu égard à sa nature de mesure d'ordre intérieur (CE, 2 décembre 1983, Charbonnel, R ; 474, concl. Roux) et se refusait à en sanctionner la violation (même arrêt). La compétence du juge, imposée par la loi, permettra de contraindre les conseils municipaux à élaborer des règlements qui ne violent pas les dispositions législatives en accordant, par exemple, aux membres du conseil des droits et indemnités non prévus et autorisés par les lois. Cela ne signifie pas nécessairement que la violation du règlement lui-même, par le conseil municipal, donnera lieu à intervention du juge, ce dernier refusant, jusqu'ici, de considérer que les dispositions d'un règlement intérieur soient contraignantes pour le conseil, sauf si ces dispositions ne font que reprendre des exigences législatives mais ce sera alors la violation de ces dernières que le juge sanctionnera, mais un revirement jurisprudentiel est possible.

§ 1. La préparation des réunions

Il appartient au maire de préparer la réunion, d'établir les dossiers, de prendre en compte les propositions des conseillers municipaux susceptibles de donner lieu à discussion ou à décision du conseil, d'élaborer ses propres projets de délibération, de communiquer aux conseillers les notes et documents nécessaires à leur information, etc. On retrouve, ici, comme au niveau national, régional ou départemental, le rôle majeur d'impulsion et de préparation joué par l'exécutif dans l'organisation des travaux des assemblées délibérantes. A ce stade, et indépendamment de l'appui qu'il reçoit des services administratifs, financiers et techniques de la commune, le maire, notamment dans les villes moyennes et importantes, associe souvent à cette préparation ses adjoints ou le ou les adjoints concernés et même sa majorité et lorsque cette dernière donne son accord aux projets du maire, ces derniers n'auront pas, sauf accident, de difficultés à franchir l'obstacle de la séance plénière du conseil.

A) Mais, dans cette préparation des réunions, il importe de souligner le rôle joué par les commissions du conseil municipal (commissions des finances, des travaux, de la voirie, culturelle, des activités sportives, des établissements scolaires, d'urbanisme, etc.). Ces commissions, en principe présidées par le maire, mais souvent dans la pratique par un adjoint dont la délégation correspond à la spécialité de la commission, analysent les projets et propositions du maire, les discutent et émettent un avis. Comme au parlement, c'est très souvent dans ces commissions que l'étude approfondie des projets et propositions est faite, qu'une véritable discussion de fond s'instaure. Si bien que quand une affaire arrive en séance plénière, le débat est plus rapide, voire quelquefois très rapide, et l'on comprend mieux, surtout dans les communes de 3 500 habitants et plus où existe au conseil une majorité stable, que celui-ci puisse examiner en trois ou quatre heures de réunion publique plus de cent questions inscrites à l'ordre du jour et voter sur ces questions : l'essentiel du travail a été fait en amont. Prenant acte du rôle important des commissions, surtout dans les communes importantes, car dans les plus petites elles ne sont pas toujours réunies ou le sont de façon épisodique, la loi ATR du 6 février 1992 a généralisé, pour les communes de 3 500 habitants et plus, la désignation des commissions du conseil municipal « à la représentation proportionnelle pour permettre l'expression pluraliste des élus ».

B) De plus, dans toutes les communes, le conseil municipal peut créer des comités consultatifs sur tout problème d'intérêt communal et, comme dans ces comités sont susceptibles de siéger des personnes n'appartenant pas au conseil, cela permet de les faire collaborer pour avis, notamment celles représentant les associations communales, à l'élaboration des décisions que le conseil sera amené à prendre sur tel ou tel problème. Certes, on risque ainsi d'alourdir le schéma d'élaboration de ces décisions, mais il n'est pas inutile de recueillir l'avis de personnes extérieures au conseil dans certains cas, surtout celui des représentants des associations municipales dont le rôle est, quelquefois, ambigu dans la mesure où elles se présentent, pour quelques-unes, comme de véritables contre-pouvoirs. Également, et dans toutes les communes, les commissions d'appel d'offres et d'adjudication doivent refléter la composition du conseil municipal, or ces commissions jouent un rôle essentiel dans le choix des cocontractants de la commune bénéficiaires des contrats et marchés communaux, y compris, désormais, les contrats de délégation de service public.

On rappellera, enfin, que la loi du 6 février 1992 impose, dans les communes de 3 500 habitants et plus, la création d'une commission consultative pour un ou plusieurs services publics locaux, quel que soit le mode d'exploitation utilisé, et elle doit comprendre parmi ses membres des représentants d'associations d'usagers du ou des services concernés. Cette commission à vocation à donner des avis de nature à éclairer le conseil municipal dans le prise de délibérations relatives à ces services de plus en plus saisis par les exigences de la transparence.

La multiplication de commissions imposée par la loi du 6 février 1992 risque d'engendrer une polysynodie communale, d'alourdir le processus d'élaboration des décisions du conseil municipal et seule la pratique dira si leurs inconvénients ne sont pas excessifs par rapport aux avantages qu'elles présentent. Il est vrai que le maire préside, en principe, ces commissions et que, hormis celles compétentes en matière d'adjudication et d'appel d'offres, il est maître de la périodicité de leurs réunions et du contenu de leur ordre du jour. Les comités consultatifs sont, eux, présidés par un conseiller municipal.

C) Toujours, au titre de la préparation des réunions du conseil municipal et donc des délibérations qu'il sera amené à discuter et éventuellement à voter, il faut faire mention de l'institution par la loi du 6 février 1992 d'une procédure de consultation des électeurs et non pas des habitants, de la commune (art. 21 ; art. L.125-1 et s. du C. des Cnes) qui ne constitue pas, à proprement parler, un référendum communal puisque le résultat de la consultation ne constitue qu'un avis pour le conseil municipal qui reste libre de la décision à prendre ; encore qu'il ne sera pas toujours facile à un conseil de prendre une délibération contraire à l'avis émis, mais pourquoi pas après tout, surtout dans un système de démocratie représentative qui implique que les élus sachent, pendant la durée de leur mandat, prendre leurs responsabilités. La mise en œuvre de cette procédure de consultation est proposée par le maire ou par la majorité des membres du conseil municipal dans les communes de moins de 3 500 habitants et le tiers des membres du conseil dans les autres communes. Au vu de ces propositions, le conseil municipal décide éventuellement le recours à la consultation et un dossier est établi afin de permettre l'information des électeurs qui peuvent le consulter à la mairie quinze jours au moins avant le scrutin. Après le vote des électeurs, et au vu des résultats, le conseil municipal délibère sur la décision à prendre.

La loi du 6 février 1992 verrouille donc bien cette procédure :

— quant à la matière d'abord : elle ne doit concerner que des affaires relevant de la compétence de la commune ;

— quant aux personnes pouvant la mettre en œuvre : le maire et le 1/3 ou la majorité des membres du conseil, la consultation d'initiative populaire ayant été écartée par la loi ;

— quant aux personnes consultées : il s'agit des électeurs et non des habitants ;

— quant aux périodes d'utilisation : aucune consultation de ce type ne doit être organisée à partir du 1er janvier de l'année civile précédant l'année du renouvellement général des conseils municipaux, ni durant les campagnes électorales précédant les différentes élections locales ou nationales ; deux consultations sur le même objet doivent être séparées par un délai d'au moins deux ans et un an doit s'écouler entre deux consultations n'ayant pas le même objet.

§ 2. La convocation des réunions du conseil municipal

A) L'article L.121-8 du C. des Cnes impose une réunion du conseil municipal au moins une fois par trimestre qu'il appartient donc au maire de convoquer. Mais l'article L.121-9 précise, au-delà de cette obligation légale, que le maire « réunit le conseil municipal chaque fois qu'il le juge utile ». La pratique met en évidence que les conseils municipaux se réunissent en moyenne une fois tous les mois et demi, mais il s'agit d'une moyenne et le nombre des réunions dépend très largement de la conception que chaque maire se fait du travail du conseil : certains limitent au minimum légal le nombre de réunions, d'autres n'hésitent pas à réunir le conseil une fois par mois.

Le maire a, par ailleurs, l'obligation de convoquer le conseil dans un délai de 30 jours, délai abrégé en cas d'urgence par le représentant de l'État dans les deux cas suivants : une demande motivée émanant du préfet ; une demande motivée faite par la moitié au moins des membres en exercice du conseil municipal. Il ne s'agit pas d'une procédure de convocation très utilisée en pratique.

B) Le maire convoque le conseil en adressant une convocation écrite au domicile de chaque conseiller. Elle doit comporter l'ordre du jour de la réunion et, dans les communes de 3 500 h et plus, être accompagnée d'une note explicative de synthèse sur les affaires soumises à délibération, sans compter, qu'en matière de délégation de service public, chaque conseiller doit recevoir, quinze jours au moins avant la réunion, les documents sur lesquels le conseil devra se prononcer.

Pour donner le temps à chaque conseiller d'organiser son temps afin d'assister à la réunion et éventuellement de la préparer en étudiant les notes explicatives, en consultant à la mairie les pièces adéquates, la loi impose un délai de convocation. Dans les communes de moins de 3 500 habitants, la convocation est adressée à chaque conseiller trois jours francs au moins avant le jour de la réunion (trois jours entiers doivent donc s'écouler entre l'envoi de la convocation et la tenue de la réunion) ce qui revient à ne pas prendre en considération ni le jour de l'envoi de la convocation, ni celui de la séance du conseil (CE, 12 juillet 1955, Élections de Mignaloux-Beauvoir, R, 412). Dans les communes de 3 500 habitants et plus, le délai de convocation est de cinq jours francs au moins. Pour toutes les communes, le maire peut, en cas d'urgence, abréger le délai qui ne saurait cependant pas être inférieur à un jour franc et le conseil, ainsi réuni, doit statuer sur l'urgence et éventuellement estimer que tout ou partie de l'ordre du jour est susceptible d'être renvoyé à une séance ultérieure. Si le maire omet de faire statuer le conseil sur l'urgence, la réunion ne se tient pas régulièrement et les délibérations qui y sont prises sont illégales.

Toute convocation du conseil est consignée au registre des délibérations, affichée à la mairie ou publiée afin que nul n'ignore la réunion de l'assemblée municipale ; cela ne suffit pas, sauf cas exceptionnels, à faire des réunions du conseil municipal des événements attirant la grande foule.

§ 3. Le déroulement des séances du conseil municipal

Dans ce déroulement, balisé par le C. des Cnes et le règlement intérieur du conseil, le maire joue un rôle important car le code prévoit qu'il lui appartient de présider la séance (art. L.121-13) et d'exercer la police de l'assemblée afin d'assurer le bon déroulement des débats. Il y a quelques exceptions à la présidence de la séance par le maire : en cas d'absence, de suspension, de révocation ou de tout autre empêchement du maire, la séance est présidée par un adjoint choisi dans l'ordre des nominations ; il en va de même lorsque le maire est personnellement concerné par une délibération ; lorsque la séance est consacrée à l'élection du maire, le doyen d'âge préside ; lorsque le conseil municipal débat du compte administratif du maire, c'est-à-dire du document qui retrace l'exécution par le maire du budget de l'année précédente, le conseil élit un président à cette fin.

A) La première vérification que le maire doit faire avant de déclarer ouverte la séance est relative au quorum. Pour éviter que des délibérations ne soient prises par un nombre trop réduit de conseillers municipaux, la loi (art. L.121-11 C. des Cnes) dispose que « le conseil municipal ne peut délibérer que lorsque la majorité des membres en exercice assiste à la séance ». A défaut de quorum, c'est-à-dire en l'absence de plus de la moitié des conseillers en exercice, la réunion ne saurait valablement se dérouler, mais le maire peut convoquer une seconde réunion à trois jours au moins d'intervalle et, pour la tenue régulière de laquelle, le quorum n'est plus requis, c'est-à-dire que les délibérations sont régulièrement prises quel que soit le nombre de votants, encore que délibérer étant le fait de plusieurs, on conçoit mal une réunion du conseil sans la présence d'au moins deux conseillers.

Le quorum, c'est-à-dire la présence de la majorité des conseillers en exercice, appelle les remarques suivantes :

— ne sont pas pris en compte dans son calcul les mandats que des conseillers absents ont donné à des conseillers présents : seule la présence effective et la possibilité de prendre part aux délibérations sont retenues, par exemple les conseillers intéressés à une délibération et qui doivent s'abstenir de la discuter et de la voter doivent être soustraits des conseillers présents (CE, 19 janvier 1983, Chauré, R, 7) ;

— le quorum s'apprécie, bien sûr, en début de séance mais également au moment où le président de séance met une affaire en discussion (CE, 11 décembre 1987, Élection du président du conseil régional de Haute-Normandie, R, 415 ; *AJDA*, 1988, 162, chr. Azibert et M. de Boisdeffre), la discussion pouvant se poursuivre et se terminer par un vote si le quorum n'est plus atteint ensuite, mais une nouvelle délibération ne saurait être mise en discussion ;

— l'article L.122-5 du C. des Cnes prévoit que pour l'élection du maire et des adjoints il faut compléter éventuellement le conseil municipal, cela signifie qu'il faut procéder aux élections ou remplacements nécessaires mais, pour la séance consacrée à l'élection, c'est la règle du quorum normal qui joue, heureusement d'ailleurs car en s'abstenant d'assister à la séance les élus minoritaires bloqueraient toute élection.

B) Les séances du conseil, qui se tiennent normalement à la mairie sont, en principe, publiques : en démocratie les gouvernants n'ont rien à cacher aux gouvernés et, dès lors que cela ne trouble pas l'ordre de la séance, celle-ci peut même être retransmise par les moyens de communication audiovisuelle (art. L.121-15 C. des Cnes). Le public présent à la séance, quand il y en a, doit se garder de toute manifestation ou intervention et le président de séance « peut faire expulser de l'auditoire ou arrêter tout individu qui trouble l'ordre ». La loi permet cependant au conseil municipal, sur demande du maire ou de trois de ses membres, de décider sans débat de se réunir à huis clos. Il convient de ne pas abuser de cette possibilité ne serait-ce que pour ne pas exciter l'imagination de la population prompte à considérer, à tort, que si le conseil municipal se réunit à huis clos ce n'est pas pour de bonnes raisons.

Au début de chaque séance, le conseil élit, en son sein, pas nécessairement au scrutin secret, un secrétaire de séance souvent aidé, en réalité, dans l'établissement du procès-verbal par un ou plusieurs agents communaux.

C) En sa qualité de président de séance, le maire (ou celui qui le remplace) organise et dirige les débats. Il met les projets de délibération en discussion, donne la parole aux conseillers désirant intervenir, apporte les éléments nécessaires à la bonne information du conseil, régularise le débat et, lorsqu'il estime que la discussion est achevée, il lui appartient de présenter le projet au vote des conseillers. Pour être voté, le projet de délibération doit obtenir la majorité absolue des suffrages exprimés, étant entendu qu'un conseiller municipal peut détenir un pouvoir lui permettant de voter pour un autre, et un seul, conseiller municipal empêché d'assister à une séance.

La procédure normale de vote est celle de la main levée et, en cas de partage, la voix du président de séance est prépondérante. La loi prévoit cependant deux autres procédures d'utilisation moins fréquentes :

— à la demande du 1/4 des membres présents, le vote à lieu au scrutin public, c'est-à-dire que, dans ce cas, chaque conseiller vote à l'appel de son nom et le nom des votants ainsi que le sens de leurs votes sont consignés au procès-verbal, on garde ainsi la trace écrite et nominale de votes importants ;

— à la demande du 1/3 des membres présents, le vote a lieu au scrutin secret et il en est également ainsi pour les nominations ou présentations auxquelles le conseil doit procéder et pour l'élection du maire et des adjoints, dans ce dernier cas, faute de majorité absolue aux deux premiers tours, la majorité relative suffit au troisième et, en cas d'égalité de voix, l'élection est acquise au plus âgé.

Le vote d'une délibération est, bien évidemment, un élément essentiel de sa régularité et même, à la limite, de son existence juridique : est inexistante une prétendue délibération évoquée au cours d'une séance mais qui n'a donné lieu à aucun vote du conseil même si, lors de son évocation, le projet n'a pas entraîné d'objection de la part du conseil (CE, 9 mai 1990, commune de Lavaur, R, 115). Pour que le vote soit acquis, il faut, au moins, à défaut d'un vote formel, que le maire puisse vérifier que la majorité des conseillers municipaux est bien d'accord avec le projet présenté (CE, 16 décembre 1983, Élections des adjoints au maire de la commune de la Baume-de-Transit, R, 641). La délibération ainsi votée représente donc l'expression de la volonté du conseil municipal et, une fois publiée et transmise au représentant de l'État, elle deviendra un acte administratif produisant des effets juridiques par la seule volonté du conseil. La délibération, tout en procédant d'une délibération, au sens discussion, du conseil s'analyse donc en fin de processus d'élaboration comme une véritable décision administrative unilatérale.

On rappellera, qu'en plus de la discussion et du vote des projets de délibérations, les conseillers municipaux ont, depuis la loi du 6 février 1992, le droit d'exposer en séance des questions orales ayant trait aux affaires de la commune auxquelles le maire répondra sur-le-champ ou dans une séance ultérieure ; qu'ils sont également appelés à prendre connaissance des questions diverses qui terminent l'ordre du jour et éventuellement à statuer sur elles.

D) Une fois l'ordre du jour épuisé, le président clot la séance. Un compte rendu de celle-ci est affiché dans un délai de huit jours et les délibérations votées sont consignées sur un registre adapté à cet effet et elles sont signées par tous les membres du conseil municipal présents à la séance ou il est fait, alors, mention de la raison qui les a empêchés de signer. La procédure de signature du registre n'est pas considérée par le juge comme une formalité substantielle dont le non-accomplissement vicierait l'existence ou la légalité de la délibération (CE, 27 février 1981, Bochollier), pas plus d'ailleurs que la non-transcription (CE, 4 février 1955, Lods, R, 67 ; D, 1955, 616, note Auby).

Si, pour les conseillers municipaux, le travail lié à une séance s'achève avec celle-ci, pour le maire et les services administratifs et techniques de la commune le travail continue, et même s'accroît, afin d'assurer l'exécution juridique et matérielle des décisions, à savoir les délibérations, du conseil. Ces délibérations devront être publiées ou notifiées, transmises au représentant de l'État. Le maire devra en assurer l'exécution juridique, telle l'élaboration des contrats et des marchés, ou matérielle : achat de fournitures, réalisation de travaux, recrutement d'agents, ordonnancement des recettes et dépenses, etc. Certains conseillers municipaux ne mesurent pas toujours l'importance du travail d'exécution qui doit être réalisé en aval de la réunion, comme en amont d'ailleurs, pour que prennent vie et consistance les délibérations qu'ils ont votées et par lesquelles le conseil exerce ses attributions (sur le régime des délibérations, v. *infra*, IIIe partie, *Les moyens juridiques de l'administration communale*).

Section IV

LES ATTRIBUTIONS DU CONSEIL MUNICIPAL

C'est l'organe du droit commun de l'administration communale, ce que le C. des Cnes traduit par la formule de l'article L.121-26 selon laquelle « le conseil municipal règle par ses délibérations les affaires de la commune ». En un mot, sur toutes les affaires de la commune qui ne sont pas expressément attribuées à une autre autorité publique, le maire notamment, le conseil municipal délibère aux deux sens du terme : délibération-discussion d'abord ; délibération-décision ensuite. Cette compétence de droit commun du conseil municipal s'exerce donc sur une matière première constituée des attributions de l'administration communale telles qu'elles sont présentées, définies, délimitées, dans la première partie de ce travail, exception faite de la police municipale et de décisions individuelles (nomination d'agents de la commune ; délivrance d'autorisation d'urbanisme, etc.) qui entrent dans la compétence du maire.

La compétence générale du conseil municipal ne doit pas surprendre : il est normal, dans un système démocratique, que celle-ci appartienne à un organe collégial procédant du suffrage universel direct. Mais, cette constatation étant faite, pour préciser les attributions du conseil, il faut tenter, toujours à partir des éléments du domaine de l'administration communale, de recenser les titres d'intervention du conseil à l'égard de ces éléments. Autrement dit, que peut décider le conseil municipal au titre des affaires de la commune et quelles sont les attributions, transversales en quelque sorte, que le conseil exerce à leur égard et que l'on retrouve pour toutes ces affaires communales ?

§ 1. Les attributions financières

La mise en œuvre des compétences reconnues à la commune se traduit par des dépenses et des recettes qui sont regroupées dans le budget communal élaboré et proposé par le maire mais discuté et voté par le conseil municipal (art. 212-1 C. des Cnes). Le budget est donc l'acte par lequel le conseil municipal prévoit et autorise, pour une année civile, les dépenses et les recettes de la commune. On mesure l'importance du budget, et donc de son vote, dans la mesure où il reflète pour une année l'ensemble de la politique de la commune puisque toute action de celle-ci est, au moins, source de dépenses. En discutant et en votant le budget, le conseil municipal discute de l'activité d'ensemble de l'administration communale et décide de son orientation. Sans entrer dans le détail de la procédure budgétaire (v. dans cette collection, M. Bouvier : *Les finances locales*, 2e éd., p. 152 et s.), on signalera les points forts de l'intervention du conseil municipal à ce titre et qui sont les suivants :

— vote des dépenses et des recettes du budget primitif de la commune selon, s'agissant des dépenses, des modalités prévues par l'article L.212-2 du C. des Cnes : vote par chapitre ou, si le conseil en décide ainsi, par article avec spécialisation possible des articles au sein d'un chapitre ;

— vote des taux annuels des quatre impôts locaux (taxe d'habitation, taxe foncière sur la propriété bâtie, taxe foncière sur la propriété non-bâtie, taxe professionnelle) dans les limites définies par la loi ;

— fixation des différentes redevances perçues en contrepartie des prestations des services publics communaux ;

— décision de recourir à l'emprunt ;

— vote du budget supplémentaire et des décisions modificatives qui, en cours d'année, adaptent en plus ou en moins les prévisions du budget primitif, sous réserve de ne pas remettre en cause le taux des impôts directs locaux ; vote des budgets annexes des SPIC non personnalisés ;

— vote du compte administratif du maire qui retrace les opérations d'exécution par celui-ci du budget de l'année précédente et du compte de gestion du receveur municipal qui décrit, également, les dépenses effectuées et les recettes perçues au titre du même exercice budgétaire.

§ 2. Les attributions relatives aux services publics communaux

Nous avons vu que la plupart des éléments du domaine d'intervention de l'administration communale donnaient lieu, pour leur mise en œuvre effective, à la création, quelquefois imposée par la Constitution ou la loi, de services publics (*supra*, 1re partie). Il appartient au conseil municipal de créer les services publics communaux, d'en déterminer les principes d'organisation, les modes de gestion et les règles générales de fonctionnement, notamment les conditions d'accès des usagers au service et, lorsqu'il s'agit d'un service payant, de fixer les modalités de la participation financière de l'usager. Nous avons eu l'occasion de souligner (1re partie) que, dans sa compétence de création, le conseil ne doit pas créer de services publics dans des domaines exclusivement réservés à une autre personne publique ou qui seraient susceptibles, sans justifications tirées des circonstances locales, de mettre en cause la liberté du commerce et de l'industrie. Par ailleurs, le conseil municipal ne possède pas compétence pour prendre les décisions individuelles à l'égard des agents et des usagers du service, celles-ci relèvent du maire sauf lorsqu'elles mettent en cause la durée hebdomadaire du travail des agents communaux (CE, 21 septembre 1990, Mme Amiot, R, 1990).

§ 3. Les attributions relatives à l'aménagement et au développement

C'est au conseil municipal qu'il revient de prendre les décisions concernant ces éléments du domaine de l'administration communale (approbation des chartes intercommunales d'aménagement, vote du plan d'occupation des sols, etc.), le maire étant compétent pour l'édiction des actes individuels d'urbanisme (v. *supra*, 1re partie).

Il appartient également au conseil, de statuer sur les aides directes et indirectes que la commune accorde pour favoriser son développement économique ou maintenir, en milieu rural, les services nécessaires à la satisfaction des besoins de la population en cas d'absence ou de défaillance de l'initiative privée (v. *supra*, 1re partie).

§ 4. Les attributions relatives aux désignations

Le conseil municipal est compétent pour élire : le maire, les adjoints (v. *infra*) ; les représentants du conseil ou les délégués de la commune dans les organismes de coopération intercommunale et dans les établissements publics locaux ; les délégués de la commune au collège des électeurs sénatoriaux.

§ 5. Les attributions relatives aux moyens de l'administration communale

C'est peut-être, à propos de l'intervention du conseil municipal relative aux moyens de l'administration communale que l'on mesure le mieux l'importance de sa compétence et le caractère transversal de celle-ci par rapport aux éléments du domaine de cette administration. En effet, le conseil va, en matière de moyens, prendre des décisions qui intéressent tous les éléments de ce domaine, que ce soit à propos des moyens financiers, humains, juridiques et matériels.

A) On citera, pour mémoire (v. *supra* : la compétence budgétaire du conseil municipal et *infra* IIIe partie) l'intervention du conseil afin de dégager les moyens financiers nécessaires à l'exercice par l'administration communale de l'ensemble de ses pouvoirs et compétences et il vote, à ce titre, les dépenses et recettes des budgets, le taux des impôts directs locaux, les redevances et tarifs des services publics, le recours à l'emprunt, etc.

B) A propos des moyens humains, c'est-à-dire du personnel communal, il appartient au seul conseil municipal de créer les emplois qu'il estime nécessaires au bon fonctionnement des services, encore que (v. *infra*, IIe partie) la loi du 26 janvier 1984, relative à la fonction publique territoriale et ses décrets d'application, restreignent quelque peu la liberté du conseil dans la mesure où certains cadres — d'emplois ne peuvent pas être créés dans toutes les communes : l'emploi d'administrateur territorial ne peut être, par exemple, créé que dans les communes de plus de 80 000 habitants et celui de secrétaire de mairie dans celles de moins de 2 000 habitants. La compétence de création emportant celle de supprimer les emplois devenus inutiles.

Relèvent également du conseil, la détermination : du temps de travail des agents communaux, de leur régime indemnitaire (primes), de la rémunération des agents non-titulaires, etc., dans les limites fixées par les textes législatifs et réglementaires. En revanche, le recrutement, la nomination et le déroulement de la carrière de chaque agent entrent dans la compétence exclusive du maire ainsi que les décisions relatives à la sortie de fonction de l'agent par mise à la retraite ou révocation.

C) Le conseil joue également un rôle majeur à propos des moyens juridiques de l'administration communale : non seulement, nous l'avons vu, il règle par ses délibérations les affaires de la commune, mais il autorise le maire à signer les contrats, conventions de délégation de services publics, marchés, nécessaires à l'organisation de l'administration communale et à l'accomplissement de ses missions.

Le Code des Communes prévoit, également, que le conseil municipal « est toujours appelé à donner son avis sur tous les objets pour lesquels les lois et règlements prescrivent un tel avis » et, dans son article L.121-28, il énumère quelques-uns de ces objets, ces avis éclairent l'autorité locale ou nationale compétente pour prendre la décision mais, comme il ne s'agit pas d'avis conformes, ils ne la lient pas juridiquement. Si le conseil municipal refuse ou néglige de donner son avis, il peut être passé outre. De même, le conseil peut émettre des vœux sur tous les objets d'intérêt local. Il lui revient, enfin, de décider des actions en justice de la commune sous réserve que, s'il refuse ou néglige de les exercer, un contribuable local peut les intenter à sa place avec l'autorisation du tribunal administratif (art. L.316-5 C. des Cnes).

D) Pour fonctionner et accomplir ses tâches, l'administration communale doit disposer de biens (immeubles et meubles), réaliser des travaux, etc. Il appartient au conseil municipal (art. L.311 et s., C. des Cnes) de décider de l'acquisition (et de l'aliénation) des biens dont la commune a besoin, de leur affectation à une utilisation donnée, sous réserve que certains biens sont affectés par la loi (églises affectées au culte par exemple) et de la possibilité reconnue au conseil de déléguer au maire ce qui a trait à l'affectation et à la modification des propriétés communales utilisées par les services publics communaux (art. L.122-20 C. des Cnes). Le conseil décide également des travaux à exécuter au titre de ces biens pour les construire (ou les détruire), les entretenir, en modifier la consistance ainsi que des conditions de leur utilisation par les usagers du service public ou les particuliers.

La compétence du conseil se heurte cependant au régime de la domanialité publique : il ne saurait, par exemple, aliéner un bien de la commune faisant toujours partie du domaine public de celle-ci, l'aliénation, pour être régulière, supposant une désaffection formelle et matérielle du bien afin qu'il entre dans le domaine privé de la commune (v. sur ces points, *infra*, IIIe partie).

Pour en terminer avec les attributions du conseil municipal, trois remarques s'imposent :

— hormis le cas où il prend des avis et des vœux, le conseil municipal, dans les limites de sa compétence, édicte des délibérations qui constituent, sur le plan juridique, de véritables décisions administratives créant des droits, imposant des obligations à l'égard de leurs destinataires, produisant donc des effets juridiques ;

— pour éviter des réunions trop fréquentes du conseil municipal et d'encombrer les réunions par des questions mineures, le C. des Cnes l'autorise à déléguer au maire certaines attributions énumérées dans son article L.122-20, étant précisé que le maire doit, en principe, exercer lui-même les fonctions déléguées et en rendre compte à chacune des réunions obligatoires du conseil (une fois par trimestre), le conseil, pouvant, à tout moment, mettre fin à la délégation ;

— enfin les pouvoirs du conseil municipal d'une commune ne s'exercent plus sur les affaires, à l'origine communales, mais qui, par la volonté du conseil, ont été transférées pour leur gestion à un établissement public de coopération intercommunale, ces affaires relèvent désormais de la compétence de l'organe délibérant de cet établissement public.

CHAPITRE II

LE MAIRE

On a coutume de le qualifier d'organe exécutif de la commune. F.-P. Benoît a montré que cette appellation ne correspond pas tout à fait à la réalité (*Encyclopédie Dalloz*, Collectivités locales, T 1, p. 572-2, n° 3 et s.) car elle réduit abusivement, tant sur le plan juridique que sur celui de la réalité administrative, le rôle du maire. Certes, c'est au maire qu'il revient d'exécuter les délibérations du conseil municipal et ce n'est pas une compétence négligeable, mais c'est également à lui qu'il revient d'élaborer les projets de délibérations, d'impulser l'action du conseil, de lui donner de l'imagination et d'exercer des pouvoirs propres, en matière de police municipale notamment ou en sa qualité d'organe chargé, seul, de l'administration communale. Toutes ces fonctions, en définitive beaucoup plus importantes sur le plan de l'administration communale que celles d'exécuteur des délibérations du conseil municipal, ne permettent pas de réduire le rôle du maire à celui d'un simple organe exécutif. En réalité, les fonctions du maire font de lui un véritable gouvernement municipal sans lequel l'administration communale au sens large du terme ne serait pas en état de fonctionner.

On pourra, ensuite, nous reprocher de ne pas mentionner, dans le titre de ce chapitre, les adjoints, bien qu'ils soient traités dans le présent chapitre et qu'ils constituent avec le maire la municipalité *stricto sensu*, le C. des Cnes disposant que « le corps municipal de chaque commune se compose du conseil municipal, du maire et d'un ou plusieurs adjoints » (art. L.121-1). Si nous avons pris le parti de les étudier avec le maire, c'est qu'ils sont très largement tributaires de celui-ci quant aux pouvoirs qu'ils exercent et au poids administratif qui est le leur et qu'il n'est donc pas possible de mettre sur le même pied le maire et les adjoints, même si dans certaines communes leur rôle est loin d'être négligeable et leur influence de nature à éclipser quelquefois celle du maire.

SECTION I

L'ÉLECTION DU MAIRE

Le maire procède de l'élection et non, comme ce fut le cas un temps, d'une nomination par une autorité de l'État, la véritable décentralisation l'exige. Dès lors que le maire est élu, on retrouve, s'agissant de cette élection, les trois questions classiques : qui élit, qui est éligible, quel est le mode de scrutin ?

A) Il appartient au conseil municipal d'élire le maire (art. L.122-4 C. des Cnes) en son sein. Cette élection intervient entre le vendredi et le dimanche suivant l'élection du conseil municipal et, également, lorsqu'il y a lieu à élire un nouveau maire suite au décès, à la démission, à la révocation du maire en place. Dans ce dernier cas, il faut, éventuellement, compléter le conseil municipal si des vacances existent, mais si tous les postes de conseillers doivent être, en principe, pourvus, le quorum exigé pour la séance de l'élection est celui habituellement requis pour les séances du conseil, à savoir la présence de la majorité des membres en exercice. Le maire est élu pour six ans, c'est-à-dire pour la durée du mandat du conseil et, lorsqu'il remplace un maire en cours de mandat, pour le temps du mandat du conseil restant à courir.

Juridiquement, il est donc incontestable que le maire émane du conseil municipal, mais il convient, ici, de souligner que dans la présentation des listes aux électeurs lors d'une nouvelle élection du conseil municipal, les colistiers placent en tête de la liste la personne qu'ils entendent élire maire de la commune si leur liste gagne les élections. Or, le nom de cette personne, ses qualités, sa compétence, son aura politique et administrative, constituent autant d'éléments susceptibles d'influencer le choix de l'électeur. En votant pour telle liste l'électeur vote, non seulement pour élire des conseillers municipaux, mais aussi pour que la tête de liste soit élue maire. Si bien que, notamment dans les communes de 3 500 habitants et plus dans lesquelles une liste détient une majorité absolue en principe stable et homogène, l'électeur sait que si la liste pour laquelle il a voté est majoritaire, la personne placée à la tête de celle-ci sera, en principe, le nouveau maire. Certes, une fois élus, les conseillers municipaux sont juridiquement libres de leur choix, mais les trahisons politiques sont rares et peu appréciées... Dans les communes de moins de 3 500 habitants, les choses sont plus incertaines lorsque le conseil municipal est composé avec des candidats venant de plusieurs listes et qu'il n'existe pas, en son sein, une majorité nette au profit d'une liste et, dans ce cas, l'élection du maire réserve quelquefois des surprises.

B) Le maire est élu parmi les membres du conseil municipal. Cela ne signifie pas pour autant que tous les membres de ce conseil soient éligibles à la fonction de maire, il existe, en effet des inéligibilités spécifiques : conseiller municipal n'ayant pas atteint l'âge de 21 ans ; maire révoqué et qui est frappé, pendant un an, d'inéligibilité sauf, si entre-temps, il y a eu un renouvellement général des conseils municipaux.

Il existe également des incompatibilités qui obligent un conseiller municipal élu maire de choisir entre sa fonction de maire et une activité professionnelle exercée dans un ressort territorial englobant la commune et consacrée par la loi comme étant incompatible avec la fonction de maire. Certes, l'incompatibilité n'empêche pas d'être candidat aux fonctions de maire, et elle n'oblige à choisir que postérieurement à l'élection. Mais, dans la pratique, les conseillers municipaux s'assurent souvent, avant leur candidature aux fonctions de maire, qu'ils ne risquent pas de se trouver en situation d'incompatibilité les obligeant à un choix douloureux en cas d'élection. A ce titre sont frappées d'une incompatibilité les personnes suivantes lorsqu'elles exercent leur activité professionnelle dans un ressort territorial englobant la commune dont elles ont été élues maire : agent des administrations financières (trésor, impôts) dans les communes du ressort de leur service d'affectation ; comptables supérieurs du Trésor et chefs de service des administrations financières dans les communes du département ou de la région suivant la nature de leurs responsabilités. On ne trouve plus dans les incompatibilités celle qui existait jusqu'à la loi du 28 novembre 1990 entre la fonction de maire et celle d'agents des forêts ou de garde-chasse : autre temps, autres mœurs, l'administration communale perd un peu de sa dominante rurale et la chasse de son importance.

De même, avant de postuler aux fonctions de maire dans les communes de plus de 20 000 habitants, la personne, déjà titulaire d'autres mandats électifs, peut se trouver en situation d'incompatibilité compte tenu de la nature des mandats exercés et, bien sûr, dans l'hypothèse où elle serait élue maire d'une telle commune. En effet, la loi du 30 décembre 1985, tendant à limiter le cumul des mandats électoraux et des fonctions électives, dispose que « nul ne peut cumuler plus de deux mandats électoraux ou fonctions électives énumérées ci-après : représentant à l'Assemblée des communautés européennes, conseiller régional, conseiller général, conseiller de Paris, maire d'une commune de 20 000 habitants ou plus autre que Paris, adjoint au maire d'une commune de 100 000 habitants ou plus, autre que Paris ». Le maire élu qui se trouve, du fait de ces dispositions, dans une situation d'incompatibilité doit, dans un délai de quinze jours, choisir entre sa fonction de maire et l'une des autres fonctions le mettant en situation d'incompatibilité et dont il doit démissionner et, « à défaut d'option dans le délai imparti, le mandat ou la fonction acquis ou renouvelé à la date la plus récente prend fin de plein droit ». On comprend les raisons de cette incompatibilité : éviter qu'en cumulant les fonctions, non seulement les élus cumulent les indemnités (v. *infra*), mais surtout qu'ils ne puissent consacrer à chacune des fonctions cumulées le temps nécessaire, voire qu'ils en sacrifient certaines à d'autres ou à une. A cela les adversaires de cette disposition répondent que le suffrage universel est souverain et doit pouvoir librement choisir ses élus et que le cumul des mandats est quelquefois nécessaire pour être présents dans les différentes assemblées (nationale, régionale, départementale) où se prennent des décisions, notamment financières, susceptibles d'intéresser directement l'administration communale. On remarquera que ne sont pas pris en compte dans les incompatibilités les mandats qu'un maire exerce comme président d'un établissement public de coopération intercommunale, or certains de ces mandats s'avèrent quelquefois lourds à assumer.

C) Quant au mode de scrutin prévu par le C. des Cnes pour l'élection du maire, et qui est d'ailleurs celui utilisé pour l'élection des présidents des conseils généraux et régionaux, il est de type majoritaire : au premier tour est élu le candidat qui a obtenu la majorité absolue des suffrages exprimés, à défaut un second tour a lieu immédiatement après le premier et la majorité absolue est toujours requise ; au troisième tour, si le second est resté comme le premier infructueux, la majorité relative (le plus grand nombre des suffrages exprimés) suffit et, comme il faut bien tout prévoir, en cas d'égalité de suffrages, le plus âgé est déclaré élu. Dans les communes de 3 500 habitants et plus, l'élection du maire est, en principe, acquise au premier tour puisqu'une liste détient la majorité absolue au sein du conseil ; dans les communes de moins de 3 500 habitants l'élection ne nécessite plusieurs tours que si le conseil, ce qui n'est pas fréquent, est très divisé et qu'aucune majorité ne se dégage pour cette élection. De toute façon, l'exigence d'une majorité absolue des suffrages exprimés pour les deux premiers tours de scrutin se conçoit fort bien : donner au maire une assise démocratique et représentative et éviter une élection au rabais. Il est exact qu'un maire qui n'est élu qu'au troisième tour par une majorité relative doit se faire du souci pour la suite de son mandat, encore qu'on en a vu se révéler, convaincre, réussir et, à l'instar de certains coureurs de fond, beaucoup mieux finir leur mandat qu'ils ne l'avaient commencé.

La séance du conseil municipal consacrée à l'élection du maire et des adjoints ne doit pas comporter d'autres points à l'ordre du jour. Elle est présidée par le plus âgé des membres du conseil et, pour l'élection des adjoints, par le maire élu. Le scrutin se déroule à bulletins secrets, comme c'est en principe la règle lorsque le conseil municipal procède à des désignations, mais la séance, elle, est publique, encore que rien ne fasse obstacle, pour l'élection du maire et des adjoints, à ce que le conseil se réunisse à huis clos dans les conditions prévues pour ce type de réunion. Un conseiller municipal, comme pour les autres délibérations du conseil, peut être titulaire d'un mandat pour voter, un seul, confié par un conseiller empêché d'assister à la séance.

L'élection du maire et des adjoints doit être rendue publique par affichage dans un délai de 24 heures et elle est attaquable devant le juge administratif dans les mêmes conditions que les réclamations dirigées contre les élections des conseillers municipaux (voir *supra*). En cas d'annulation de l'élection par le juge administratif, le conseil doit élire un nouveau maire dans un délai de quinze jours. De même, les maires et adjoints doivent démissionner si, après rectification des résultats des élections du conseil municipal par le juge administratif, la liste majoritaire est devenue minoritaire et une nouvelle élection du maire et des adjoints s'impose.

Section II

LE STATUT DU MAIRE

Le maire, comme les adjoints, est élu pour la même durée que le conseil municipal, donc en principe six ans lorsque l'élection du maire est liée au renouvellement général des conseils municipaux, cette durée se trouvant abrégée en cas de dissolution ou de démission collective des conseillers. Elle l'est également par le décès, la démission ou la révocation du maire. Le statut du maire est fait, bien évidemment, d'obligations et de droits qu'il convient de décrire brièvement.

§ 1. Les obligations du maire

A) Dès son élection, le maire doit s'assurer qu'il ne se trouve pas dans l'une des situations d'incompatibilité que nous avons déjà présentées. Si tel est le cas, il doit choisir entre sa fonction de maire et la profession ou le mandat électoral incompatible avec sa qualité de premier magistrat municipal.

Par ailleurs, le maire élu d'une commune de plus de 30 000 habitants ne doit pas omettre de faire parvenir au président de la commission de la transparence financière de la vie politique (art. 2 et 3 de la loi du 11 mars 1988 relative à la transparence financière de la vie politique), et dans les quinze jours suivant son entrée en fonction, une déclaration de situation patrimoniale. A défaut de satisfaire à cette obligation, le maire est déclaré inéligible au conseil municipal et, en conséquence, son mandat de maire prend automatiquement fin.

B) Le maire a, ensuite, l'obligation d'accomplir ses fonctions — de représentant de la commune ou de l'État — dans des conditions telles qu'une faute, de nature à justifier les sanctions disciplinaires prévues par l'article L.122-15 du C. des Cnes, ne puisse lui être reprochée. Les sanctions en cause sont la suspension pour une période n'excédant pas un mois qui est prononcée par arrêté ministériel et la révocation décidée par décret en conseil des ministres. Le prononcé de ces sanctions doit être entouré du respect des droits de la défense et de la motivation des décisions administratives qui leur servent de support juridique. Il faut souligner qu'il n'existe pas dans la répression disciplinaire frappant les maires, comme d'ailleurs dans celle atteignant les fonctionnaires, une définition légale des fautes et il appartient au représentant de l'État d'apprécier si telle action, ou telle abstention, d'un maire est de nature, compte tenu de l'ensemble des obligations qui lui incombe, à constituer une faute susceptible de justifier les sanctions disciplinaires de la suspension ou de la révocation. On prend conscience, ici, du risque que présente ce système pour la décentralisation, ce qui explique que le juge administratif, face à une sanction de suspension ou de révocation contestée devant lui, vérifie, d'abord, si les faits reprochés à l'élu ont bien une existence matérielle (CE, 14 janvier 1916, Camino, GAJA, 168) et, dans l'affirmative si, compte tenu de ces faits et de leur gravité, la sanction édictée ne révèle pas chez l'autorité qui l'a prononcée une erreur manifeste d'appréciation (CE, 27 février 1981, Wahnapo, R, 111). Il doit exister un certain rapport entre la gravité de la faute et celle de la sanction.

Dans l'exercice de ses fonctions, le maire est susceptible de commettre une infraction pénale : délit d'ingérence, délit de favoritisme, faux en écriture publique etc., et, en plus des sanctions pénales auxquelles il s'expose, le maire risque, pour les mêmes faits, une sanction de suspension ou de révocation prononcée dans les conditions prévues à l'article L.122-15.

C) Dans l'accomplissement des missions que la loi lui confie, comme représentant de la commune, ou de l'État, le maire doit faire preuve de désintéressement. Tout d'abord, si ses intérêts se « trouvent en opposition avec ceux de la commune, le conseil municipal désigne un autre de ses membres pour représenter la commune, soit en justice, soit dans les contrats » (art. L.122-22, C. des Cnes). Ensuite le maire doit être très attentif à ne pas se mettre, notamment en passant un contrat avec sa commune, dans une situation caractérisant le délit d'ingérence lourdement réprimé par l'article 432-12 du nouveau Code pénal (art. 175 de l'ancien Code pénal). Ce délit est commis dès lors qu'un maire a pris, reçu ou conservé, directement ou indirectement, un intérêt quelconque dans une entreprise ou dans une opération dont il avait, au moment des faits, en tout ou partie, la charge d'assurer la surveillance, l'administration, la liquidation. L'énumération limitative des hypothèses dans lesquelles le maire peut contracter avec sa commune, sans commettre un délit d'ingérence, et qui ne bénéficient qu'aux maires des communes comptant 3 500 habitants au plus (transfert de biens mobiliers ou immobiliers ou fournitures de services dans la limite d'un montant annuel fixé à 100 000 F, acquisition d'une parcelle d'un lotissement communal pour l'édification de l'habitation personnelle du maire etc.), montre, *a contrario*, que, de toute bonne foi, un maire qui croit rendre service à sa commune est en mesure de se placer en position d'ingérence et la répression est d'autant plus à craindre que le juge pénal répute le délit constitué même en l'absence d'intention de le commettre chez son auteur. Pour ne prendre que cet exemple, un maire, agent d'assurances de profession est en situation d'ingérence lorsque, dans une commune de plus de 3 500 habitants, il assure la commune même avec des primes inférieures à celles habituellement pratiquées. La volonté du législateur, souvent mal comprise des élus, est d'éviter qu'en contractant avec sa commune, même dans l'intérêt financier de celle-ci et sans aucun profit personnel pour lui, le maire accrédite, dans l'opinion publique, l'idée qu'il tire profit de ses fonctions : César, comme sa femme, ne doit pas être soupçonné et il faut considérer que « le soupçon est pour les hommes estimables une injure silencieuse ». Le juge administratif considère, enfin, qu'est illégale toute délibération d'un conseil municipal exposant le maire, dans l'exécution de celle-ci, à commettre le délit d'ingérence (CE, 9 novembre 1984, Laborde-Casteix, R, 356).

Les maires doivent également prendre garde au délit de favoritisme créé par la loi du 3 janvier 1991 relative à la transparence et à la régularité des procédures de marchés et repris dans l'article 432-14 du nouveau code pénal. Tomberait, à ce titre, sous le coup de la loi, le maire qui procurerait ou tenterait de procurer à autrui un avantage injustifié par un acte contraire aux dispositions législatives ayant pour objet de garantir la liberté d'accès et d'égalité des candidats dans les marchés passés par sa commune. Certains maires, naturellement tentés, et on peut les comprendre, de réserver les marchés et contrats de la commune, qui bénéficie de leur taxe professionnelle, aux artisans, commerçants et industriels locaux, doivent le faire dans des conditions compatibles avec la liberté et l'égalité d'accès aux marchés publics.

Ces deux délits ne sont, d'ailleurs, pas les seuls auxquels un maire est susceptible de s'exposer. Comme tout dépositaire de l'autorité publique, le maire peut se rendre coupable de délits réprimés par le Code pénal : abus d'autorité, discriminations illégales, atteintes à l'inviolabilité du domicile, concession, corruption passive ou trafic d'influence (v. les articles 432-10 et s. du nouveau code pénal).

Enfin, le maire, en sa qualité d'ordonnateur des dépenses et des recettes de la commune, doit se garder de se placer en situation de gestionnaire de fait qui serait la sienne s'il maniait lui-même des fonds ou valeurs de sa commune ou s'ingérait dans le recouvrement des recettes de celle-ci. Lorsque la chambre régionale des comptes constate l'existence d'une gestion de fait, par exemple si le maire a encaissé, lui-même, les recettes provenant de la location d'une salle communale, il s'ensuit que le maire doit régulariser la situation dans les mains du comptable, qu'il encourt une peine d'amende et qu'il est inéligible tant que sa gestion de fait n'a pas été apurée (TA, Strasbourg, 1er août 1986, COREP de la Moselle, R, 543), ce qui implique normalement qu'il doive démissionner.

D) Le maire doit également répondre devant la juridiction pénale de différents crimes et délits, autres que ceux mentionnés plus haut, susceptibles d'être rattachés à l'exercice de ses fonctions (par ex. homicide involontaire, corruption, etc.) et pour la répression de ces infractions, comme pour l'ingérence, le délit de favoritisme, etc., le maire, depuis la loi du 4 janvier 1993, ne bénéficie plus du privilège de dépaysement, le crime ou le délit relèvent, désormais et en principe, du tribunal dans le ressort territorial duquel l'infraction a été commise.

E) La loi du 29 janvier 1993 relative à la lutte contre la corruption et à la transparence des procédures publiques, rend le maire justiciable de la Cour de discipline budgétaire pour certaines fautes accomplies dans la gestion financière de la commune ou dans l'exécution d'une décision de justice condamnant la commune à payer une somme d'argent. De plus, la même loi prévoit une condamnation à 100 000 F. d'amende de l'élu local qui fait obstacle aux investigations de la chambre régionale des comptes.

§ 2. Les droits du maire

Nous distinguerons les droits à caractère non-pécuniaires et pécuniaires.

A. Les droits non-pécuniaires

1) Tout d'abord le maire tient du C. des Cnes un certain nombre d'attributions qui relèvent de sa seule compétence et tout empiétement d'une autre autorité publique, notamment du conseil municipal, sur cette compétence débouche sur une illégalité (CE, 16 juillet 1915, Couvenhes, GDJDA, 426 : est frappée d'incompétence une mesure de police municipale édictée par le conseil municipal alors que le maire est seul compétent en la matière). De plus, le maire bénéficie d'une grande stabilité dans l'exercice de ses fonctions : il ne saurait être révoqué par le conseil municipal à la suite d'une mise en minorité (v. *infra* ch. III) et il ne peut être suspendu et révoqué, comme nous l'avons vu, qu'en cas de faute et suivant une procédure respectant les droits de la défense. Enfin, si dans ses fonctions d'agent de la commune, le maire a droit à ce que les

autorités de l'État respectent son autonomie d'action, il n'en va pas de même lorsque le maire agit comme agent de l'État dans la commune car, dans cette hypothèse, il est soumis au contrôle hiérarchique des autorités de l'État, notamment du préfet (v. art. L.122-23 et s. du C. des Cnes).

2) Le maire, comme les conseillers municipaux d'ailleurs, dispose en application des articles 1 et 2 et s. de la loi du 3 février 1992, relative aux conditions d'exercice des mandats locaux (art. L.121-36 et s. C. des Cnes), de garanties lui permettant de disposer de la disponibilité nécessaire pour exercer ses fonctions : l'employeur public ou privé doit lui laisser le temps nécessaire pour assister à différentes réunions (conseil municipal, commissions, etc.), ce temps d'absence est considéré comme un temps de travail effectif pour les congés payés, les prestations sociales, les droits découlant de l'ancienneté. L'employeur ne doit pas se fonder sur ces absences prévues par la loi pour licencier, déclasser ou sanctionner le maire. Le respect de ces dispositions ne soulèvent pas, en principe tout au moins, de difficultés majeures dans le cas de la fonction publique et des grandes entreprises, des difficultés sont plus à craindre lorsque le maire est salarié d'une toute petite entreprise : son patron peut faire preuve d'une certaine réticence, pour des raisons diverses, à lui accorder ces autorisations d'absences.

En plus de ces autorisations d'absence, il faut mentionner l'existence de dispositions particulières à certaines communes :

— les maires des communes de 10 000 habitants au moins, qui ont cessé, pour exercer leur mandat, leur activité professionnelle, ont droit à une suspension de leur contrat de travail pendant ce mandat et à une remise à niveau à son terme, sans compter qu'ils sont affiliés au régime général de la sécurité sociale pour les prestations en nature des assurances maladie, maternité et invalidité ;

— les maires des communes de plus de 100 000 habitants, en plus des autorisations d'absence, ont droit à un crédit d'heures « leur permettant de disposer du temps nécessaire à l'administration de la commune... ». Ce crédit d'heures est forfaitaire, trimestriel et est calculé en tenant compte de la population de la commune (art. L.121-38, C. des Cnes) et des charges spécifiques de certaines communes (stations classées, touristiques, de sport d'hiver ; communes chefs-lieux de département, d'arrondissement et de canton, etc.) et l'employeur doit accorder l'autorisation d'utiliser ce crédit d'heures. Le montant maximum de la durée de ces autorisations d'absence et des crédits d'heures ne saurait excéder, pour le mandat du maire, la moitié de la durée légale du travail pour une année (art. L.121-40 C. des Cnes).

3) Le maire a un droit à la formation reconnu par la loi, précitée, du 3 février 1992, car on doit considérer qu'il bénéficie, en sa qualité de conseiller municipal, du droit reconnu aux conseillers municipaux d'une formation adaptée à leurs fonctions. On ne voit pas, d'ailleurs, l'intérêt

d'une formation non adaptée à la fonction, mais le législateur a certainement voulu montrer ici, comme nous l'avons déjà signalé, sa méfiance à l'égard d'initiatives, tels les déplacements et voyages de certains conseils municipaux, dont la relation avec la formation des élus ne s'avère pas toujours évidente. La loi du 3 février 1992, sans condamner ces voyages qui désormais doivent avoir « un lien direct avec l'intérêt de la commune », refuse de les considérer comme un élément de la formation des élus.

La commune doit prendre en charge ces frais de formation dès lors que l'organisme — formateur est agréé par l'État et ces frais comprennent ceux engendrés par le déplacement, le séjour, éventuellement l'enseignement, ainsi qu'une compensation possible de la perte de rémunération mais qui est plafonnée.

4) Enfin, toujours au titre des droits à caractère non-pécuniaire, le maire a droit à une protection juridique qui prend différentes formes :
— la commune est responsable des dommages résultant des accidents subis par le maire dans l'exercice de ses fonctions ; hors de cet exercice, mais lorsque le maire accomplit une tâche de service public utile à la commune, les dommages qu'il subit sont réparables au titre de la jurisprudence sur les collaborateurs bénévoles du service public (CE, 27 novembre 1970, Appert-Collin, R, 709 ; 1971, 37, chr. Labetoulle et Cabanes) ;
— la commune est également responsable des conséquences dommageables des fautes commises par le maire dans l'exercice de ses fonctions, sauf s'il s'agit de fautes personnelles détachables des fonctions dont il doit normalement répondre devant le tribunal judiciaire et il a tout intérêt à souscrire une assurance couvrant la réparation des dommages liés à la mise en cause de sa responsabilité personnelle. A vrai dire, de telles fautes restent très rares car, selon la formule célèbre, si la faute se détache du service, le service ne se détache pas de la faute, c'est lui, en quelque sorte, qui l'a rendue possible et la victime a alors la possibilité de diriger son action soit contre le maire devant le juge judiciaire, soit contre la commune devant le juge administratif ;
— la commune doit protéger le maire contre les outrages, injures, menaces etc., dont il est victime, dans l'exercice de ses fonctions et réparer, éventuellement, le préjudice qui en est résulté.

B. Les droits pécuniaires

Il faut se garder, ici, de toute démagogie et partir d'une idée simple : la fonction de maire est de plus en plus absorbante, aussi bien dans les grandes communes que dans les petites si l'on veut bien admettre que, dans ces dernières, la population est de plus en plus exigeante quant à la présence du maire, quant à sa disponibilité quant à sa capacité d'écoute, surtout dans ces périodes de crise économique et de désarroi pour beaucoup.

Ne pas reconnaître au maire un certain nombre de droits pécuniaires, c'est admettre que ne peuvent candidater à ce poste que les personnes disposant d'une fortune personnelle, c'est alors l'argent qui fait la sélection et non l'élection.

1) Tout d'abord le maire bénéficie d'indemnités de fonctions dont le calcul et le régime juridique ont été modifiés par la loi, précitée, du 3 février 1992.

Les indemnités maximales des maires pouvant être votées par les conseils municipaux pour l'exercice, qui doit être effectif, de leurs fonctions sont fixées en tenant compte de la population de la commune à laquelle correspond un pourcentage de l'indice brut terminal de l'échelle indiciaire de la fonction publique (indice 1015 correspondant au 1er février 1993 à un traitement mensuel brut de 20 935 F.), étant bien entendu que chaque conseil est libre de fixer une indemnité inférieure à l'indemnité maximale. A supposer qu'un conseil retienne cette dernière indemnité mensuelle, le barème est le suivant (au 1er février 1993) :

Population	Taux maximal	Indemnité brute
< 500	12	2 512 F
500 à 999	17	3 559 F
1 000 à 3 499	31	6 490 F
3 500 à 9 999	43	9 002 F
10 000 19 999	55	11 514 F
20 000 à 49 999	65	13 608 F
50 000 à 99 999	75	15 701 F
100 000 à 200 000	90	18 841 F
> 200 00	95	19 881 F
Paris Marseille Lyon	115	24 075 F

Dans l'hypothèse où un maire cumule plusieurs mandats, dans les limites des cumuls autorisés par la loi, et qu'il perçoit pour ces divers mandats une indemnité de fonction, le cumul des indemnités est plafonné à une fois et demie le montant de l'indemnité parlementaire (soit 45 606 F au 1er février 1993).

L'indemnité du maire (et des adjoints) constitue une dépense obligatoire pour la commune. Si, dans les grandes villes, les conseils municipaux ont voté, assez souvent, l'indemnité maximale autorisée par la loi, dans les petites communes, les élus, arguant des difficultés financières de ces collectivités, parfois réticents à accorder des indemnités maximales car ils ne mesurent pas toujours le travail du maire et pensent qu'il est « bien payé » pour la tâche qui lui incombe, n'ont pas toujours voté les maxima. Pourtant le législateur a prévu la création d'une dotation « élu rural » versé par l'État pour aider les communes de moins de 1000 habitants, à faible potentiel fiscal, à supporter la charge qui leur incombe au titre des indemnités de fonctions du maire et des adjoints.

Pendant longtemps, l'une des particularités de l'indemnité de fonctions du maire (et des adjoints), et constituant un avantage non négligeable pour l'élu bénéficiaire, a été la non fiscalisation de l'indemnité de fonctions. On vivait sur l'idée que les fonctions de maire devaient être gratuites et que l'indemnité perçue ne s'analysait donc ni en un salaire, ni en un traitement et ce raisonnement, quelque peu acrobatique, permettait de faire échapper l'indemnité à l'impôt. Ces temps sont révolus, même si l'article L.123-1 du C. des Cnes réaffirme le principe de la gratuité des fonctions de maire et d'adjoint, et la loi du 3 février 1992 soumet les indemnités de fonctions à une imposition autonome et progressive dont le barême est fixé par la loi de finances. Ne sont pas pris en compte dans l'assiette de l'impôt ni les cotisations au titre de la retraite, ni une fraction de l'indemnité représentative de frais d'emploi, ni, dans certains cas, les cotisations de sécurité sociale. Par ailleurs, le système mis en œuvre est normalement celui de la retenue à la source opérée par les comptables publics au moment du versement de l'indemnité, il est aménagé de telle façon que l'indemnité des maires (et adjoints) des communes de moins de 1000 habitants échappe à l'impôt car ils bénéficient d'un abattement égal au moment de l'indemnité, et, enfin, l'indemnité n'est aucunement prise en compte au titre des revenus du ménage imposables à l'impôt sur le revenu. La fiscalisation des indemnités de fonction ne soulève pas, bien au contraire, de critiques majeures d'autant que les indemnités ont été sensiblement revalorisées et qu'il n'est pas sain de donner aux gouvernés le sentiment que ceux qui les gouvernent sont mieux traités qu'eux face à l'impôt.

A ces indemnités de fonction s'ajoutent, éventuellement, des indemnités de déplacement et des remboursements de frais échappant, conformément au régime fiscal de droit commun, à l'impôt.

Une situation particulière est faite par la loi aux maires des communes de plus de 10 000 habitants cessant leur activité professionnelle pour se consacrer à leur mandat : pour leurs indemnités de fonctions, ils disposent d'une option quant à l'imposition de celles-ci : retenue à la source ou régime de l'impôt sur le revenu. Cette option devrait être ouverte à l'ensemble des élus locaux à compter de 1994.

2) La loi du 3 février 1992 améliore également les droits à retraite des maires :

— dès lors qu'ils perçoivent une indemnité de fonctions, les maires bénéficient automatiquement d'une affiliation au régime complémentaire de retraite institué au profit des agents non titulaires des collectivités publiques (IRCANTEC) ;

— ils peuvent également se constituer une retraite par rente et la commune doit acquitter, alors, le paiement de la moitié de la cotisation relative à la constitution de la rente, on se trouve donc dans une situation où une décision du maire (constitution d'une rente) entraîne une participation automatique de la commune, il s'agit donc d'une nouvelle dépense obligatoire qui limite, qu'on le veuille ou non, la libre administration des collectivités locales ;

— le maire qui a cessé son activité professionnelle et n'acquiert aucun droit à pension au titre d'un régime obligatoire d'assurance vieillesse est affilié à l'assurance vieillesse du régime général de la sécurité sociale.

Pour en terminer avec le statut du maire, il faut indiquer que la loi du 3 février 1992 rend applicables aux maires d'arrondissement des villes de Paris, Marseille, Lyon les autorisations d'absence, le droit à la formation, les indemnités de fonctions (l'indemnité est au maximum celle prévue pour les adjoints au maire de la commune) ; le droit à retraite.

Section III

LES ATTRIBUTIONS DU MAIRE

Il est classique, lorsque l'on évoque les attributions du maire, de faire référence à la théorie juridique du dédoublement fonctionnel : un même organe administratif exerçant deux catégories de compétences qui ne sont pas placées sous le même régime juridique. Le maire en constitue une illustration traditionnelle : il est, bien sûr, et l'on serait tenté d'écrire d'abord, l'agent de la commune, c'est-à-dire l'organe d'une collectivité décentralisée doté d'attributions spécifiques à ce titre et non enserré dans la hiérarchie administrative de l'État ; mais, l'État, ayant besoin pour sa propre administration déconcentrée du relais communal, va utiliser le maire pour le représenter et lui confier, en conséquence, diverses attributions qu'il exerce sous le contrôle hiérarchique du représentant de l'État.

Les attributions du maire en sa qualité d'agent de l'État, qui sont énumérées par les articles L.122-23 et s. du C. des Cnes, n'intéressent pas directement l'administration communale, tout au moins sur le plan juridique. Il n'en reste pas moins qu'elles font, en quelque sorte, partie du paysage communal et que, très souvent, les administrés partent de l'idée — simple mais fausse — qu'étant exercées par le maire ces attributions sont communales d'autant que, dans leur mise en œuvre le personnel communal intervient, que les erreurs ou fautes commises par le maire dans leur exercice sont susceptibles de porter atteinte à son image et qu'il risque même, à ce titre, être suspendu ou révoqué. On ne saurait donc, tout au moins sur le plan de la politique et de la science administrative, totalement couper les attributions du maire en tant qu'agent de l'État de sa qualité d'organe décentralisé, même s'il n'exerce pas ces attributions à ce dernier titre, car, la façon dont il les accomplit est susceptible d'être affectée par son orientation politique qui l'a porté à la place de maire et cette façon réagit, également, sur l'image que les habitants se font de leur maire dans lequel il ne voit, après tout, qu'un élu local quelles que soient les fonctions exercées.

Malgré tout, on se limitera à une présentation rapide des attributions exercées par le maire en tant qu'agent de l'État. Certaines sont mises en œuvre sous l'autorité et le contrôle hiérarchique du représentant de l'État : publication des lois et règlements de l'État ; exécution des mesures de sûreté générale ; mais surtout accomplissement des fonctions spéciales et diverses confiées au maire par les textes : tenue et révision des listes électorales ; organisation des élections politiques, administratives et professionnelles ; légalisation des signatures ; recensement en vue du service national ; délivrance des permis de chasser, des permis de construire si la commune n'est pas dotée d'un plan d'occupation des sols ; instruction des dossiers pour les services déconcentrés de l'État dont le maire est le correspondant obligé dans la commune etc. D'autres attributions sont accomplies par le maire, au nom de l'État, sous l'autorité du procureur de la République : le maire, comme les adjoints d'ailleurs, est officier d'état-civil (art. L.122-25 C.des Cnes) et à ce titre il enregistre naissances et décès, célèbre les mariages, délivre les documents d'état civil ; il est ensuite, comme les adjoints, et bien que la fonction ne soit pas très fréquemment exercée par les élus locaux compte tenu du rôle de la gendarmerie dans les zones rurales et de la police nationale dans les zones urbaines, officier de police judiciaire et est ainsi chargé de constater les infractions à la loi pénale, d'en rassembler les preuves et d'en rechercher les auteurs tant qu'une information n'est pas ouverte et, si une information est ouverte, l'officier de police judiciaire exécute les délégations des juridictions d'instruction et défère à leurs réquisitions (art. 14 du Code de procédure pénale). Les maires d'arrondissement de Paris, Lyon, Marseille sont également officiers d'état-civil, comme leurs adjoints d'ailleurs.

Dans les petites communes, ce sont souvent les fonctions accomplies par le maire en sa qualité d'agent de l'État qui procurent au service administratif de la commune (un ou deux agents) une grosse partie de son travail quotidien ou tri ou bi-hebdomadaire et l'État apporte un concours financier à la prise en charge de ce travail par le biais de la dotation globale de fonctionnement.

Les développements qui suivent sont donc consacrés aux attributions du maire en tant qu'agent de la commune et à leurs conditions d'exercice.

§ 1. Les attributions du maire en sa qualité d'agent de la commune

On a déjà signalé, à la suite de F.-P. Benoît, le caractère contestable de l'appellation « d'exécutif communal » souvent utilisée pour caractériser le maire. Les attributions du maire, considérées dans leur ensemble, dépassent largement le rôle d'un exécutif qui, au sens strict du terme, ne recouvre que les pouvoirs du maire exercés en vue de l'exécution des délibérations du conseil municipal. Or, non seulement le maire intervient en amont de l'exécution des délibérations du conseil municipal, mais il possède également des pouvoirs propres exercés indépendamment du conseil municipal.

A. Les attributions exercées en relation avec le conseil municipal

Si l'on suit la démarche retenue par le C. des Cnes, elles sont de deux ordres : celles exercées au titre de l'exécution des décisions du conseil municipal (art. L.122-19) et celles se rattachant à une délégation consentie par le conseil municipal au maire (art. L122-20).

1. Le maire, organe exécutif du conseil municipal

On prendra l'expression dans son sens large, le seul devant être, en définitive, retenu lorsque l'on étudie les relations entre un organe délibérant et son organe exécutif et, en conséquence, on se rend compte que l'organe exécutif est plus qu'un organe d'exécution.

En effet, si l'on prend comme référence les attributions que le C. des Cnes confère au maire en sa qualité d'autorité « chargée, d'une manière générale, d'exécuter les décisions du conseil municipal » (conservation et administration des propriétés de la commune ; surveillance des établissements communaux et de la comptabilité communale ; préparation et proposition du budget communal ; ordonnancement des dépenses, direction des travaux communaux ; édiction des mesures relatives à la voirie communale ; conclusion des marchés et baux de la commune et des actes relatifs aux biens communaux ; représentation de la commune en justice ; destruction des animaux nuisibles), on se rend aisément compte que le maire est la cheville ouvrière de l'action du conseil municipal et que, non seulement il exécute, en ce sens qu'il donne vie et concrétise sur le terrain, les délibérations du conseil, mais que, très souvent, il les imagine et que, toujours, il les prépare, étudie leur faisabilité et les présente, pour décision, au conseil. On est loin d'un simple rôle d'exécutant et l'on se situe dans un rôle plus large et plus riche d'exécutif sans l'intervention duquel le conseil municipal, à tous les stades de son action, serait paralysé.

Si, à partir de l'énumération des attributions du maire en sa qualité d'exécutif municipal contenue dans l'article L.122-19 du C. des Cnes, on tente une présentation plus synthétique, les points forts de ces attributions sont les suivants :

— le maire a la responsabilité de la préparation du budget (art.L.212-1 C. des Cnes), de sa présentation au conseil municipal, de la mise au vote de ce dernier, de son exécution en sa qualité d'ordonnateur de la commune, il y a ici une mission majeure du maire car administrer, c'est dépenser ;

— le maire a la responsabilité de la préparation des délibérations du conseil municipal relatives à la plupart des éléments du domaine de l'administration communale (police administrative exclue), de leur présentation au conseil municipal, de leur mise au vote et des tâches juridiques et matérielles nécessaires à leur entrée en vigueur et à leur exécution (notamment passation des marchés et contrats nécessaires, organisation et gestion matérielles des services publics) ;

— le maire est également chargé, dans le cadre tracé par les délibérations du conseil municipal, de la gestion du patrimoine de la commune et de la défense des intérêts de celle-ci devant les juridictions judiciaires ou administratives.

Lorsqu'il exécute les délibérations votées par le conseil municipal, le maire, dans les décisions juridiques qu'il est amené à prendre à ce titre, doit se conformer aux règles générales contenues dans la délibération du conseil ; dans cette hypothèse, en effet, les arrêtés du maire exécutant les délibérations du conseil sont subordonnés hiérarchiquement à ces dernières.

2. *Le maire délégataire du conseil municipal*

Nous avons déjà, en étudiant les attributions du conseil municipal, rencontré la procédure prévue par l'article 122-20 du C. des Cnes qui permet au conseil municipal pour des raisons de souplesse administrative et de rapidité d'action de déléguer au maire un certain nombre de compétences énumérées par l'article précité. Elles sont au nombre de 17 : affectation des propriétés communales utilisées par les services publics communaux ; fixation dans les limites déterminées par le conseil municipal des droits de voirie, de stationnement et de façon générale, de ceux n'ayant pas un caractère fiscal ; réalisation des emprunts dans les limites fixées par le conseil ; conclusion de marchés de travaux, de services et de fournitures suivant la procédure du gré à gré (négocié) lorsque les crédits sont prévus au budget ; louage de choses pour une durée inférieure à douze ans ; conclusion des contrats d'assurance ; création des régies comptables nécessaires au fonctionnement des services publics communaux ; délivrance et reprise des concessions dans les cimetières ; acceptation des dons et legs non grevés ni de conditions, ni de charges ; aliénation de gré à gré de biens mobiliers jusqu'à 30 000 F ; fixation et règlement des honoraires d'avocats, avoués, notaires etc. ; fixation dans les limites de l'estimation des domaines des offres d'indemnité aux expropriés ; création des classes d'enseignement ; reprises d'alignement en application d'un document d'urbanisme ; exercice des droits de préemption définis par le Code de l'urbanisme ; conduite des actions en justice de la commune ; règlement, dans les limites fixées par le conseil municipal, des conséquences dommageables des accidents dans lesquels sont impliqués des véhicules communaux.

On mesure l'intérêt de la délégation du conseil au maire, qui peut d'ailleurs porter sur tout ou partie des compétences énumérées et être consentie pour la durée du mandat du maire, dans les grandes communes puisqu'elle évite d'avoir à réunir le conseil — ou d'attendre la prochaine réunion de celui-ci — pour prendre une décision utile à l'administration communale mais qui ne présente pas une importance primordiale. D'autant que cette délégation n'aboutit pas à priver le conseil municipal d'un droit de regard sur la façon dont le maire utilise les pouvoirs qui lui ont été délégués : le maire doit rendre compte au conseil municipal à chaque réunion obligatoire (1 fois par trimestre) de l'utilisation des pouvoirs délégués et le conseil conserve le droit de mettre fin, à tout moment, à la délégation. On remarque, d'ailleurs, que le marie doit exercer personnellement les compétences déléguées et qu'il ne saurait à son tour, sauf disposition contraire de la délibération du conseil, les déléguer à un adjoint. On retrouve, ici, un vieux principe suivant lequel, sauf autorisation du délégant, le délégataire ne saurait, à son tour, déléguer les compétences qui lui ont été remises : il doit les exercer lui-même car délégation sur délégation ne vaut.

Dans les petites communes, les possibilités offertes par l'article L.122-20 du C. des Cnes sont moins utilisées pour diverses raisons : l'ordre du jour des conseils municipaux n'est pas surchargé ; des problèmes apparaissant secondaires dans les grandes villes passionnent souvent les conseillers dans les petites communes, etc.

B. Les attributions personnelles du maire

Ce sont des pouvoirs propres que le C. des Cnes confie au maire et que celui-ci exerce, au nom de la commune certes, mais seul, c'est-à-dire sans intervention juridique directe du conseil municipal.

1) On doit, d'abord, faire état ici de la compétence exclusive du maire, au niveau communal, en matière de police municipale puisque

l'article L.131-1 du C. des Cnes dispose que « le maire est chargé, sous le contrôle administratif du représentant de l'État dans le département, de la police municipale, de la police rurale... » Nous avons, dans la première partie de ce travail, défini le domaine de la police municipale et rurale et, dans ce domaine, le maire intervient par des règlements de police (règlements de circulation, de stationnement, d'exercice d'activités privées sur le domaine public, d'affichage, etc.), des mesures individuelles de police (interdiction de la tenue d'une réunion, de l'organisation d'une fête dangereuse pour l'ordre public, etc.) et des mesures matérielles (appel aux forces de police pour prévenir les troubles à l'ordre public ou les faire cesser). Les règlements et actes individuels de police du maire constituant juridiquement des actes administratifs soumis au contrôle de la juridiction administrative, notamment par la voie du déféré préfectoral (v. *infra*, Les contrôles de l'administration communale). Nous avons vu, par ailleurs, que si le maire négligeait d'utiliser ses pouvoirs de police, le représentant de l'État dans le département, après une mise en demeure, adressée au maire, est habilité par la loi à prendre les mesures que la situation impose.

2) Il faut mentionner, ensuite, les pouvoirs propres du maire en matière de recrutement et de nomination des agents de la commune. Si les emplois dans lesquels le maire nomme sont toujours créés (ou supprimés) par le conseil municipal, (CE, 14 juin 1993, Commune de Sainte-Marie-de-la-Réunion, DA, 1993, 382), c'est le maire qui détient un pouvoir exclusif de nomination (art. 40 de la loi du 26 janvier 1984 relative à la fonction publique territoriale) et ce pour l'ensemble des agents communaux (titulaires ou non-titulaires). C'est également lui qui a seul compétence pour édicter les mesures individuelles qui jalonnent la carrière d'un agent (avancement d'échelon, de grade, notation, sanctions éventuelles ; mise en détachement ou en disponibilité, réintégration, mise à la retraite, etc.). La compétence exclusive du maire n'est pas synonyme, dans tous les cas, de compétence discrétionnaire : il arrive que le maire soit lié par des décisions qu'il ne maîtrise pas et qui l'oblige à agir ou à s'abstenir d'agir ou à agir dans un sens déterminé (influence des concours de recrutement, des avis des commissions paritaires et des commissions disciplinaires).

Dans l'exercice de cette compétence, on doit mentionner que, dans les petites communes, il est fréquent que le conseil municipal soit associé au recrutement des agents notamment titulaires car, pour des raisons diverses, le maire n'ose pas effectuer seul le recrutement d'un agent et il lui arrive même d'associer, sous forme de consultation, le conseil aux décisions individuelles relatives à la carrière de l'agent.

3) Dans les communes dotées d'un plan d'occupation des sols, relève de la compétence exclusive du maire, et bien sûr dans le respect des prescriptions du plan d'occupation des sols approuvé par le conseil

municipal, la délivrance au nom de la commune, d'un certain nombre d'autorisations individuelles d'urbanisme (certificat d'urbanisme : art. L.140-1 du Code de l'urbanisme ; permis de construire : art. L.4212-1 ; permis de démolir : art. L.430-4 ; autorisation de lotissement : art. L.3154-1-1, etc.). Ici, encore, la compétence du maire n'est pas discrétionnaire, son pouvoir est très sérieusement encadré par le zonage du POS, le règlement de celui-ci, les dispositions du Code de l'urbanisme.

4) L'article L.122-11 (C. des Cnes) précise « que le maire est seul chargé de l'administration ». C'est à ce titre que le maire dispose, seul, de pouvoirs extrêmement larges et importants qui font de lui le véritable patron de l'administration de la commune. C'est sur le fondement de cet article qu'il dispose de l'aptitude juridique à diriger l'ensemble des services communaux, à définir les conditions du fonctionnement quotidien de ces services dans le respect des principes généraux fixés par le conseil municipal, à donner des ordres à l'ensemble des agents communaux dont il est le supérieur hiérarchique, à leur tracer les conditions de leur activité, etc. Il y a là un pouvoir majeur du maire qui met bien en évidence que sa mission dépasse, et de loin, celle d'un simple organe d'exécution des décisions du conseil municipal.

§ 2. Les conditions d'exercice des attributions du maire

A) Il faut mentionner, d'abord, le pouvoir reconnu au maire d'utiliser la technique de l'acte administratif unilatéral, sous forme d'arrêtés municipaux, pour l'exercice de nombreuses attributions dans les domaines de la police administrative, de l'urbanisme, du personnel, du fonctionnement des services publics communaux, etc. Avec l'autorisation du conseil municipal, le maire conclut également, les contrats et marchés nécessaires au fonctionnement des services publics communaux (v. *infra*, Les moyens de l'administration communale, IIIe partie).

B) Dans l'accomplissement de ses missions, il suffit d'indiquer ensuite que le maire dispose du personnel communal, des biens de la commune, des moyens financiers ouverts dans le budget par le conseil municipal (v. *infra*, IIIe partie).

C) Il faut, enfin, mentionner « l'entourage » du maire qui l'aide dans ses missions, lui fournit éventuellement des idées et propositions, le décharge de certaines tâches fastidieuses ou répétitives, veille au grain lorsque le maire s'absente notamment en cas de cumul de mandats et si le maire d'une petite commune peut pratiquer l'administration solitaire, le maire d'une grande ville est obligé, sous peine de risque majeur d'échec, de travailler avec des collaborateurs. Cet entourage prend les formes diverses.

Dans les grandes villes, mais également dans les villes moyennes, les maires disposent d'un cabinet qui traite les affaires politiques ou politisées, qui organise le travail du maire et son emploi du temps, qui s'assure de la bonne exécution par les services des décisions municipales administrativement ou politiquement sensibles, qui s'occupe des relations avec l'environnement politique, etc. La loi du 26 janvier 1984 relative à la fonction publique territoriale consacre l'existence de ces cabinets en prévoyant, en son article 110, « que l'autorité territoriale peut, pour former son cabinet, librement recruter un ou plusieurs collaborateurs et mettre librement fin à leurs fonctions ».

Dans l'exercice de ses attributions le maire dispose, également, du concours de ses adjoints qui sont, en principe, politiquement ou personnellement proches de lui. Nous verrons *(infra)* qu'il peut leur déléguer une partie de ses attributions, ce qui permet un allègement de sa tâche et lui donne la faculté de se consacrer à celles de ses attributions qui lui paraissent administrativement ou électoralement les plus importantes ou pour lesquelles il éprouve une plus grande attirance. Le maire et les adjoints constituent le corps municipal de la commune (art. L-121-1, C. des Cnes), c'est-à-dire la municipalité au sens strict du terme qui est souvent un organe de réflexion, de préparation des décisions, mais qui juridiquement ne dispose d'aucun pouvoir de décision (CE, 9 novembre 1983, Saerens, R, 453).

Il arrive fréquemment, surtout dans les communes de 3 500 habitants et plus, dont les conseils municipaux sont constitués, en application de la loi électorale qui les régit, d'une majorité structurée et stable et d'une opposition, que le maire réunisse périodiquement autour de lui sa majorité, les représentants de celle-ci ou ses seuls amis politiques y appartenant, pour décider de l'orientation de l'administration communale, expliquer et faire accepter ses projets, lever certaines réticences, etc.

Enfin, pour alléger l'existence de ses missions administratives, le maire peut déléguer, sous sa surveillance et sa responsabilité, sa signature au secrétaire général et secrétaire général adjoint de mairie, ainsi qu'au directeur général et directeur des services techniques.

Section IV

LES ADJOINTS AU MAIRE

§ 1. L'élection et le statut des adjoints

En même temps que le maire, pour la même durée et à chaque fois qu'il y a lieu à élection du maire, le conseil municipal doit élire, un ou plusieurs adjoints au maire, et, avant de procéder à cette élection que se déroule suivant les mêmes règles que celles applicables à l'élection du maire et immédiatement après celle-ci, le conseil doit fixer le nombre des adjoints au maire qui ne doit pas excéder 30 % de l'effectif légal du conseil municipal. S'agissant des conditions d'éligibilité et des incompatibilités, on retrouve, pour les adjoints, les mêmes que celles rencontrées pour le maire avec cependant une particularité liée au fait que les agents salariés du maire ne peuvent être adjoints (art. L.122-8 C. des Cnes). Une fois élus, à raison d'un scrutin par adjoint, les adjoints prennent rang dans l'ordre du tableau qui est donc déterminé en fonction de l'ordre de l'élection (élection du premier adjoint, élection du deuxième adjoint, etc.).

Pour les obligations et les droits reconnus aux adjoints, on retrouve, pour l'essentiel, celles et ceux étudiés à propos du maire, ainsi que pour les sanctions, sous réserve que les indemnités de fonctions maximales des adjoints sont calculées en fonction d'un pourcentage de l'indemnité maximale des maires (40 % pour les communes de moins de 100 000 habitants et 50 % pour les autres).

§ 2. Les attributions des adjoints

Les adjoints au maire ne disposent pas de pouvoirs propres sauf dans les secteurs relevant de l'administration d'État puisque le C. des Cnes leur reconnaît, comme au maire, la qualité d'officier d'état civil et d'officier de police judiciaire et que, pour exercer ces fonctions, ils n'ont donc pas besoin d'une délégation du maire.

En revanche, s'agissant des affaires entrant dans le domaine de l'administration communale, les adjoints portent bien leur nom puisque, sauf empêchement du maire, ils ne sont pas titulaires de compétences propres et n'exercent que celles que le maire décide de leur déléguer. Cette forme de subordination des adjoints au maire qui suppose, en définitive, un lien de confiance entre eux justifie, qu'à chaque élection du maire, donc même en cours de mandat du conseil, ce dernier procède également à l'élection des adjoints, il peut même procéder à cette élection, après une élection partielle alors que le maire n'a pas changé si, par exemple, le maire désire prendre un ou plusieurs adjoints chez les nouveaux conseillers élus. Il ne faut pourtant pas en déduire que les adjoints sont de simples comparses. D'abord, le premier d'entre eux possède une compétence propre au titre de la suppléance et, dans les communes grandes et moyennes, le maire ne saurait valablement maîtriser l'administration de la commune sans déléguer certaines de ses attributions à ses adjoints eu égard à l'importance de celles-ci et à leur diversité. Il existe même des domaines spécialisés de cette administration (travaux, personnel, finances quelquefois) qui sont, en fait, maîtrisés par des adjoints auxquels le maire s'en remet. Il résulte du C. des Cnes que les adjoints interviennent juridiquement dans l'administration communale à deux titres : la délégation et la suppléance.

A) L'article L.122-11 (C. des Cnes), après avoir rappelé la compétence exclusive du maire quant à l'administration de la commune, précise que, par arrêté, le maire peut déléguer une partie de ses fonctions à un ou plusieurs de ses adjoints et, même en l'absence ou en cas d'empêchement des adjoints, à des membres du conseil municipal. Cette procédure de délégation nécessite quelques précisions : la délégation, qui ne prive pas le maire de sa compétence et se présente plus comme une délégation de signature que comme une délégation de compétence, doit être partielle : le maire ne saurait déléguer à ses adjoints toutes ses attributions ; le maire n'est pas tenu de suivre l'ordre du tableau pour accorder ses délégations : il peut, par exemple, ne rien déléguer au premier adjoint et déléguer aux second, troisième... adjoints, cela ne facilite guère l'entente entre le maire et son premier adjoint et révèle certainement un dysfonctionnement de la municipalité ; la délégation donnée aux adjoints doit être précise ; elle conditionne le paiement des indemnités de fonction ; elle peut être retirée à tout moment par le maire seul juge du maintien de la délégation et sans que le conseil municipal doive être consulté sur ce retrait. On mesure, ainsi, la dépendance de l'adjoint par rapport au maire dans la détention d'une attribution, sans compter que, dans la mise en œuvre de celle-ci, l'adjoint hésitera souvent à prendre, seul, une décision importante pour la commune même si elle se rattache à une délégation dont il bénéficie.

B) Il reste cependant une hypothèse dans laquelle un adjoint remplace automatiquement, donc sans délégation, le maire dans la plénitude de ses attributions, c'est celle de la suppléance du maire lorsque ce dernier est absent, suspendu, révoqué, démissionnaire, ou empêché. Cette suppléance, provisoire (v. art. L.122-13, C. des Cnes), revient, en principe, au premier adjoint ou, à défaut, à un adjoint pris dans l'ordre des nominations et, à défaut d'adjoints, puisque la continuité des services publics communaux est à ce prix, la suppléance du maire est assurée par un conseiller municipal désigné par le conseil et, à défaut de désignation, pris dans l'ordre du tableau. La suppléance vaut tant pour les attributions du maire relevant de l'administration communale que pour celles exercées en sa qualité d'agent de l'État. Par ailleurs, la notion de suppléance implique que le suppléant se limite à l'administration courante des affaires et il n'a pas, à ce titre, la présidence de la séance du conseil municipal au cours de laquelle doit être élu un nouveau maire lorsqu'il y a lieu à une telle élection, cette fonction revenant au doyen d'âge du conseil municipal (CE, 25 mai 1973, Élections du maire et de l'adjoint de Lacourt (Ariège), R, 371, même si le suppléant a compétence pour convoquer le conseil en vue de cette élection. En revanche, un premier adjoint, suppléant un maire empêché pour une durée importante, peut valablement retirer une délégation, consentie à un autre ajoint, en cas de désaccord profond au sein du conseil municipal et à condition que le motif du retrait ne soit pas étranger à la bonne marche de l'administration communale (CE, 1er octobre 1993, Bonnet, DA, 1993, 500).

CHAPITRE III

ANALYSE JURIDIOUE DES RELATIONS CONSEIL-MUNICIPAL-MAIRE

Le juriste de droit public est naturellement tenté, dès lors qu'entrent en relation l'organe délibérant et l'organe exécutif (sous réserve de ce qui a été dit, *supra*, à propos de cette appellation) d'une personne publique, de situer leurs rapports par référence au schéma constitutionnel organisant tout à la fois, dans les démocraties occidentales, la séparation et la collaboration du parlement et du gouvemement. Ce schéma connaît deux grandes variantes : le régime parlementaire et le régime présidentiel.

A) Le régime parlementaire se caractérise essentiellement par la responsabilité politique du gouvernement devant le parlement et, plus précisément, en cas de bicaméralisme, devant la chambre élue au suffrage universel direct. Cette responsabilité étant, en quelque sorte, compensée par le pouvoir reconnu à l'exécutif (chef d'État ou gouvernement) de dissoudre cette chambre suite à la mise en cause de la responsabilité du gouvernement. A s'en tenir à ces éléments de droit constitutionnel, les rapports entre le conseil municipal et le maire ne s'inscrivent pas dans un schéma parlementaire : le conseil municipal ne dispose pas de la possibilité lui permettant de contraindre juridiquement le maire à une démission automatique suite à une mise en minorité : le maire ne peut pas dissoudre le conseil municipal et, en cas de mauvais rapports entre les deux organes, liés au fait que le maire a perdu la majorité au sein du conseil, c'est au gouvernement qu'il appartient, s'il l'estime opportun, de dissoudre le conseil. En définitive, la seule technique du régime parlementaire classique que l'on retrouve ici est l'élection du maire par le conseil municipal et qui est susceptible d'être rapprochée de l'investiture du gouvernement par le parlement, encore que cette investiture ne se rencontre plus, aujourd'hui, dans tous les régimes parlementaires (voir le cas de la Ve République). On nous rétorquera que, comme dans le régime parlementaire, le maire a besoin d'une majorité au conseil pour gouverner, c'est exact, mais, dans un régime présidentiel, le président est condamné à l'impuissance dans de nombreux domaines, s'il n'obtient pas du parlement les textes et les crédits dont il a besoin pour la mise en œuvre de sa politique.

B) Le régime présidentiel, théorisé à partir de l'expérience constitutionnelle des États-Unis d'Amérique, est identifié à partir de deux éléments : l'élection du chef de l'exécutif au suffrage universel direct, l'absence de responsabilité politique du gouvernement devant le parlement. Le premier élément ne se retrouve pas, tout au moins en principe, dans les relations conseil municipal-maire : le maire ne procède pas du suffrage universel direct, mais de l'élection par le conseil municipal. Il reste qu'il existe un point commun entre les deux exécutifs à ce stade de la comparaison : le président des États-Unis est élu, en réalité, non pas directement par les citoyens mais par de grands électeurs investis d'un mandat impératif ; le futur maire est placé, lui, en tête de liste et joue de ce fait, un véritable rôle de locomotive, notamment dans les communes de 3 500 habitants et plus puisqu'au sein de leur conseil il existe, du fait du mode de scrutin, une majorité stable et l'on peut considérer que les conseillers municipaux appartenant à celle-ci s'estiment investis d'un véritable mandat impératif pour élire, comme maire, leur tête de liste. Il n'est donc pas politiquement inexact de soutenir que dans de nombreuses communes, car le phénomène se rencontre également dans les communes de moins de 3 500 habitants, le maire est en quelque sorte pré-sélectionné par le suffrage universel direct et une fois confirmé par le conseil municipal, celui-ci n'a pas le pouvoir de le révoquer, pas plus que le maire ne peut dissoudre le conseil, et l'on retrouve donc la séparation des pouvoirs qui caractérise également le régime présidentiel. Mais cette séparation n'exclut nullement la collaboration : le président des États-Unis a besoin du Congrès pour obtenir les lois et les crédits nécessaires à sa politique, de son côté le maire doit obtenir du conseil municipal les délibérations et les crédits indispensables à son action. Le couple conseil municipal- maire semble donc plus proche du couple congrès-président du régime présidentiel que du couple parlement-gouvernement du régime parlementaire, sans compter que cela correspond souvent à la façon dont de nombreux maires conçoivent leur place par rapport au conseil municipal.

Ceci dit, il ne faut pas perdre de vue les limites du rapprochement car, toute comparaison entre l'organisation et le fonctionnement d'une collectivité infra-étatique et non souveraine trouve vite ses limites : les forces en présence, les enjeux, les moyens mis en œuvre ne sont guère comparables, encore que l'on puisse faire remarquer, pour ne prendre que cet exemple, que la ville de Paris avec sa population, son budget de plusieurs dizaines de milliards de francs, ses 35 000 agents territoriaux, « pèsent » plus lourds que nombre d'États souverains membres de l'O.N.U.

TROISIÈME PARTIE

LES MOYENS DE L'ADMINISTRATION COMMUNALE

Les organes de l'administration communale doivent agir en vue de la satisfaction générale dans un domaine de compétence que les textes leur assignent. Cette action suppose que ces organes disposent de différents moyens : juridiques, humains, financiers, matériels.

Ces différents moyens ne sont pas spécifiques à l'administration communale, on les retrouve dans l'administration d'État, régionale, départementale, dans celle confiée aux établissements publics nationaux et locaux et ils sont largement présentés et décrits dans les manuels généraux de droit administratif car ils sont liés à la notion de personne publique et à celle de service public. Dans les développements qui suivent, nous nous limiterons donc à énumérer ces moyens en indiquant, au passage, les éléments de leur régime juridique qui présentent une originalité liée à la mise en œuvre de ces moyens dans un cadre communal ou local.

CHAPITRE PREMIER

LES MOYENS JURIDIQUES

Ils se regroupent, en deux catégories, les actes administratifs unilatéraux et les contrats.

SECTION I

LES ACTES ADMINISTRATIFS UNILATÉRAUX DES AUTORITÉS COMMUNALES

L'administration communale en produit deux types : les délibérations du conseil municipal et les arrêtés du maire.

§ 1. Les caractéristiques générales de ces actes

A) Ce sont organiquement des actes administratifs en ce que les délibérations et les arrêtés émanent d'un organe administratif et leur régime juridique est celui dégagé à propos de ces actes par la jurisprudence et la loi (par ex. celle du 11 juillet 1979 sur la motivation des actes administratifs). Ils sont unilatéraux en ce sens que, par la seule volonté de leur auteur, ils produisent des effets juridiques à l'égard de leurs destinataires, sont en leur conférant des droits, soit en leur imposant des obligations. Il est vrai que, comme les organes des autres personnes morales de droit public, les organes de la commune édictent unilatéralement des actes administratifs qui servent de support juridique à des avis ou à des vœux qui, en eux-mêmes, n'engendrent pas d'effets juridiques directs. Mais, la très grande majorité des délibérations du conseil municipal et des arrêtés du maire (pouvant être signés par des adjoints dans les limites de la délégation consentie par le maire ou en cas de suppléance) sont créateurs d'effets juridiques : délibération du conseil municipal augmentant le taux des impôts locaux, ou approuvant un plan d'occupation des sols, ou fixant les tarifs des services publics communaux, ou le mode de gestion d'un service public communal, etc., arrêté du maire limitant la vitesse, réglementant le stationnement, délivrant un permis de construire, nommant un fonctionnaire territorial, etc. On remarquera, à partir de ces quelques exemples et qui ne sont pas, bien sûr, exhaustifs, que les actes administratifs des organes des collectivités locales sont, soit à portée réglementaire : c'est le cas lorsqu'ils édictent une disposition à portée générale et impersonnelle (la très grande majorité des délibérations entrent dans cette catégorie) ; soit à portée non réglementaire, c'est le cas des arrêtés du maire relatifs à la carrière individuelle des agents de la commune ou délivrant un permis de construire, etc., alors que les arrêtés de police municipale sont, souvent, à portée réglementaire.

Comme pour les actes des organes des autres personnes publiques, et ainsi que nous l'avons mentionné dans la première partie, certaines décisions unilatérales des organes de l'administration communale, bien qu'émanant donc d'une autorité administrative, sont considérées par le juge comme de droit privé, il en est ainsi, par exemple, des arrêtés individuels édictés par le maire à l'égard des usagers ou des agents des services publics individuels et commerciaux.

B) On retrouve, à propos des délibérations des conseils municipaux et des arrêtés du maire à portée générale et impersonnelle, le problème de savoir si les organes de la commune disposent, sur la base du principe constitutionnel de la libre administration des collectivités locales, du pouvoir réglementaire, c'est-à-dire de la compétence leur permettant d'édicter, au moyen d'actes administratifs unilatéraux, des règles juridiques à portée générale et impersonnelle. Certains auteurs soutiennent que le principe précité et la compétence reconnue aux organes de la commune de régler par leurs décisions les affaires de la commune supposent que ces organes disposent, sans habilitation législative particulière, d'une véritable compétence normative. D'autres auteurs font, au contraire, valoir que la Constitution du 4 octobre 1958, en confiant en principe l'exercice du pouvoir réglementaire au Premier ministre, exclut que toute autre autorité puisse l'exercer (sur l'ensemble du problème : B. Faure, thèse, Pau, 1992). Comme souvent, la solution satisfaisante se trouve à mi-chemin des thèses opposées. D'abord une constatation s'impose : le conseil municipal ne peut pas régler les affaires de la commune, ni le maire édicter les mesures nécessaires à la prévention des troubles à l'ordre public, s'ils ne sont pas, l'un et l'autre, investis du pouvoir d'édicter des règles de droit à portée générale et impersonnelle, c'est-à-dire, en définitive, d'un pouvoir réglementaire. Ensuite, il existe des hypothèses où la loi reconnaît explicitement un tel pouvoir à un organe communal (par ex. l'article 13 de la loi du 28 novembre 1990 qui prévoit expressément que le conseil municipal fixe le régime indemnitaire des agents communaux ou certaines dispositions du C. des Cnes relatifs aux pouvoirs de police municipale des maires : par ex. art. L-131-2-1). Enfin, en dehors de toute habilitation législative expresse, on doit bien admettre que le conseil municipal ou le maire trouvent, dans le principe de libre administration des collectivités locales, un fondement juridique incontestable à réglementer les matière que la loi fait entrer dans leur compétence.

Ce pouvoir réglementaire doit s'exercer dans le respect du bloc de la légalité : Constitution et principes assimilés ; traités internationaux et droit communautaire, lois, principes généraux du droit et même, lorsque cela est compatible avec le respect du principe de libre administration, décrets. Par ailleurs, il va de soi, qu'en sa qualité de chef des services communaux, le maire dispose de la compétence réglementaire nécessaire à leur organisation (CE, 25 juin 1975, Riscarrat et Rouquairol, R, 898).

§ 2. La prise d'effets juridiques de ces actes

C'est cependant au stade de leur prise d'effets juridiques, la loi du 2 mars 1982 relative aux droits et libertés des communes, des départements et des régions utilise, à cet égard, l'expression « exécutoire », que certaines particularités des actes des organes de l'administration communale méritent d'être signalées.

A) Dans son souci de supprimer tout contrôle *a priori* des organes de l'État sur les actes des autorités locales et de tirer le plus de conséquences possibles du principe constitutionnel de libre administration des collectivités locales, la loi de 1982 prévoit que les actes de ces collectivités entrent en vigueur et sont — sauf exceptions prévues par la loi — exécutoires de plein droit (c'est-à-dire sans intervention *a priori* d'une autorité de l'État) dès lors que deux conditions sont remplies :

— l'acte a été publié (cas des délibérations et arrêtés réglementaires), la publication étant, le plus souvent, assurée par voie d'affichage dont l'efficacité est, en pratique, très limitée mais aussi d'insertion dans la presse, ou il a été notifié à son ou ses destinataires (actes individuels) ;

— l'acte a été transmis au représentant de l'État dans le département ou à son délégué dans l'arrondissement (sous-préfet) ; l'obligation de transmission étant satisfaite dès lors que le représentant de l'État, ses services en réalité, est en possession effective de l'acte. La transmission n'est pas, en principe, enfermée dans un délai s'agissant des actes unilatéraux (voir *infra*, le cas particulier des marchés), sous réserve des délibérations relatives au budget primitif et au compte administratif (transmission, dans les quinze jours de la date limite fixée pour leur adoption).

La loi a du préciser, pour éviter toutes difficultés notamment du côté du comptable, que l'accusé de réception délivré par les services du représentant de l'État ne constitue pas une condition du caractère exécutoire de l'acte et que le maire peut certifier « sous sa responsabilité le caractère exécutoire » de l'acte.

Cette même loi énumère les actes des organes de l'administration soumis à cette obligation de transmission : les délibérations du conseil municipal ; les décisions édictées par le maire au titre de ses pouvoirs de police ; les décisions individuelles relatives aux agents de la commune (nomination, avancement de grade, d'échelon, sanctions, licenciement) ou intervenant le domaine de l'urbanisme (certificat d'urbanisme ; permis de construire, certificat de conformité, etc.).

Le logique du système établi par la loi de 1982 implique qu'un acte d'une autorité communale ne puisse pas, par rapport à une situation donnée, produire des effets de droit antérieurement à sa transmission au représentant de l'État, puisque, par définition, il n'entre en vigueur qu'à la date de cette transmission. Pour éviter cependant qu'une telle solution soit, dans la réalité, vidée de sa portée s'agissant des arrêtés relatifs aux agents de la fonction publique territoriale, la loi du 28 novembre 1990 (art. 11) prévoit que les arrêtés individuels d'avancement et de promotion des agents, sont susceptibles de produire des effets sur une période antérieure à leur transmission : ainsi au vu de l'avis d'une commission administrative paritaire en date du 3 février 1993, un maire peut par un arrêté transmis au préfet le 20 février 1993, promouvoir un agent à compter du 1er janvier 1993 dès lors, bien sûr, qu'à cette dernière date il remplissait les conditions prévues par les textes pour cette promotion et que l'avis de la commission a tenu compte de cette dernière date pour la promotion.

B) On rappellera, ensuite, qu'au titre de la transparence de l'administration communale et des services publics, la loi du ATR du 6 février 1992 dispose que, dans les communes de 3 500 habitants et plus, le dispositif (énoncé de la solution ou du contenu de la décision) des délibérations et arrêtés à caractère réglementaire doit être publié dans un recueil des actes administratifs (v. décret du 20 sept. 1993).

C) Au stade du contrôle de la légalité, les actes des autorités communales sont susceptibles, comme tout acte administratif faisant grief, d'un recours direct en excès de pouvoir intenté, par exemple, par les destinataires de l'acte devant le tribunal administratif avec une particularité, dans le domaine de la recevabilité du recours s'agissant des délibérations du conseil municipal qui, même lorsqu'elles ne véhiculent pas de décision juridique faisant grief et ne sont que le support d'avis et de vœux, peuvent être attaquées par la voie du recours en excès de pouvoir au titre des vices propres les atteignant, c'est-à-dire eu égard aux illégalités affectant leur régularité externe : incompétence ou vice de forme ou de procédure.

S'agissant, ensuite, du contrôle exercé par le représentant de l'État sur les actes unilatéraux des collectivités communales, il se présente depuis la loi du 2 mars 1982 comme un contrôle *a posteriori*, limité à la seule légalité de l'acte et juridictionnalisé dans sa phase finale. Il est mis en œuvre par le préfet qui, lorsqu'il estime qu'un arrêté ou une délibération sont illégaux, peut, dans un délai de 2 mois, les déférer au tribunal administratif seul compétent pour les déclarer illégaux et les annuler. (Voir, *infra* IVe partie). Comme dans le recours en excès de pouvoir, le déféré préfectoral ne suspend pas l'exécution de la délibération ou de l'arrêté et une telle suspension, en l'attente de la décision du tribunal sur la légalité de l'acte, suppose que le préfet demande et obtienne du tribunal un sursis à exécution de l'acte. Ce sursis, sur lequel le tribunal doit, en principe, statuer dans un délai d'un mois (art. 44 de la loi ATR du 6 février 1992) — mais en réalité rien ne fait obstacle à ce que le juge statue valablement une fois ce délai écoulé — et à la différence du sursis à exécution sollicité à l'appui d'un recours en excès de pouvoir, doit être accordé par le tribunal si l'un des moyens invoqués par le préfet dans la requête « paraît, en l'état de l'instruction, sérieux et de nature à justifier l'annulation de l'acte attaqué ». La loi du 2 mars 1982 n'exige donc pas, en plus, un préjudice irréparable ou difficilement réparable lié à l'exécution de l'acte et elle ne laisse au juge aucune liberté d'appréciation quant à la possibilité d'accorder ou non le sursis.

Les pouvoirs publics d'État ont été quelquefois tentés de prévoir une suspension automatique de l'exécution d'un acte d'une autorité communale déféré au juge administratif, avec demande de sursis à exécution, jusqu'à ce que le juge ait statué sur le bien fondé de la demande de sursis. Il semble qu'ils ne doivent pas persévérer dans cette voie, le Conseil constitutionnel jugeant que toute suspension, même provisoire, du caractère exécutoire de l'acte d'une autorité locale sans intervention préalable du juge administratif, n'est pas compatible avec les garanties suffisantes dont doit être assorti le principe constitutionnel de libre administration des collectivités territoriales (V. CC ; 20 janvier 1993, 92-316, DC, loi relative à la prévention de la corruption et à la transparence de la vie économique et des procédures publiques, *JORF*, 1993, 1118).

D) Pour les délibérations du conseil municipal et les arrêtés du maire, qui ne sont pas soumis à l'obligation de transmission (ces actes se déduisent de la liste de ceux énumérés dans le II de l'art. 2 de la loi du 2 mars 1982 soumis à l'obligation de transmission), ils sont justiciables du recours direct en excès de pouvoir et, si le préfet vient à en avoir connaissance et qu'il estime que l'un de ces actes est illégal, il peut intenter un tel recours devant le juge administratif. La voie du déféré est même utilisable par le préfet à l'égard de ces actes, lorsque la mise en examen de leur légalité est sollicitée par une personne s'estimant lésée par ceux-ci.

Section II

LES CONTRATS CONCLUS PAR LES AUTORITÉS COMMUNALES

Les communes, comme les autres personnes publiques d'ailleurs, sont inévitablement amenées à conclure des contrats avec d'autres personnes publiques ou privées afin d'assurer l'exercice effectif de leurs compétences. Ainsi la commune utilise, d'abord, la technique contractuelle pour acquérir les fournitures, les biens meubles et immeubles nécessaires à l'organisation et au fonctionnement des services publics locaux et faire réaliser, aux mêmes fins, les travaux et ouvrages nécessaires. Ensuite, elle a recours à la voie contractuelle pour déléguer éventuellement à des personnes privées ou publiques la gestion de services publics locaux. Enfin, la commune passe des contrats avec les usagers de certains services publics locaux, avec les agents non-titulaires de ces services, avec les usagers de ses biens (locataires par exemple d'un logement communal ou d'une parcelle du domaine public ou privé communal), etc. Les contrats, quelle que soit l'appellation utilisée : conventions, marchés, accords, jouent donc un rôle majeur dans l'administration communale.

§ 1. La nature juridique des contrats communaux

Pour les contrats communaux, comme pour ceux conclus par les autres personnes publiques, se pose, afin de déterminer le droit les régissant et la juridiction compétente en cas de litige, le problème de leur nature juridique. En effet, il résulte des textes et de la jurisprudence que la commune conclut deux types de contrat : des contrats administratifs et des contrats de droit privé et, comme cette distinction est exhaustive, tout contrat qui n'est pas qualifié d'administratif est réputé être de droit privé et relever du juge judiciaire en cas de litige.

A) Certains contrats conclus par une commune sont administratifs par détermination de la loi, soit parce que la loi leur attribue une nature administrative : cas des contrats relatifs à l'occupation du domaine public (décret-loi du 17 juin 1938) ; soit parce que la loi prévoit l'intervention de la juridiction administrative en cas de difficultés touchant à l'exécution du contrat (loi du 28 pluviôse an VIII en ce qui concerne les marchés des travaux publics).

B) D'autres contrats conclus par la commune sont administratifs en vertu du critère jurisprudentiel :

— soit parce que le contrat conclu porte, par son objet, sur l'exécution même d'une mission de service public : contrats de délégation de service public ; contrat par lequel est recruté l'agent d'un SPA qui, par ses fonctions, participe à l'exécution même du service public ; contrat par lequel la commune exécute une mission de service public, telle une opération d'installation d'une entreprise privée sur son territoire en vue du développement économique local, etc. ; on retrouve, ici, le critère du contrat administratif tiré de la participation à l'exécution même d'une mission de service public dégagé par l'arrêt Bertin (CE, 20 avril 1956, GAJA, 527 ; GDJDA, 327), sous réserve que ce critère est neutralisé dans les relations contractuelles entre la commune et un usager ou un agent d'un SPIC qu'elle gère elle-même ;

— soit, indépendamment de son lien privilégié avec le service public, quand le contrat contient des clauses exorbitantes du droit privé (CE, 31 juillet 1912, Sté des granits prophyroïdes des Vosges ; GAJA, 144 ; GDJDA, 331) et il est, également, administratif lorsque, sans référence aux clauses qu'il contient, le contrat est soumis à un régime juridique exorbitant du droit privé que ce soit dans son élaboration, son exécution ou son contentieux (CE, 19 janvier 1973, Sté d'exploitation électrique de la rivière du Sant, GDJDA, 331).

Possèdent également une nature administrative, les contrats conclus par une personne privée, par exemple une société d'économie mixte communale, lorsque cette dernière agit, en vertu d'un mandat expresse ou tacite, au nom et pour le compte de la commune et que le contrat porte sur un travail public, sur l'exécution même d'une mission de service public ou contient des clauses exorbitantes du droit privé, etc.

Les contrats conclus par les organes de l'administration communale, qui ne sont pas administratifs en vertu des critères analysés ci-dessus, possèdent une nature juridique privée et relèvent du droit privé et, en cas de litige, du juge judiciaire.

§ 2. Les caractéristiques des contrats communaux

Il ne s'agit pas, ici, notamment pour ceux de ces contrats possédant une nature administrative, de reprendre les éléments caractérisant leur régime juridique : droit de direction de la commune ; pouvoir de modification, unilatérale des clauses ou de résiliation unilatérale du contrat ou de sanction du cocontractant dont elle dispose en application des principes généraux régissant ces contrats ; application de la théorie de l'imprévision ; indemnisation intégrale du cocontractant dans les hypothèses se rattachant au fait du prince etc. Tous ces éléments du régime juridique spécifique des contrats administratifs sont très largement décrits dans les manuels et traités de droit administratif ainsi que dans les ouvrages spécialisés.

On se limitera à souligner les éléments spécifiques à certains contrats des collectivités locales, notamment ceux des communes, imposés par des textes législatifs récents comme la loi du 3 janvier 1991 relative à la transparence et à la régularité des procédures de marchés, celle du 4 janvier 1992 relative aux recours en matière de contrats et marchés ; celle du 6 février 1992 relative à l'administration territoriale de la République ; celle du 29 janvier 1993 relative à la prévention de la corruption et à la transparence de la vie économique et des procédures publiques.

A) Au stade de la procédure de conclusion du contrat, les points suivants méritent d'être soulignés :

— le conseil municipal doit, en principe, autoriser le maire à conclure les contrats de la commune et il doit, notamment, délibérer sur le principe de toute délégation de service public ;

— sont renforcées les règles de publicité et de mise en concurrence afin que la commune fasse le meilleur choix possible sous le rapport qualité/prix et évite de tomber dans le piège du favoritisme ; les contrats de délégation de service public (affermage, concession, etc.) sont également soumis à une procédure de publicité même si la commune choisit, en fin de compte, son partenaire en toute liberté. La violation de ces règles, ainsi que des contraintes imposées par le droit communautaire, est susceptible de donner lieu à saisine du président du tribunal administratif, même avant la conclusion définitive du contrat, et ce magistrat « peut ordonner à l'auteur du manquement de se conformer à ses obligations et de suspendre la passation du contrat ou l'exécution de toute décision qui s'y rapporte. Il peut également annuler ces décisions et supprimer les clauses ou prescriptions destinées à figurer dans le contrat et qui méconnaissent lesdites obligations » ;

— les commissions d'appel d'offres et les bureaux d'adjudication, qui jouent un rôle déterminant dans le choix des cocontractants de la commune, doivent être composées avec utilisation de la représentation proportionnelle afin de refléter le plus fidèlement possible la composition du conseil municipal (art. 34 loi ATR du 6 février 1992) ;

— pour que les conseillers municipaux puissent, s'agissant des contrats de délégation de service public, se prononcer en toute connaissance de cause, le projet de contrat doit leur être transmis quinze jours avant la réunion et le conseil municipal doit, ensuite, se prononcer sur le choix du délégataire et le contrat de délégation.

B) Une fois les contrats et marchés des communes conclus, ils doivent être, accompagnés de l'ensemble des pièces fixées décret en Conseil d'État, transmis au préfet ou au sous-préfet dans un délai de quinze jours à compter de leur signature par le maire. Celui-ci doit informer de cette transmission, le titulaire du marché.

Quant aux contrats de délégation de service public ils sont limités dans leur durée, toute prolongation est également limitée dans le temps et nécessite une autorisation du conseil municipal.

Ces dispositions, dont le plus grand nombre est issu des lois du 6 février 1992 et 29 janvier 1993, trouvent, pour l'essentiel, leur origine dans la volonté du législateur de ne pas permettre que la passation des marchés publics et des contrats de délégation de service public, qui mettent en œuvre des sommes souvent importantes, soit l'occasion de tractations illégales, de décisions plus inspirées par le favoritisme que par l'intérêt général. La plus grande transparence dans la passation des contrats et marchés et un meilleur équilibre entre les droits et les obligations des parties s'imposaient probablement, mais il est des cas où, face à une règle nouvelle, certains, une minorité à vrai dire, s'ingénient à trouver la parade permettant de contourner la règle et finissent par la trouver.

Comme pour les délibérations et les arrêtés, les contrats et marchés soumis à l'obligation de transmission au représentant de l'État (marchés, emprunts, délégation de service public) n'entrent en vigueur et ne deviennent exécutoires qu'une fois notifiés à leur titulaire et après une transmission effective au représentant de l'État ; les contrats non soumis à cette obligation de transmission entrent en vigueur après leur signature par le maire et leur notification à leur titulaire.

C) Quelques particularités méritent d'être signalées en ce qui concerne le contrôle de la légalité des contrats et marchés communaux.

Pour ceux soumis à l'obligation de transmission, la loi du 2 mars 1982 prévoit la possibilité pour le préfet, s'il estime qu'ils sont illégaux, de les déférer au tribunal administratif dans les mêmes conditions que les actes unilatéraux du conseil municipal et du maire et de solliciter également qu'il soit sursis à leur exécution. Si le tribunal considère, à son tour, que le contrat est illégal, il peut l'annuler. Cette procédure mérite une mention particulière puisque traditionnellement le Conseil d'État refuse qu'un recours en excès de pouvoir puisse être directement intenté contre un contrat et il ne l'admet que pour les actes détachables du contrat alors que la loi du 2 mars 1982 permet, il est vrai, uniquement dans le cadre du déféré préfectoral, une annulation du contrat à la suite d'une procédure très proche de celle du recours pour excès de pouvoir.

Pour les contrats qui ne sont pas soumis à l'obligation de transmission, le préfet ne saurait, de sa propre initiative, intenter contre eux un recours en excès de pouvoir compte tenu de la solution précitée, sauf si le contrat contient une véritable décision unilatérale (par ex. contrat d'engagement d'un agent public supportant une disposition relative à sa nomination : CE, 24 avril 1985, Département de l'Eure c/ Pinault, R, 117).

Avant de mettre éventuellement en œuvre son déféré à l'égard des marchés et des contrats de délégation de service public, le préfet peut solliciter l'avis de la chambre régionale des comptes et les observations de la chambre sont transmises tant au préfet qu'à la collectivité communale.

CHAPITRE II

LES MOYENS HUMAINS

Quel que soit le degré d'automatisation et d'informatisation des tâches matérielles par lesquelles l'administration communale exerce ses attributions, il est probable, et heureux, que l'on ne pourra jamais se passer d'hommes et de femmes pour faire fonctionner les services publics communaux.

Pour le moment, sur les 1 300 000 agents territoriaux (dont 3/5e sont des femmes) recensés au 1er janvier 1992 (métropole et outre-mer compris), les communes comptaient 954 325 agents et leurs groupements (notamment les établissements publics de coopération intercommunale) 85 557 ; et, par comparaison, on recensait 5 907 agents régionaux et 151 788 agents départementaux, etc. Les communes emploient donc les bataillons les plus importants d'agents territoriaux, ce qui se comprend aisément, compte tenu du nombre des communes, de l'importance de certaines d'entre elles qui emploient, par exemple, plus de 5 000 agents chacune, du nombre et du rôle des services publics de proximité qu'elles doivent gérer.

Il apparaît, par ailleurs, qu'un agent communal sur trois est contractuel, donc non titulaire, et échappe ainsi aux règles de la fonction publique territoriale, que 30 % des emplois sont des emplois à temps non-complet ce qui s'explique, surtout, par le fait que les toutes petites communes n'emploient un agent administratif et/ou un agent technique que quelques heures par semaine.

Les dépenses des budgets communaux consacrées aux frais de personnel ont atteint les 104 milliards de francs en 1991, soit un peu plus de 40 % des dépenses de fonctionnement et 29 % des dépenses totales des communes. Si bien que les dépenses de personnel absorbent près de 90 % du rendement des quatre impôts directs locaux. Mais, ici encore, il faut se garder de toute démagogie car les élus locaux ne multiplient pas, à plaisir, les emplois et ceux qu'ils créent sont, pour l'immense majorité d'entre eux, justifiés et justifiables : l'administration communale a besoin de bras et de têtes et, ceux-là même, qui critiquent quelquefois le nombre élevé d'agents dans certaines communes, seraient les premiers à dénoncer un dysfonctionnement des services municipaux engendrés par un manque de personnel.

Un embryon de statut du personnel communal avait vu le jour avec la loi du 28 avril 1952, mais il faudra attendre les lois du 13 juillet 1983 et du 26 janvier 1984 pour que naisse une véritable fonction publique territoriale regroupant et protégeant les agents des communes, des départements, des régions et des établissements publics locaux. La première de ces lois définit pour l'ensemble des fonctionnaires (État, territoriaux, hospitaliers) leurs droits et obligations. La seconde, celle du 26 janvier 1984, organise la fonction publique territoriale, elle suit de quelques jours celle du 11 janvier 1984 relative au statut des fonctionnaires de l'État et précède de deux ans la loi du 9 janvier 1986 traitant de la fonction publique hospitalière.

Les difficultés rencontrées par le législateur dans l'organisation de la fonction publique territoriale tiennent, plus particulièrement, aux agents communaux qui constituent 80 % des effectifs de l'ensemble de cette fonction. En effet, il n'est pas facile d'élaborer un statut unique applicable à 36 560 communes dont certaines emploient des milliers d'agents alors que d'autres n'utilisent les services que d'un ou deux agents et souvent à temps non-complet, d'autant que, dans les premières, l'on rencontre une très grande variété d'agents par leur grade, leurs fonctions, etc. Par ailleurs, lorsqu'on établit un statut des fonctionnaires, c'est dans le but d'énoncer les obligations qui pèsent sur eux, mais aussi, pour ne pas dire surtout, de définir leurs droits face à leur employeur public et il faut donc concilier les droits que les fonctionnaires territoriaux tiennent de leur statut avec le principe constitutionnel de la libre administration des collectivités locales. D'autant que certains maires acceptent mal un statut qui, c'est après tout sa raison d'être, limite leur liberté dans le recrutement de la plupart de leurs agents et dans le déroulement de leur carrière.

Ceci dit, le statut existe, et malgré les réserves qu'il a suscitées, les uns le jugeant trop protecteurs des agents, d'autres — notamment quelques maires — peu respectueux de l'autonomie communale, il n'a pas été substantiellement modifié depuis 1984, même si l'on doit faire état de quelques modifications opérées, notamment, par la loi du 13 juillet 1987 qui a accru de façon substantielle, en la matière, l'autonomie des collectivités territoriales, donc des communes. Pour donner une idée de la complexité à laquelle a été confronté une fois la loi du 26 janvier 1984 votée, le pouvoir réglementaire dans la mise en œuvre du statut législatif, il suffit d'indiquer, qu'à ce jour, il a fallu édicter environ 200 décrets d'application, notamment pour organiser, au niveau des agents, des filières aussi différentes que variées : administrative, technique, culturelle, sportive, médico-sociale, et que le pouvoir réglementaire s'est également manifesté, en la matière, par de nombreux arrêtés, sans compter les circulaires et les interprétations jurisprudentielles et celles des commissions spécialisées qui sont intervenues lors de la constitution des cadres d'emplois.

Il reste que malgré l'existence d'un statut, certains diront à cause de lui, les autorités communales, dans les limites permises par le statut et même quelquefois au-delà de ces limites, n'ont pas renoncé à recruter des agents non-titulaires donc non soumis au statut de la fonction publique territoriale et on donnerait une vue faussée du personnel communal si, à côté de l'étude fonctionnaires communaux, on ne consacrait pas quelques développements aux agents non-titulaires qui représentent 30 % des effectifs totaux, contre, il est vrai, près de 50 % en 1969.

Section I

LES FONCTIONNAIRES COMMUNAUX TITULAIRES

Ce sont les agents qui ont été nommés dans un emploi permanent et titularisés dans un grade de la hiérarchie administrative des communes, encore faut-il que l'emploi soit celui d'un service public administratif et non d'un service public industriel et commercial car les agents d'un tel service n'ont pas, en principe, la qualité de fonctionnaire.

Ces fonctionnaires territoriaux communaux sont enserrés dans une organisation générale de la fonction publique territoriale, et le déroulement de leur carrière est balisée par le statut du 26 janvier 1984 et ses décrets d'application.

§ 1. L'architecture générale de la fonction publique territoriale

La fonction publique communale est une partie intégrante de la fonction publique territoriale et c'est donc l'architecture de cette dernière qu'il faut présenter ici en mentionnant l'existence de quelques spécificités communales (rôle des centres de gestion par exemple).

A) Tout d'abord, le fonctionnaire communal est, par rapport à la commune, dans une situation légale et réglementaire : ses droits et obligations ne sont pas négociés avec son employeur, il n'y a ni contrat de travail, ni convention collective, mais un acte unilatéral de nomination émanant de l'autorité territoriale (ici le maire). Une fois nommé et titularisé l'agent est affecté à un emploi appartenant à un cadre, chaque cadre d'emplois — on en rencontre plusieurs dans chaque filière (une cinquantaine en tout) — regroupant les fonctionnaires soumis au même statut particulier et ayant vocation au même grade. Ainsi, dans la filière administrative, on recense les cadres d'emplois suivants : agents administratifs, adjoints administratifs, rédacteurs, secrétaires de mairie, attachés, administrateurs. Chaque cadre d'emplois est rattaché à une catégorie en fonction du niveau de recrutement des agents et de leur qualification : catégorie C (tâches d'exécution spécialisée avec recrutement au niveau du brevet des collèges, cas des agents et adjoints administratifs dans le cas de la filière administrative) ; catégorie B (tâches d'application impliquant une appréciation personnelle avec recrutement au niveau du baccalauréat, par exemple, dans l'exemple précité, les rédacteurs et secrétaires de mairie) ; catégorie A (tâches de conception et de direction avec recrutement nécessitant un diplôme de l'enseignement supérieur, dans notre exemple, les attachés et les administrateurs). La catégorie D, correspondant à des emplois d'exécution non spécialisée, a été supprimée.

B) L'intérêt de la notion de cadre d'emplois, utilisée pour la fonction publique territoriale par préférence à celle de corps rencontrée dans la fonction publique d'État, est, en principe, de permettre à chaque collectivité d'avoir plus d'autonomie et de souplesse dans la gestion de son personnel alors que le corps, lui est normalement géré au niveau national. On remarquera, à cet égard, que le personnel de la ville de Paris est organisé en corps.

Au sein des cadres d'emploi les fonctionnaires communaux sont gérés par la commune elle-même, mais les communes qui emploient moins de 250 agents sont obligatoirement affiliées au centre départemental de gestion de la fonction publique territoriale qui est un établissement public dont le conseil d'administration est composé d'élus des communes et qui, malgré son nom, ne gère pas, à proprement parler, la carrière des agents, gestion qui relève du maire, mais apporte une aide majeure à cette gestion (concours de recrutement pour la catégorie C ; gestion des commissions administratives et des comités techniques paritaires ; gestion des conseils de discipline ; établissement et tenue des listes d'aptitude pour la promotion interne des agents ; conseils aux maires pour tout ce qui a trait à la carrière des agents ; organisation des services de remplacement ; publicité des tableaux d'avancement ; prise en charge des fonctionnaires de la catégorie B et C momentanément privés d'emplois).

A l'échelon national, le Centre national de la fonction publique territoriale (CNFPT), financé, comme les centres de gestion, par une cotisation payée par les communes, intervient, à certains titres, dans le déroulement des carrières : organisation des concours de recrutement (catégories A et B) ; publicité des vacances d'emplois (A et B) ; prise en charge des fonctionnaires de la catégorie A momentanément privés d'emplois ; reclassement des fonctionnaires inaptes physiquement à l'exercice de leurs fonctions, etc.

Il convient de signaler, par ailleurs, le rôle majeur joué par le CNFPT dans d'autres domaines qui sont ceux de la préformation (préparation aux concours d'accès de la fonction publique territoriale) ; de la formation initiale (stages en vue de la titularisation) et de la formation continue, sous les formes les plus diverses, des fonctionnaires territoriaux. Il est quelquefois de bon ton de critiquer cet organisme qui n'a pas toujours échappé à la perversion bureaucratique et à propos duquel la Cour des comptes à mis en évidence des erreurs et fautes de gestion. Il reste qu'il a rempli, et remplit toujours, un rôle considérable dans la préformation et la formation des fonctionnaires territoriaux et que, si ça n'est déjà fait, on reconnaîtra un jour l'utilité de cet outil de formation et sur ce point la fonction publique territoriale est mieux lotie que la fonction publique d'État.

C) Les fonctionnaires communaux sont associés à l'organisation de leur travail et à la gestion de leur carrière par l'intermédiaire d'organes paritaires, dont on trouve d'ailleurs des équivalents dans les deux autres fonctions publiques (État et fonction publique hospitalière), placés auprès du centre de gestion ou institués, suivant les cas, dans chaque collectivité communale. Comme leur qualification l'indique, ils sont composés de représentants des élus et des agents.

Il faut, d'abord, citer la commission administrative paritaire qui donne un avis aux maires sur les mesures et questions individuelles concernant leurs agents : refus de titularisation, avancement, promotion, mutation, détachement, mise à disposition, notation, reclassement etc. La CAP intervient, également, dans la procédure disciplinaire, elle siège, en effet en tant que conseil de discipline et fait des propositions au maire investi, seul, du pouvoir de sanction.

La loi du 26 janvier 1984 institue, ensuite, un comité technique paritaire créé auprès du centre de gestion et dans toute commune employant au moins cinquante agents. Ce comité donne son avis : sur l'organisation de l'administration communale ; les conditions générales de son fonctionnement, etc.

Il existe, enfin, un comité d'hygiène et de sécurité qui donne son avis sur les mesures de salubrité applicables aux locaux et installations, sur la protection sanitaire du personnel, etc. Un comité d'hygiène et de sécurité doit être créé dans les communes occupant au moins un effectif de 200 agents et dans un ou plusieurs services comportant des risques professionnels spécifiques par leur fréquence ou leur gravité, sinon c'est le comité technique paritaire qui assume cette mission.

§ 2. Le déroulement de la carrière du fonctionnaire communal

A) Le procédé normal de recrutement est le concours sauf pour quelques emplois (agents d'entretien et de salubrité dans la filière technique par exemple). Le concours est, suivant les cas, organisé par le CNFPT (catégorie A, certains emplois de la catégorie B), par les centres de gestion, par les communes non affiliées à un centre et ne désirant pas confier l'organisation de leurs concours à un centre de gestion.

Une fois recruté, l'agent est nommé stagiaire par le maire et si le stage est satisfaisant, l'agent est titularisé à l'expiration du stage dont la durée est fixée par chaque statut particulier. En cours de stage, l'agent est susceptible d'être licencié pour insuffisance professionnelle ou faute disciplinaire après avis de la commission administrative paritaire. Dans la pratique, il n'est pas très fréquent qu'un agent stagiaire soit remercié en cours de stage, mais celui-ci peut être prolongé.

B) Une fois titulaire, l'agent acquiert la qualité de fonctionnaire territorial et est normalement placé en position d'activité pour exercer les fonctions correspondant à son grade. Mais son statut lui permet de solliciter le bénéfice d'autres positions (détachement, mise à disposition, position hors cadre, disponibilité, sous les drapeaux etc.) brisant ainsi l'aspect linéaire de la carrière. Dans le déroulement de sa carrière, l'agent avance d'échelon soit au minimum, soit à l'ancienneté ; il peut avancer de grade ce qui lui permet de postuler à des emplois hiérarchiquement supérieurs à celui qu'il occupe.

C) Tout au long de sa carrière, le fonctionnaire communal est astreint à un certain nombre d'obligations : accomplissement de ses fonctions ; obéissance hiérarchique, notamment aux ordres du maire ; désintéressement ; secret et discrétion professionnels ; respect des principes du service public. Il bénéficie, par ailleurs, de droits liés à sa qualité d'employé du service public (rémunération, congés, protection, formation, etc.) et à sa qualité de citoyen (liberté d'opinion, droit syndical, droit de participation, droit de grève). En cas de méconnaissance de ses obligations, le fonctionnaire encourt la mise en œuvre à son égard d'une procédure disciplinaire qui, pour être régulière, doit scrupuleusement respecter les droits de la défense et est susceptible de déboucher sur des sanctions prononcées par le maire, après avis de la CAP, s'échelonnant de l'avertissement à la révocation.

D) La fin normale de la carrière est liée à la mise à la retraite, mais une fin anticipée peut résulter d'une sanction (mise à la retraite d'office, révocation) ou d'une démission du fonctionnaire. Il faut, également, noter qu'un fonctionnaire communal dont l'emploi a été supprimé est financièrement pris en charge par le CNFPT ou le centre de gestion suivant la catégorie à laquelle il appartient, et qu'il peut être licencié ou mis à la retraite s'il a refusé trois propositions de recrutement dans un emploi correspondant à son grade.

En guise de conclusion, s'agissant des fonctionnaires communaux, il faut insister sur le fait que le système mis en place sur la base de la loi de

1984, même s'il est lourd et complexe, a permis de créer une véritable fonction publique territoriale qui n'aurait pas pu voir le jour si toute liberté avait été laissée au maire en matière de recrutement et de déroulement de la carrière des agents et au conseil municipal en matière de rémunération. Il reste que, sur deux points notamment, les intentions du législateur n'ont pas produit tous les effets escomptés : la mobilité est très limitée au sein même de la fonction publique territoriale ; la parité entre la fonction publique d'État et la territoriale, affirmée par l'article 14 de la loi du 13 juillet 1983 et l'article 7 de la loi de 1984, et permettant aux fonctionnaires territoriaux d'accéder à la fonction publique d'État et inversement, n'a pas produit les effets souhaités et le passage de l'une à l'autre ne se fait que par détachement suivi ou non d'intégration.

Section II

LES AGENTS COMMUNAUX NON-TITULAIRES

La loi du 26 janvier 1984 limite strictement leur recrutement et la jurisprudence permet de préciser leur qualité juridique.

§ 1. Un recrutement juridiquement limité

Il est dans la logique statutaire que l'agent communal soit titulaire, ce qui exclut, en principe, le recrutement d'agents non titulaires. Il n'est pas certain, sur ce point, que la loi ait atteint son efficacité maximale.

La loi du 26 janvier 1984 n'autorise le recrutement d'agents non titulaires, c'est-à-dire librement effectué par le maire, que dans les cas suivants :

— remplacement momentané d'agents titulaires absents pour cause de congés (maladie, maternité, parental), de service national etc. ;

— nécessité de combler une vacance d'emploi ne pouvant être immédiatement pourvu et ce pour une durée maximale d'un an ;

— nécessité de faire face à un besoin saisonnier (durée maximale de 6 mois par période de douze mois) ou occasionnel (durée maximale de trois mois renouvelable une fois) ;

— pourvoir des emplois permanents dans les communes de moins de 2 000 habitants, par la passation de contrats à durée déterminée et renouvelables que par reconduction expresse, dès lors que ces emplois sont à temps non-complet (moins de 31 h 30 de travail hebdomadaire) ;

— appel à des agents contractuels dans les mêmes cas et selon les mêmes conditions de durée que ceux applicables aux agents de l'État ;

— recrutement des collaborateurs de cabinet ;
— recrutement de certains emplois de direction (secrétaire général et directeur général des services techniques des communes de plus de 80 000 habitants, secrétaire général adjoint des communes de plus de 150 000 habitants).

Après tout, la liste des exceptions au recrutement obligatoire de titulaires n'est pas négligeable. Cela n'empêche pas certains maires de développer des trésors d'imagination pour tenter, sinon de contourner l'obstacle de la liste, mais d'en utiliser toutes les possibilités et toutes les virtualités. Il n'est pas sûr, par exemple, que les durées maximales précitées soient toujours respectées, qu'on ne baptise pas collaborateur de cabinet un agent affecté purement et simplement à une mission administrative, que certains centres de gestion ne fassent pas assurer, à la demande des communes affiliées, des remplacements par des non-titulaires alors que la loi prévoit, dans ce cas, le recours à des agents titulaires etc. Le phénomène est classique : le titulaire engendre inéluctablement le non-titulaire, car le second procure au gestionnaire du service une autonomie, une liberté de recrutement, de rémunération, de licenciement, qu'il ne trouve pas avec le titulaire, sans compter que la continuité et l'adaptation constante des services publics justifient effectivement le recours, dans certains cas, à des non-titulaires. Voila bien un domaine dans lequel, une fois la règle posée, il est inéluctable, et souvent justifiable, qu'elle soit contournée.

§ 2. La qualité juridique du non-titulaire

Le non-titulaire est, en principe, recruté sur la base d'un contrat conclu entre lui et la commune, encore que l'on puisse rencontrer des auxiliaires, c'est-à-dire des non-titulaires recrutés par un simple arrêté municipal, l'article 3 du décret du 15 février 1988 relatif aux agents non-titulaires de la fonction publique territoriale disposant que « l'agent non-titulaire est recruté soit par contrat, soit par décision administrative ».

A) Le non-titulaire, qu'il soit contractuel ou recruté sur la base d'un arrêté municipal, est agent public lorsque, par ses fonctions, il participe, ou est associé, directement à l'exécution d'une mission de service public administratif. La notion de participation, ou d'association directe, à l'exécution même d'une mission de service public a engendré une jurisprudence particulièrement nombreuse et byzantine (TC, 25 novembre 1973, Mazerand, GDJDA, 351) qui a, cependant, tendance à se simplifier, sur certains points, tout au moins (TC, 22 juin 1992, Mme Rouquier, GDJDA, 352). Dans le cas particulier des agents non-titulaires recrutés sur la base d'un contrat on doit, en plus, indiquer, qu'ils sont également des agents publics, sans qu'il y ait à s'interroger sur le degré de leur participation à une mission de service public administratif, dès lors que leur contrat contient des clauses exorbitantes du droit privé. Quant un contentieux oppose un agent public à la commune, l'affaire, la compétence suivant le fond, doit être portée devant la juridiction administrative.

Les autres agents non-titulaires sont considérés comme relevant du droit privé, ainsi, en principe, que ceux affectés aux services publics industriels et commerciaux communaux, et les litiges les opposant éventuellement à leur employeur communal doivent être portés devant le juge judiciaire notamment le conseil des prud'hommes. Ils sont, en effet, liés à la commune par un contrat de travail de droit privé soumis, pour l'essentiel, au Code du travail, sous réserve de quelques contraintes particulières liées aux exigences du fonctionnement des services publics. Dans la réalité beaucoup d'agents des SPIC communaux sont recrutés suivant les règles de la fonction publique territoriale et titularisés, c'est-à-dire que sont méconnues les solutions qui font d'eux des agents de droit privé et non des fonctionnaires, ce qui soulève quelques difficultés en cas de litige entre l'agent et l'employeur, ne serait-ce que pour déterminer le juge compétent.

B) Pour l'ensemble des agents non-titulaires, il appartient au conseil municipal de créer les emplois lorsqu'ils n'en existent pas de vacants, de fixer la rémunération sans pouvoir s'écarter substantiellement de la rémunération des titulaires exerçant des fonctions analogues et sans pouvoir organiser la carrière de ces non-titulaires sur une longue période, la loi du 26 janvier 1984 y faisant obstacle (CE, 30 juin 1993, Préfet de la région Martinique c/ Cne de Sainte-Marie, DA, 381). Le recrutement appartient au maire qui signe l'arrêté de nomination ou le contrat d'engagement, voire les deux lorsqu'à la suite d'un contrat, le maire prend un arrêté de nomination.

S'agissant des agents non-titulaires de droit public, un décret du 15 février 1988 détermine un certain nombre de règles applicables en matière de recrutement ; de congés (annuels et de formation, pour raisons de santé, de maternité, d'accident du travail ; pour raisons familiales ou personnelles) ; de travail à temps partiel ; de conditions de réemploi ; de discipline ; de renouvellement de l'engagement ; de démission et de licenciement. L'intérêt de ce décret est de muscler quelque peu les droits des non-titulaires en matière de protection sociale et de licenciement, etc., et, pourquoi pas, de dissuader les communes d'en recruter un grand nombre.

CHAPITRE III

LES MOYENS MATÉRIELS

Dans et pour la mise en œuvre de ses compétences en vue de la satisfaction de l'intérêt général, l'administration communale a besoin de moyens matériels, c'est-à-dire de biens meubles et immeubles. Elle doit, également, bénéficier, au titre de ces biens, de procédures et de protection leur assurant une affectation et une adaptation permanentes à la mission pour laquelle ils ont été acquis, construits ou aménagés.

SECTION I

LA NATURE JURIDIQUE DES MOYENS MATÉRIELS

Les moyens matériels, c'est-à-dire les biens meubles et immeubles qui sont la propriété de la commune, appartiennent nécessairement à l'une des deux composantes suivantes : le domaine public communal ou le domaine privé communal et la nature juridique des biens n'est pas la même suivant qu'ils appartiennent à l'un ou l'autre domaine.

§ 1. Les biens appartenant au domaine public communal

Toute personne publique, donc y compris les établissements publics, ont un domaine public qui regroupe les biens, meubles et immeubles présentant un intérêt essentiel pour l'accomplissement des missions d'intérêt général dont elle a la charge. La détermination des biens du domaine public résulte, quelquefois, de la loi, mais surtout de l'application de critères jurisprudentiels aux biens des personnes publiques. Il existe deux critères, applicables donc aux biens des communes, et qui se présentent ainsi :

— font partie du domaine public communal, les biens communaux affectés à l'usage direct du public et aménagés en conséquence (CE, 28 juin 1935, Marécar, GDJDA, 383 : cas des cimetières) et à ce titre, en plus des cimetières, entrent dans le domaine public communal : les voies communales, les places, les parcs publics ainsi que les promenades publiques spécialement aménagés, les parcs de stationnement, les plages aménagées, les eaux publiques d'alimentation dérivées et recueillies par des ouvrages adaptés, les édifices du culte etc. ;

— font également partie du domaine public communal, les biens communaux affectés à une mission de service public communal et spécialement aménagés à cet effet (CE, 11 mai 1959, Dauphin, GDJDA, 383 : allée des Alyscamps de la ville d'Arles), c'est le cas des hôtels de ville, des locaux scolaires, des cantines, des salles des fêtes, des maisons des jeunes et de la culture, de nombreux équipements sportifs (stades, piscines, patinoires), des musées et bibliothèques, des monuments historiques, des halles publiques, des dispensaires et maisons de soins, des ateliers relais, des égouts, etc. Y entrent également des biens meubles directement affectés au service public, tels les tableaux d'un musée ou les livres d'une bibliothèque municipale.

Il faut rappeler à ce propos que les collectivités communales sont les premiers investisseurs civils et que, dans certains domaines, elles possèdent, donc font réaliser, le plus grand nombre d'ouvrages publics existant en France, c'est, par exemple, le cas pour les équipements sportifs, socio-culturels, etc.

§ 2. Les biens appartenant au domaine privé communal

La distinction domaine public — domaine privé étant, relativement aux biens des personnes publiques, exhaustive, tout bien de la commune qui n'appartient pas à son domaine public en application des critères précités, fait partie de son domaine privé. Entrent également dans ce domaine, par la volonté de la loi ou du juge, des biens qui, par une application des critères précités, appartiendraient normalement au domaine public. Il en est ainsi des chemins ruraux qui, bien qu'affectés à l'usage du public, sont rangés par la loi dans le domaine privé des communes (art. L-161-1 du Code de la voirie routière) ou des forêts communales ouvertes au public ou des parcs publics non spécialement aménagés.

Section II

LE RÉGIME JURIDIQUE DES MOYENS MATÉRIELS

Il n'est pas question ici de descendre dans les détails du régime juridique des moyens matériels des communes, nous nous limiterons à quatre remarques.

A) Pour l'acquisition des biens nécessaires au fonctionnement des services publics dont elle a la charge, l'administration communale peut : procéder à des acquisitions à l'amiable, ce qui est souvent le cas ; mettre, dans certains cas, en œuvre un droit de préemption dans des zones déterminées ; recourir à l'expropriation d'utilité publique pour contraindre les particuliers à lui céder les biens dont elle a besoin sous réserve que ce soit pour une cause d'utilité publique constatée, en principe, par le préfet sous le contrôle du juge administratif et moyennant une juste et préalable indemnité.

B) Les biens communaux qui appartiennent au domaine public bénéficient d'un régime juridique largement dérogatoire au droit privé de la propriété :

— utilisation de la technique de la délimitation unilatérale (alignement) pour définir l'assiette des voies publiques ;

— inaliénabilité des biens du domaine public (leur aliénabilité suppose une désaffectation préalable les faisant tomber dans le domaine privé communal) ; imprescriptibilité ; protection pénale renforcée ; caractère précaire des autorisations privatives du domaine public même lorsqu'elles sont fondées sur un contrat qui est toujours administratif (décret-loi du 17 juin 1938) ; possibilité pour la commune de subordonner certaines occupations du domaine public au paiement de péages et de redevances car il ne semble pas qu'il existe un véritable principe de gratuité de l'utilisation du domaine public etc. ;

— insaisissabilité des biens du domaine public, mais, à vrai dire, elle protège tous les biens des personnes publiques y compris, donc, ceux de leur domaine privé.

Les biens du domaine public étant, par définition, affectés à l'intérêt général (usage du public, services publics), l'administration communale doit les gérer d'une façon compatible avec cette affectation et notamment respecter la liberté d'accès des usagers dans le cas des biens directement affectés à l'usage du public et l'égalité entre ces usagers. De plus, la loi du 5 janvier 1988 portant amélioration de la décentralisation autorise les communes à conclure sur les dépendances de leur domaine (public ou privé), des baux emphytéotiques (18 ans au moins, 99 ans au plus) au profit de personnes privées en vue de l'accomplissement d'une mission de service public ou d'une opération d'intérêt général. Il s'agit d'inciter des personnes privées, en leur garantissant la stabilité dans l'occupation de parcelles domaniales, à investir dans une commune donnée ou a y réaliser une opération ayant un rapport avec la satisfaction de l'intérêt général.

C) Certains biens appartenant à la commune, qui sont le résultat d'une construction, possèdent un caractère immobilier et sont affectés à un intérêt général, constituent des ouvrages publics (équipements sportifs ; usines de traitement des déchets, des eaux usées ; feux de croisement ; ponts, etc.), étant entendu, compte tenu des caractéristiques précitées de l'ouvrage public, qu'un bien du domaine privé (chemin rural ouvert à la circulation du public) est susceptible de constituer un ouvrage public. L'intérêt de cette notion doit être, avant tout, recherché dans le régime juridique spécifique de la réparation des dommages que son existence ou son fonctionnement peuvent engendrer (voir *infra*, D, les travaux publics) et dans le principe d'intangibilité de l'ouvrage public qui, même irrégulièrement construit ou implanté, ne se détruit pas. Il en résulte que ni le juge administratif, ni le juge judiciaire ne sauraient ordonner la destruction partielle ou totale de l'ouvrage public et à supposer, par exemple, que ce dernier ait été construit de façon irrégulière sur une propriété privée, le propriétaire devra se contenter de dommages et intérêts justifiés par l'expropriation indirecte dont il a été la victime.

Il faut remarquer, cependant, que le principe d'intangibilité semble affaibli suite à un arrêt récent, par lequel le juge administratif a accepté de vérifier si un maire n'avait pas commis une erreur manifeste d'appréciation en refusant d'autoriser la destruction d'une buse, permettant l'écoulement des eaux pluviales sous un chemin rural, et ayant le caractère d'un ouvrage public (CE, 19 avril 1991, Denard et Martin, R, 148 ; *RFDA* 1992, 59, concl. Toutée, note J.-P. Maublanc). Mais, après tout, l'intangibilité ne doit-elle pas se justifier par l'affectation effective de l'ouvrage à une mission d'intérêt général et par son caractère irremplaçable à un moment donné ? Si l'une ou l'autre de ces conditions fait défaut, on voit mal comment défendre un principe aussi draconien que celui de l'intangibilité de l'ouvrage public.

D) Les travaux immobiliers que l'administration communale va réaliser sur les biens affectés aux missions dont elle a la charge présentent, sous certaines conditions, le caractère de travaux publics, cette dernière notion possédant un contenu juridique précis assorti de conséquences juridiques spécifiques.

1) En vertu de la jurisprudence, constituent des travaux publics, les travaux immobiliers réalisés pour le compte d'une personne publique (donc une commune) dans un but d'utilité générale (CE, 10 juin 1921, Commune de Monségur, GAJA, 228 ; GDJDA, 391) et, dans cette hypothèse, les travaux sont en principe réalisés sur des biens appartenant à la commune, pour le compte de celle-ci, en vue de leur construction, de leur entretien, de leur modification ou même de leur destruction. Constituent également des travaux publics ceux, de nature immobilière, exécutés par une personne publique (donc une commune) dans le cadre d'une mission de service public même sur des immeubles privés (TC, 28 mars 1955, Effimief, GAJA, 522 ; GDJDA, 391). Mais, ce faisant l'administration communale reste, bien sûr, dans le cadre de ses attributions (par ex. travaux réalisés sur des immeubles privés menaçant ruine, ou insalubres ; travaux de remembrement rural).

L'identification, dans une opération réalisée par l'administration communale, de la présence d'un travail public est d'importance, compte tenu de la très large part d'application du droit administratif et de compétence de la juridiction administrative qui s'y attachent en vertu de la loi du 28 pluviôse an VIII et qui sont étendues à l'ensemble de l'opération (force attractive de la notion de travail public).

2) En effet, les marchés conclus par la commune pour la réalisation des travaux publics, non seulement sont soumis au code des marchés publics, mais ils constituent, en application des dispositions de la loi du 28 pluviôse an VIII, des contrats administratifs par détermination de la loi. Il s'ensuit que sur ces marchés la commune dispose des prérogatives habituellement reconnues à la personne publique contractante et que le contractant de la commune est en mesure de faire valoir un certain nombre de droits (droit au prix fixé dans le marché ; droit à être indemnisé du surcoût ou du manque à gagner provenant de l'utilisation par la personne publique de ses prérogatives ; droit à une indemnité d'imprévision).

3) Dans la réalisation matérielle d'une opération de travail public (par ex : construction d'une voie communale, aménagement d'une place, construction d'un équipement sportif, etc.), la commune dispose de prérogatives juridiques spécifiques telle l'occupation temporaire, moyennant indemnisation, des propriétés privées afin d'y déposer des matériaux ou d'en extraire. On mentionnera, également, la récupération des plus values dont la commune peut bénéficier à l'égard des propriétaires dont les terrains ont acquis une valeur supérieure du fait de la réalisation des travaux (par ex. augmentation de la valeur vénale de terrain liée à la construction d'une voie, d'un pont). Cette récupération peut être indirecte : la plus value est déduite de l'indemnité due au titre de l'occupation temporaire ou de l'expropriation ; elle peut être directe, c'est-à-dire qu'elle joue en dehors de tout mécanisme de compensation et doit être mise en œuvre lorsque la plus value est supérieure à 15 %, l'effectivité de cette récupération est des plus douteuse.

4) En réalisant, ou en ne réalisant pas, un travail public la commune peut causer un dommage (usager d'une voie publique tombant dans une tranchée mal signalée ; maison inondée du fait du non-curage d'un fossé, etc.) sans compter que le dommage peut être engendré par le résultat d'un travail public, à savoir l'existence ou le fonctionnement d'un ouvrage public (ouvrage bruyant, polluant, imposant des contraintes très importantes à un petit nombre de personnes, les voisins par exemple, etc.). Le régime de responsabilité des personnes publiques, donc des communes, du fait des travaux publics qu'elles réalisent, ou s'abstiennent de réaliser ce qui entraîne un dommage, obéit à des règles spécifiques.

D'abord, la loi du 28 pluviôse an VIII impose la compétence de principe de la juridiction administrative pour la réparation des dommages de travaux publics, sauf dans les hypothèses où le dommage s'analyse en une emprise irrégulière sur une propriété privée ou en une voie de fait ou s'il est directement imputable à un véhicule (loi du 31 décembre 1957), ou s'il est causé à l'usager d'un service public industriel et commercial, dans ces derniers cas la compétence appartient au juge judiciaire.

Ensuite, lorsque le dommage lié à un travail public est causé à un usager de l'ouvrage public ou du bien sur lequel le travail est réalisé, la victime, qui est censée profiter du travail public ou de l'ouvrage sur lequel il est accompli, doit, selon la jurisprudence, placer son action en responsabilité dans le cadre de la responsabilité pour faute de la commune. Mais le juge utilise, ici, la technique de la faute présumée, c'est-à-dire que la victime ne doit établir qu'un lien de causalité entre le travail ou l'ouvrage et le dommage subi, sans avoir à démontrer la faute dans la réalisation du travail ou la non-réalisation de celui-ci. La commune sera condamnée à réparer le dommage subi par la victime, sauf si elle réussit à démontrer au juge qu'on ne saurait lui imputer un défaut d'entretien normal dans la réalisation du travail public ou de l'ouvrage public. La responsabilité de la commune étant susceptible d'atténuation, voire de disparition, si elle réussit à démontrer que la victime a commis une faute ou l'existence d'un cas de force majeure.

Si la victime est un tiers par rapport au travail public ou à l'ouvrage public (par exemple préjudice causé à une propriété voisine par les bruits provenant d'une centrale nucléaire ou par des travaux réalisés sur des canalisations d'eau extérieures au branchement privé etc.), la victime bénéficie d'un système de responsabilité sans faute et son dommage est réparé dès lors qu'elle établit un lien de causalité entre le travail ou l'ouvrage et le dommage ; la faute de la victime entraînant l'atténuation ou la disparition de la responsabilité de la commune de même, d'ailleurs, que la force majeure.

Enfin, si le dommage est causé à un participant à une opération de travail public, par exemple un entrepreneur ou un salarié de celui-ci, le juge subordonne la mise en cause de la responsabilité de la commune à ce que la victime prouve le lien entre le dommage et le travail ou l'ouvrage public et la faute du maître de l'ouvrage (la commune) ou de l'entrepreneur.

CHAPITRE IV

LES MOYENS FINANCIERS

Il n'y a pas de décentralisation territoriale sans autonomie financière. Il n'y a pas d'autonomie financière communale sans ressources propres alimentant les budgets communaux, ce qui suppose la reconnaissance législative de l'existence de telles ressources et sur lesquelles, ou tout au moins sur certaines d'entre elles, la commune doit disposer d'une autonomie de décision. En un mot, il y a des dépenses communales engendrées par la mise en œuvre des compétences de la commune, il faut qu'elle puisse les couvrir par des recettes budgétaires, sur lesquelles elle dispose d'une certaine maîtrise.

Recettes et dépenses communales sont regroupées dans un budget préparé par le maire, voté par le conseil municipal. Ce budget est soumis à un certain nombre de principes : annualité : il prévoit et autorise pour une année civile les dépenses et les recettes de la commune ; unité : il regroupe dans un même acte ces dépenses et ces recettes de la commune ; universalité : il les regroupe, en principe, sans affectation, tout au moins dans la section de fonctionnement, d'une recette à une dépense et sans compensation entre elles, c'est-à-dire que recettes et dépenses figurent dans leur intégralité ; spécialité : les crédits, sont votés au niveau de chaque chapitre de dépense et peuvent même l'être, au sein de chaque chapitre, au niveau des articles. En plus de ces principes dont certains se retrouvent, d'ailleurs, à propos du budget de l'État, il convient d'y en ajouter un autre, spécifique au budget des collectivités territoriales et notamment des communes : l'article 8 de la loi du 2 mars 1982 exige, en effet, que le budget communal soit adopté en équilibre réel, ce qui suppose que les sections de fonctionnement et d'investissement soient respectivement votées en équilibre, les recettes et dépenses ayant été évaluées de façon sincère, et qu'aient été dégagées des ressources suffisantes pour la couverture, au cours de l'année, des annuités d'emprunt. On devrait, également, faire état du principe d'antériorité, le budget étant, certes, un acte de prévision, mais aussi d'autorisation de percevoir les recettes et d'engager les dépenses, la logique juridique impose normalement que le budget primitif de la commune soit voté avant le 1er janvier de l'année civile à laquelle il se rapporte. Pour des raisons diverses, notamment la communication tardive, en tout cas après le 1er janvier de l'année d'exécution du budget, du montant des dotations de l'État, bien qu'avant le 1er janvier les communes disposent des éléments permettant un calcul très approché de ces montants, la plupart des budgets primitifs communaux sont votés après le 1er janvier. Ceci dit, il est possible de rattacher au principe d'antériorité l'obligation législative faite aux communes de voter leur budget primitif avant le 31 mars de l'année d'exécution (date reportée au 15 avril l'année du renouvellement général des conseils municipaux). La violation de l'exigence de l'équilibre budgétaire et le non-respect de la date limite du 31 mars pouvant entraîner la mise en œuvre d'un contrôle budgétaire spécifique faisant intervenir le préfet et la chambre régionale des comptes. Les prévisions en dépenses et en recettes du budget primitif sont susceptibles d'ajustements votés en cours d'année par le Conseil municipal dans le cadre du budget supplémentaire et des décisions modificatives.

S'agissant des moyens financiers dont dispose l'administration communale, nous nous bornerons, ici, à les mentionner sans entrer dans les détails (sur ces détails, v. dans cette collection : Bouvier, *Les finances locales*, 2e éd. 1993), tout en soulignant la part respective des moyens les plus importants.

SECTION I

PRÉSENTATION GÉNÉRALE DES MOYENS FINANCIERS

Chaque budget communal est divisé en une section de fonctionnement, comprenant les dépenses et les recettes courantes, permanentes, et qui se retrouvent sous la même forme chaque année, et en une section d'investissement qui décrit les opérations en capital (achat ou réalisation d'équipement ou d'immeubles, remboursement en capital des emprunts, etc.). Le maire est ordonnateur des recettes et des dépenses, encaissées et payées par le comptable public de la commune qui est un fonctionnaire du Trésor public (receveur-percepteur).

En utilisant le classement des recettes par nature, utilisé jusqu'ici dans les budgets des communes de moins de 10 000 habitants et à l'intérieur de chaque chapitre ou sous-chapitre dans les budgets des communes de plus de 10 000 habitants, on aboutit à la présentation suivante des moyens financiers de la commune.

A) Il faut d'abord envisager la section de fonctionnement et ses recettes : on y rencontre les recettes suivantes :

— produits de l'exploitation (notamment les redevances perçues par la commune en contrepartie des services publics qu'elle gère et la taxe d'enlèvement des ordures ménagères) ;

— produits domaniaux (vente de récoltes, de coupe de bois ; location d'immeubles ; droits de voirie, d'occupation du domaine public, etc.) ;

— produits financiers (revenus des titres et rentes notamment) ;

— recouvrement et subventions (subventions des autres personnes publiques, recouvrement de prestations sociales, de traitements, etc.) ;

— dotations reçues de l'État (notamment la dotation globale de fonctionnement ; la dotation générale de décentralisation ; la dotation « élu local ») qui représentent une part importante des recettes de fonctionnement (v. *infra*) ;

— les impôts indirects (permis de chasser ; licences des débits de boisson, impôt sur les spectacles ; taxe locale d'équipement, etc.) ;

— les contributions directes (taxe d'habitation ; taxe professionnelle ; taxe foncière sur les propriétés bâties ; taxe foncière sur les propriétés non bâties) qui constituent l'une des ressources essentielles des budgets communaux (voir *infra*).

Les recettes de la section de fonctionnement, qui doivent intégralement couvrir les dépenses de fonctionnement des communes (260 milliards de F. en 1992 dont 110 milliards au titre du personnel communal), représentent 2/3 de la totalité des recettes des budgets communaux.

B) Les recettes de la section d'investissement sont les suivantes :

— prélèvement sur les recettes de fonctionnement, c'est-à-dire sur l'excédent des recettes en cause par rapport aux dépenses de fonctionnement (épargne ou autofinancement de la commune) ;

— produit des emprunts contractés par la commune pour la réalisation ou l'entretien de constructions, d'équipements, etc. ;

— produit des subventions versées au budget communal par d'autres personnes publiques pour des équipements individualisés (subventions spécifiques de l'État, du département, de la région) ;

— produit des aliénations, c'est-à-dire de la vente de biens appartenant à la commune ;

— dotation globale d'équipement versée par l'État, suivant des mécanismes différents en fonction de la taille de la commune (pour les communes de plus de 10 000 habitants et celles de 2 000 à 10 000 habitants n'ayant pas opté pour la subvention spécifique accordée à la réalisation, par les communes de moins de 2 000 h, d'investissements reconnus comme prioritaires par une commission départementale) ;

— remboursement au budget communal, avec deux années de décalage, de la TVA acquittée par les communes au titre de leurs dépenses réelles d'investissement, le taux de remboursement qui était de 15,682 % baisserait quelque peu dans les années à venir afin de tenir compte des prélèvements européens et s'établirait à 14,777 % ;

— produit des amendes de police.

Cette présentation ne rend, d'ailleurs, pas compte de la complexité du système, des financements croisés, des compensations versées par l'État au titre de dégrèvements fiscaux, car le système de ressources des budgets communaux met en évidence la subtilité et la complexité des relations financières entre l'État et les communes, mais aussi entre les communes et les autres personnes publiques. En 1992, les dépenses d'investissement, à couvrir par des recettes correspondantes, se sont élevées, pour les budgets communaux à 130 milliards de francs pour un total de dépenses (fonctionnement et investissement) de 390 milliards de F.).

Section II

LA PART RESPECTIVE DES MOYENS FINANCIERS LES PLUS IMPORTANTS

Cette part est intéressante à déterminer car, en permettant de connaître l'importance respective des différentes ressources des collectivités territoriales, elle permet, par là-même, de mesurer l'exacte autonomie financière de la commune et, en conséquence, l'autonomie réelle de l'administration communale dans l'exercice de ses compétences.

A) En matière fiscale, l'autonomie de décision de la commune — et encore est-elle encadrée par la loi en matière de fixation des taux et des relations entre ces taux sans parler bien évidemment de l'assiette des impôts et des dégrèvements décidés par l'État — joue à l'égard des quatre impôts directs traditionnels : la taxe d'habitation (un taux fixé annuellement par le conseil municipal applicable à la valeur locative, non pas réelle, mais fiscale du logement meublé et donnant un impôt payé par le propriétaire occupant le logement ou le locataire) ; la taxe professionnelle (un taux fixé annuellement par le conseil municipal et applicable à une assiette prenant en considération la valeur locative des immobilisations corporelles et un pourcentage (18 %) des rémunérations brutes versées et donnant un impôt payé par les artisans, commerçants, industriels, professions libérales et dont l'aspect anti-économique, eu égard à son assiette, a été souvent souligné) ; la taxe foncière sur la propriété foncière bâtie (un taux fixé annuellement par le conseil municipal appliqué à une assiette calculée à partir d'une partie de la valeur locative, fiscale et non pas réelle et donnant une impôt à la charge juridique du propriétaire) ; la taxe foncière sur la propriété non bâtie (un taux fixé annuellement par le conseil municipal appliqué à une assiette calculée en fonction de la valeur locative fiscale, et non réelle, des propriétés non bâties, diminuée d'un abattement, et donnant un impôt acquitté par les propriétaires de terrains nus, notamment les agriculteurs).

Cette fiscalité directe locale, sur laquelle le conseil municipal peut relativement jouer par la fixation des taux, l'établissement d'abattements, voire d'exonération, a apporté aux budgets communaux, en 1993, 130 milliards de francs soit, environ 33 % des recettes totales dont les communes avaient besoin pour faire face à l'ensemble de leurs dépenses (390 milliards de F.). La taxe qui rapporte le plus est la taxe professionnelle (61 milliards en 1992 soit environ 47 % du total de la fiscalité directe locale), suivie, devançant d'ailleurs maintenant la taxe d'habitation, par la taxe foncière sur les propriétés bâties (33 milliards de F. en 1992, soit 26 % du total de la fiscalité directe locale), puis on trouve la taxe d'habitation (29 milliards de F. en 1992, soit 24 % environ du total de la fiscalité directe locale) et, fermant la marche, la taxe foncière sur les propriétés non bâties (4 milliards de F. en 1992, soit 3 % environ du total).

On se rend compte donc que les recettes maîtrisées par le conseil municipal au titre de l'impôt ne fournissent que 33 % des moyens financiers globaux des communes, que ces dernières ont en la matière une marge de manœuvre étroite car toute augmentation trop importante de la pression fiscale locale fait socialement et économiquement problème et que lorsqu'une petite commune (700 h. par exemple) augmente de 10 % le taux de ses impôts locaux, elle ne récolte que 3 à 4 millions de centimes... On n'ose dire que la réforme des impôts directs locaux est à l'ordre du jour, tellement d'autres l'ont dit avant nous... et que d'autres le diront probablement après nous.

B) Il existe une seconde ressource maîtrisée par les conseils municipaux, il s'agit d'une ressource d'investissement qui est celle de l'emprunt. Les collectivités locales, notamment les communes, souscrivent près de 70 % de leurs emprunts auprès de la Caisse des dépôts et consignations et du Crédit local de France et le restant auprès du Crédit agricole, des Caisses d'épargne, du Crédit mutuel, etc. Au cours de l'année 1992, les communes ont emprunté 37 milliards de francs, ce qui a permis de couvrir 30 % des dépenses totales d'investissement et représente un peu moins de 10 % des recettes totales des communes. Mais les communes deviennent prudentes dans le recours à l'emprunt car il faut le rembourser et, en 1992, l'endettement des communes, lié surtout à la politique d'emprunt menée par les grandes communes, s'élevait à 273 milliards de francs ; de plus est terminée l'époque des taux préférentiels consentis aux communes qui, conjugués avec une forte inflation, entraînaient des annuités de remboursement des plus supportables pour les communes.

C) Si l'on met donc à part les redevances pour services rendus, qui suffisent à peine à couvrir le coût des prestations des services publics communaux administratifs, et les ressources budgétaires de poche, on se rend aisément compte que les ressources que les communes maîtrisent (fiscalité directe locale et emprunts) ne leur procurent que 46 % des ressources dont elles ont globalement besoin pour faire face à leurs dépenses.

Il s'ensuit que les concours reçus de l'État (dotations générales de fonctionnement, d'équipement, spéciale instituteur, de décentralisation ; subventions spécifiques ; Fonds de compensation de la TVA ; compensation d'exonération et de dégrèvements fiscaux, etc.) et des autres personnes publiques, et sur lesquelles les communes ne possèdent aucune maîtrise quant au montant et, quelquefois, quant à l'octroi du concours, jouent un rôle majeur dans l'alimentation des budgets communaux puisqu'ils se sont élevés à près de 135 milliards de francs pour 1992, ce qui représente 35 % des ressources totales des budgets communaux.

Au sein des multiples concours de l'État, une place particulière doit être faite à la Dotation globale de fonctionnement (DGF) dont il convient de souligner que, dans les communes les moins peuplées, elle rapporte souvent plus au budget que les quatre impôts directs locaux. Au titre de l'année 1992, les communes ont reçu au titre de cette DGF, 71 milliards de francs, ce qui représente 52 % des concours reçus de l'État ou d'autres personnes publiques. Créée en 1979, afin de remplacer le versement représentatif de la taxe sur les salaires (VRTS), la DGF des communes, dont le montant global était déterminé par application d'un taux au produit net de la TVA, avait donc l'avantage d'être indexée sur un impôt moderne, évolutif, à haut rendement en période de croissance économique. Ce système d'indexation fut revu à compter du 1er janvier 1992 et la DGF est désormais indexée sur le taux d'évolution de la moyenne annuelle du prix à la consommation des ménages et sur les 2/3 du taux de croissance du produit intérieur brut si celui-ci est positif (art. L-234-1 du C. des Cnes) avec un système de garanties pour les communes pour éviter une diminution intempestive de la dotation et assurer une régularisation des sommes dues au titre de la DGF.

La DGF se composait de plusieurs éléments :
— une dotation de base (40 % de la dotation totale) qui est proportionnelle au nombre d'habitants et tient compte des charges liées à l'importance de la population et qui est calculée à partir d'une attribution moyenne par habitant, pondérée par groupe démographique (v. art. L-234-2 C. des Cnes) ;
— une dotation de péréquation (37 % de la dotation à répartir) composée de deux fractions : 30 % répartis en fonction de l'insuffisance du potentiel fiscal et de l'effort fiscal afin d'aider les communes qui n'ont pas de ressources fiscales importantes mais qui font un effort pour faire produire le plus possible à ces ressources (taxe professionnelle exclue) ; 7,5 % répartis en fonction de l'insuffisance du revenu imposable des habitants de la commune par rapport à la moyenne du même groupe démographique ;
— une dotation de compensation (22,5 % de la dotation à répartir) calculée, pour chaque commune, en fonction du nombre d'élèves scolarisés (20 %), de la longueur de la voirie communale (20 %), de l'importance du parc des logements sociaux (60 %) ;

— des concours particuliers (2 % de la dotation) accordés : aux villes-centres sur lesquelles pèsent des sujétions importantes en matière d'équipements, aux communes touristiques et thermales ; au titre de la solidarité urbaine etc.

On assiste donc à un éclatement des éléments composant la DGF dont la multiplication et l'hétérogénéité met en cause la simplicité et la cohérence du système, d'autant que la DGF, qui constitue également une ressource de fonctionnement des budgets départementaux est, de plus, utilisée comme ressource des communautés de communes et des communautés de villes, formules de coopération intercommunale créées par la loi ATR du 6 février 1992, et donc comme un élément incitatif à la création de ces communautés.

Ceci explique la volonté du gouvernement de réformer la DGF et la loi du 31 décembre 1993 prévoit une nouvelle formule de DGF avec deux composantes : une dotation forfaitaire regroupant la dotation de base, celle de péréquation, celle de compensation, les concours particuliers (dotation de solidarité urbaine exclue, dotation en faveur des communes rurales inclue), cette dotation est garantie et évolutive afin d'assurer des ressources stables aux communes ; une dotation dite d'aménagement, composée d'une dotation de solidarité urbaine, d'une dotation de solidarité rurale, dont l'objet est donc d'aider les communes urbaines en difficulté et celles de l'espace rural.

En guise de conclusion sur les moyens financiers de l'administration communale, les remarques suivantes viennent à l'esprit :

— il est exact que les moyens financiers dont elle dispose échappent, pour une part non négligeable, à sa maîtrise puisque c'est l'État qui les prélève sur son budget et les distribue aux communes en fonction de règles qu'il fixe lui-même, mais la France n'est pas la seule à mettre en œuvre un tel système ;

— il est, également, exact que la fiscalité directe locale est largement inadaptée dans son assiette et dans son rendement, qu'elle est d'une complexité redoutable et qu'il faut la réformer, d'autant que la pression fiscale locale atteint quelquefois la limite du tolérable ; mais si la constatation est facile à faire, la réforme l'est moins, car, toutes collectivités locales confondues, il faut construire une fiscalité directe locale moderne procurant à ces collectivités (chiffres de 1992) environ 243 milliards de francs, c'est-à-dire les 2/3 des sommes encaissées par l'État au titre de l'impôt sur le revenu des personnes physiques, on mesure sans peine les difficultés de l'entreprise ;

— de plus, le système qui conférerait aux élus locaux, par le biais d'une fiscalité directe locale, la maîtrise de la totalité des ressources dont ils ont besoin présenterait quelque danger notamment quant au risque de dérapage de pression fiscale qu'il serait susceptible d'engendrer, après tout il n'est peut-être pas déraisonnable, dans un État unitaire, de faire dépendre une partie des ressources des collectivités locales du budget de l'État à condition que la règle du jeu soit claire, ce qui n'interdit pas, par ailleurs, de moderniser ou de tenter de moderniser la fiscalité directe locale ;

— enfin, à compter en principe du 1er janvier 1996, une nouvelle présentation comptable des documents budgétaires et financiers communaux doit être mise en œuvre pour tenir compte de l'évolution des techniques comptables et assurer une plus grande lisibilité et transparence de ces budgets et documents. Cette présentation (M 14) devrait : combiner une description par nature et par fonctions des recettes et des dépenses, permettre, dans certains cas, un amortissement des immobilisations, une présentation consolidée des comptes, des provisions au titre de garanties d'emprunts, etc.

QUATRIÈME PARTIE

LE CONTRÔLE DE L'ADMINISTRATION COMMUNALE

La France est un État unitaire et il s'ensuit que les collectivités locales, donc les communes, constituent des structures seulement administratives et infra-étatiques. Il n'est donc pas surprenant, il est même consubstantiel à toute décentralisation dans un État unitaire, qu'il existe un contrôle de celui-ci sur les collectivités locales, encore faut-il qu'il soit aménagé de façon à respecter le principe de libre administration des collectivités territoriales. La Constitution du 4 octobre 1958 prévoit, d'ailleurs, dans le dernier alinéa de l'article 72, l'existence d'un contrôle administratif exercé sur les collectivités territoriales par le délégué du gouvernement dans le département et la loi organise, en conséquence, des contrôles spécifiques sur l'administration communale.

Il serait, cependant, contestable de limiter l'étude aux seuls contrôles spécifiques prévus et organisés par la loi sur l'administration communale. En effet, ces derniers n'épuisent pas les contrôles que rencontre l'administration communale dans son action, il existe de nombreux contrôles non-spécifiques dont on serait tenté de dire qu'ils résultent de la nature des choses dans la mesure où ils sont liés à la structure de l'administration communale, à la qualité d'organes administratifs du conseil municipal et du maire, etc.

CHAPITRE I

LES CONTRÔLES NON-SPÉCIFIOUES SUR L'ADMINISTRATION COMMUNALE

On entend, par contrôles non-spécifiques, des contrôles qui, en définitive, s'exercent sur le fonctionnement de l'administration communale tout en présentant deux caractéristiques : ils n'ont pas été conçus comme des contrôles spécifiques exercés au titre de la décentralisation territoriale, ils sont nullement propres à l'administration communale, mais constituent, quand même, des éléments de contrôle de celle-ci. On peut les classer en contrôles non-juridictionnels et contrôles juridictionnels.

SECTION I

LES CONTRÔLES NON-JURIDICTIONNELS

Ils résultent de la source du pouvoir de l'administration communale et de l'agencement des organes de celle-ci et ne font pas intervenir d'organe juridictionnel.

§ 1. Les contrôles liés à la source du pouvoir de l'administration communale

Le conseil municipal et le maire trouvent la source de leurs pouvoirs dans le suffrage universel et tous les six ans, quelquefois avant, le peuple a la possibilité de sanctionner ses élus, directement quand ils se représentent devant lui, et indirectement en n'élisant pas de nouveaux candidats se réclamant de ceux qui quittent le pouvoir ou de leur idéologie.

Il en résulte que, durant leur mandat, la plupart des élus locaux, notamment s'agissant des dossiers importants, ne perdent pas de vue qu'ils doivent éviter de méconnaître frontalement leurs promesses électorales, d'engager la commune dans des aventures financières, en un mot la présence de l'électeur, le bulletin de vote qu'il détient sont de nature à freiner, voire à empêcher, certaines initiatives des élus locaux qui seraient mal comprises de l'opinion qui les trouveraient peu justifiables ou onéreuses au regard de l'avantage qu'elles sont susceptibles de présenter pour l'intérêt général. L'administration communale est d'essence démocratique, il n'est pas surprenant qu'elle fonctionne sous le contrôle du peuple dont l'avis peut, le cas échéant, être recueilli par la procédure de la consultation communale.

Joue dans le même sens d'un contrôle populaire, la plus grande transparence de l'administration communale qui, en permettant aux habitants de prendre connaissance des délibérations, des arrêtés, des documents budgétaires, etc., facilite leur contrôle sur l'action des élus et est de nature à rendre ces derniers plus prudents, plus respectueux de la légalité, ne serait-ce qu'eu égard aux voies de recours juridictionnels ouvertes aux administrés désireux de faire sanctionner les actes et actions des élus entachés d'illégalité.

Dans une perspective proche, les élus locaux doivent également compter avec les contrôles, quelquefois irritants mais pas toujours injustifiés, des associations locales dans les domaines socio-culturels, sportifs, de l'environnement, etc., d'autant que certaines associations se conduisent quelquefois comme des contre-pouvoirs, sans compter celles qui ne rêvent que de conquérir le pouvoir.

§ 2. Les contrôles liés à la structure de l'administration communale

L'administration communale connaît et pratique la séparation des pouvoirs, un organe délibérant : le conseil municipal et un organe exécutif, il vaudrait mieux dire gouvernemental : le maire. Or les techniciens de la séparation des pouvoirs politiques, pour ne citer que Locke et Montesquieu, ont montré qu'une telle séparation aboutissait inévitablement, et c'est l'un de ses intérêts, à un contrôle d'un pouvoir par et sur l'autre, donc à limiter les deux, d'autant que, dans de nombreux domaines, l'action politique ou administrative suppose un accord entre les pouvoirs. Certes, on peut objecter, à cette transposition des vertus de la séparation des pouvoirs politiques dans le domaine de l'administration communale, que lorsqu'un maire est soutenu par une majorité forte et fidèle au sein du conseil municipal les vertus de contrôle de la séparation des pouvoirs sont sérieusement amoindries. Il n'en reste pas moins que, même dans ce cas, le maire sait bien qu'il ne peut pas faire accepter tout et n'importe quoi à sa majorité et, qu'en sens inverse, le maire, confronté aux réalités et contraintes de la gestion quotidienne, aux impératifs financiers, peut être amené à calmer les impatiences de sa majorité. Qu'on le veuille ou non, même ici, la séparation des pouvoirs entraîne une certaine forme de contrôle d'un organe sur l'autre et, en tout cas, c'est évident lorsque, notamment dans les communes de moins de 3 500 h., le maire n'a pas de majorité stable et n'a que des majorités que projet par projet.

§ 3. Les contrôles liés au caractère situé de l'administration communale

L'administration communale a un environnement administratif et comptable qui constitue, à bien des égards, un contrôle permanent sur certaines modalités de son action.

D'abord, il est fréquent, surtout s'agissant des petites communes, que le maire consulte les services de l'État, notamment la sous-préfecture, la Direction départementale de l'équipement, le Centre de gestion de la fonction publique territoriale etc., avant toute prise de décision et on perçoit, ici, une sorte de contrôle *a priori* dans la mesure où le maire ne prendra pas une décision qu'il désirerait prendre mais dont ses interlocuteurs lui ont souligné les inconvénients ou l'illégalité. Ces mécanismes de consultation, aboutissant quelquefois à une sorte d'autocensure de l'autorité communale, n'ont pas disparu avec les lois de 1982-1983 et permettent ainsi aux services consultés d'orienter certaines décisions des administrateurs communaux, donc d'exercer une certaine forme de contrôle sur elles.

Ensuite, il existe des procédures de consultation prévues par les textes et qui obligent, par exemple, le maire à consulter tel ou tel organisme avant de prendre une décision et l'on rencontre, ici encore, une forme de contrôle dans la mesure où le maire évitera de présenter un dossier à l'organe à consulter s'il sait qu'il débouchera sur un avis défavorable qui, certes, ne le lie pas toujours mais peut l'amener à ne pas prendre sa décision ou à la prendre dans un sens différent. On doit également mentionner les hypothèses dans lesquelles la commune confie, aux services de l'État, l'instruction des demandes des permis de construire délivrés au nom de la commune lorsque celle-ci est dotée d'un plan d'occupation des sols. La solution préconisée par ces services pèse lourd dans la décision et aboutit dans certains cas à un véritable contrôle *a priori* de la politique de la commune en la matière.

Dans une perspective différente, mais qui se traduit également par une forme de contrôle *a priori* de l'administration communale, on doit faire état ici des contrôles exercés par les autres personnes publiques sur les projets communaux, pour lesquels leur concours financier est sollicité sous forme de subvention. Cette dernière ne sera accordée que si le projet est conforme à différentes normes définies par la personne publique qui le subventionne. Certes la loi, à plusieurs reprises, a prohibé toute forme de tutelle d'une collectivité territoriale sur une autre, mais lorsque le département définit les normes techniques qu'un projet doit respecter pour être subventionné, il contrôle *a priori* le projet et refuse son concours si ces normes sont méconnues. De même, la loi du 2 mars 1982 a transformé en modèles, donc indicatifs, les règlements et cahiers des charges autrefois impératifs, mais l'indicatif est quelquefois présenté ou perçu comme impératif.

Il faut enfin, mentionner le contrôle exercé par le comptable de la commune sur les actes de paiement de l'ordonnateur, à savoir le maire. La loi verrouille, en quelque sorte, ce contrôle en précisant (art. 15, loi du 2 mars 1982) : « que le comptable ne peut subordonner ses actes de paiement à une appréciation de l'opportunité des décisions prises par l'ordonnateur. Il ne peut soumettre les mêmes actes qu'au contrôle de légalité qu'impose l'exercice de sa responsabilité personnelle et pécuniaire » et si, par une décision motivée, le comptable refuse le paiement, le maire peut le réquisitionner. Mais, avant de refuser le paiement, un dialogue s'instaure souvent entre le maire et le comptable public et le second, par ses remarques, ses suggestions, est susceptible d'infléchir la décision du premier et ceci aboutit, également, à une forme de contrôle *a priori*.

Il ne faut pas se méprendre sur ces différents « contrôles » et surtout ne pas en déduire que l'administration communale est systématiquement entravée par toute une série de contraintes qui ne veulent pas dire leur nom. Les mécanismes décrits, ci-dessus, constituent à vrai dire des occasions de contrôle beaucoup plus que des contrôles systématiques et ils ne sont pas inutiles car ils évitent quelquefois, notamment aux maires des petites communes, dépourvus de services juridiques et techniques, de commettre des erreurs et des illégalités. Si nous en avons fait état, c'est parce qu'ils n'entrent pas dans la nomenclature officielle des contrôles exercés sur les collectivités locales alors qu'ils jouent quelquefois un rôle non négligeable.

Section II

LES CONTRÔLES JURIDICTIONNELS

Il existe sur les actes juridiques et les actions de l'administration communale des contrôles juridictionnels non spécifiques, puisqu'on les retrouve à propos des actes et des actions des autres personnes publiques. On se contentera donc de les énumérer.

Il faut d'abord rappeler que les délibérations du conseil municipal et les arrêtés du maire constituant des actes administratifs unilatéraux tout administré auquel l'un de ces actes fait grief peut, par la voie du recours pour excès de pouvoir, en demander directement l'annulation au tribunal administratif ou soulever, à leur propos, une exception d'illégalité devant le juge administratif ou le juge judiciaire.

Ensuite, lorsqu'une personne subit un dommage du fait d'une décision ou d'une action de l'administration communale, elle est en droit, bien évidemment, de mettre en cause la responsabilité extra-contractuelle de la commune en vue de la réparation du dommage devant la juridiction administrative ou, dans les cas prévus par la loi ou par la jurisprudence, devant le juge judiciaire.

Enfin, on doit faire état des mécanismes permettant à toute personne ayant un intérêt à conclure un contrat ou un marché avec la commune à saisir, en cas de manquement aux obligations de publicité et de mise en concurrence, le président du tribunal administratif ou son délégué, même avant la conclusion du contrat afin que ce magistrat prenne, en référé, les décisions qui s'imposent pour faire respecter la légalité et annuler les décisions illégales déjà prises (voir *supra*, l'étude des moyens juridiques).

CHAPITRE II

LES CONTRÔLES SPÉCIFIQUES SUR L'ADMINISTRATION COMMUNALE

On recense, à ce titre, à partir du système mis en place par la loi du 2 mars 1982, trois catégories de contrôles : sur les organes, sur la légalité des actes, sur les décisions financières.

SECTION I

LE CONTRÔLE SUR LES ORGANES

Il est traditionnellement appelé contrôle sur les personnes, mais il porte, en réalité, sur les organes que sont le conseil municipal et le maire et il n'a pas été substantiellement affecté par les réformes réalisées par la loi du 2 mars 1982. Nous avons déjà (*supra* IIIe partie) fait allusion à ces contrôles qui s'exercent sur le conseil municipal et le maire en tant qu'organes administratifs.

A) Tout d'abord, l'article L-121-4 du Code des communes prévoit que le conseil municipal « ne peut être dissous que par décret motivé rendu en conseil des ministres et publié au Journal officiel ». On remarquera l'utilisation de la forme négative que semble être une mise en garde à l'égard du gouvernement contre toute tentation de dissolution facile. Le décret doit, en premier lieu, être signé par le président de la République et il doit être motivé, c'est-à-dire expliciter les raisons qui ont justifié la dissolution. La motivation ne présente pas en l'espèce une très grande garantie, d'une part, les conseillers municipaux connaissent les motifs de la dissolution et, d'autre part, l'étude des décrets de dissolution fait apparaître une motivation stéréotypée : la dissolution est prononcée, le plus souvent, parce que les dissensions au sein du conseil municipal entravent la bonne administration de la commune ou empêchent l'élection du maire (Y. Madiot, « La dissolution des conseils municipaux », *RDP*, 1974, 373). Le juge administratif contrôle normalement les motifs de fait du décret au regard de la nécessité d'assurer le fonctionnement normal de l'assemblée municipale. En attendant l'élection d'un nouveau conseil, qui doit intervenir dans un délai de deux mois, la commune est administrée par une délégation spéciale nommée par le préfet. En cas d'urgence, le préfet, par arrêté motivé, suspend un conseil municipal pour une durée ne pouvant excéder un mois.

La pratique met en évidence que le gouvernement fait preuve, en la matière, d'une très grande prudence et ne se résoud à provoquer la dissolution d'un conseil municipal que lorsque les dissensions existant en son sein ou entre lui et le maire bloquent de façon irrémédiable le fonctionnement de l'administration communale et mettent donc en péril l'administration de la commune. Les rares dissolutions prononcées chaque année concernent d'ailleurs, dans la très grande majorité des cas, de petites communes dans lesquelles le mode de scrutin et la personnalisation des problèmes cassent souvent le conseil municipal en fractions égales et rivales (v. également, *supra*, Le statut du conseil municipal).

B) S'agissant du maire et des adjoints, ils peuvent être, en cas de faute grave commise dans l'exercice de ses fonctions, et après respect des droits de la défense, suspendus par un arrêté ministériel motivé pour un mois maximum ou révoqués par décret, toujours motivé, pris en conseil des ministres. L'arrêté et le décret relèvent du juge administratif au titre du recours pour excès de pouvoir, le juge exerçant un contrôle normal sur la qualification juridique des faits invoqués pour justifier la suspension ou la révocation (CE, 14 janvier 1916, Camino, précité), ainsi, et bien sûr, que sur leur existence.

Ici encore, le gouvernement fait preuve d'une grande prudence dans l'utilisation de ces sanctions car il sait fort bien qu'elles sont de nature à porter atteinte à la décentralisation et sont susceptibles de donner lieu à une véritable exploitation politique et font quelquefois du maire suspendu ou révoqué un martyr politique (v. également, *supra*, Le statut des maires et des adjoints). L'électeur n'apprécie pas toujours que l'État, ou ses juridictions, se substitue à lui pour « faire le ménage » parmi les élus locaux, il considère que c'est au suffrage universel d'accomplir cette tâche.

Section II

LE CONTRÔLE SUR LES ACTES

La grande innovation de la loi du 2 mars 1982 a consisté, dans la logique du principe de libre administration des collectivités territoriales, à ne prévoir sur les actes juridiques des organes de ces collectivités qu'un contrôle des autorités de l'État limité à la seule légalité des actes (excluant donc toute appréciation en opportunité), exercé *a posteriori* (il ne fait pas obstacle à l'entrée en vigueur de l'acte), et juridictionnalisé dans sa phase finale (il appartient au seul juge administratif, et non au représentant de l'État, de décider si l'acte est légal ou non et de l'annuler dans ce second cas). Ce schéma est à peine perturbé par le maintien d'un pouvoir de substitution du préfet en matière de police administrative notamment lorsque le maire, dûment mis en demeure, néglige ou refuse d'édicter les mesures qui s'imposent.

Le système de contrôle de légalité des actes mis en place par la loi du 2 mars 1982 pourrait être, sur le papier tout au moins et si la perfection était de ce monde, qualifié de parfait, car il permet de concilier le respect de l'État de droit et l'autonomie de décision des collectivités locales et il sera difficile d'en remettre en cause l'économie générale, notamment son caractère *a posteriori*, qui fait que, tant que dure la mise en examen de l'acte, et sauf sursis à exécution octroyé par le juge, cet acte produit ses effets et peut être appliqué. En effet, le Conseil constitutionnel ne semble pas prêt à accepter que soit limité, sans intervention préalable du juge administratif, le caractère *a posteriori* du contrôle et donc le caractère exécutoire de plein droit des actes (CC, 20 janvier 1993, 92-316 DC, loi relative à la prévention de la corruption et à la transparence de la vie économique et des procédures publiques, *JORF*, 1993, 1118).

Lorsqu'on analyse le fonctionnement du système, on est tenté d'écrire que « c'était trop beau pour être vrai », tant la réalité du contrôle se trouve en décalage par rapport à ce que laissait envisager une interprétation raisonnable de l'intention du législateur. Ce dernier désirait, après tout, un contrôle technique de la légalité des actes des autorités locales, donc communales, la pratique révèle un contrôle très sensible à l'opportunité.

§ 1. Un contrôle technique de légalité

Il est organisé par les articles 2, 3, 4 de la loi du 2 mars 1982 suivant un schéma qui distingue les actes soumis à l'obligation de transmission au représentant de l'État et les autres.

A) L'article 2 de la loi précitée énumère les actes des organes de l'administration communale soumis à l'obligation de transmission : la plupart des délibérations du conseil municipal, les arrêtés de police du maire, les arrêtés réglementaires, certaines conventions (marchés, emprunts, délégations de service public industriel et commercial) ; de nombreux arrêtés relatifs à la situation individuelle des fonctionnaires territoriaux et aux autorisations individuelles d'utilisation du sol (voir la liste, *supra*, IIIe partie, Les moyens juridiques). L'acte entrant en vigueur de plein droit, une fois publié ou notifié (actes à portée individuelle et convention) et transmis au représentant de l'État (préfet ou sous-préfet). La loi, sauf exception (marchés publics, budgets), n'impose pas de délai de transmission à l'autorité communale.

1) C'est à partir de cette transmission que le représentant de l'État exerce son contrôle sur la légalité de l'acte et, à s'en tenir aux règles de contrôle énoncées par la loi, tout est simple.

Si le préfet (et non le sous-préfet, bien que ce dernier participe à la mise en œuvre du contrôle sur les actes des autorités communales situées dans son arrondissement) estime qu'une délibération ou un contrat ou un arrêté, soumis à l'obligation de transmission, est contraire à la légalité (Constitution et principes assimilés, traités internationaux et droit communautaire, lois, principes généraux du droit, règlements, etc.), il le défère au tribunal administratif dans un délai de deux mois suivant la transmission et c'est le tribunal, et lui seul, qui décide du point de savoir si l'acte unilatéral ou le contrat est ou non conforme à la légalité. L'autorité communale est informée du déféré et des griefs d'illégalité articulés contre l'acte.

2) Pas plus que le recours en excès de pouvoir sollicitant du juge administratif l'annulation pour illégalité d'un acte administratif, le déféré préfectoral n'a d'effet suspensif et l'autorité communale est donc fondée à poursuivre, à ses risques et périls, l'exécution de l'acte. Le préfet, qui désire une suspension de cette exécution dans l'attente d'une éventuelle annulation prononcée par le juge administratif à la suite d'un déféré, doit solliciter de ce juge un sursis à exécution de l'acte, qui sera accordé si l'un des moyens invoqués dans le déféré apparaît sérieux et de nature à provoquer l'annulation de l'acte ou du contrat déféré, le juge devant, en principe, mais le non-respect du délai n'est pas sanctionné, statuer dans un délai d'un mois. Si l'acte, à propos duquel le préfet sollicite l'octroi du sursis est de nature à porter atteinte à l'exercice d'une liberté publique ou individuelle, le sursis doit être prononcé dans un délai de quarante-huit heures par le président du tribunal administratif ou un membre du tribunal délégué à cet effet. Au cours de l'année 1991, sur 1489 déférés préfectoraux introduits contre des décisions communales, les préfets sollicitèrent 646 sursis à exécution dont 9 au titre du sursis devant être accordé dans le délai de quarante-huit heures ; pendant la même année les tribunaux accordèrent 106 sursis dont 3 au titre de la procédure accélérée, mais ce chiffre doit être rapproché du nombre de décisions effectivement rendues par les tribunaux pendant cette année au titre des déférés et qui n'est que de 316, car sur les 1489 déférés, il y a eu 356 retraits et non-lieux et tous les déférés de 1991 n'ont pas été jugés cette année-là. Enfin, il faut noter que les déférés intéressant les actes des autorités communales représentent 65,80 % du total des déférés intentés contre les actes des autorités locales.

3) Si le tribunal administratif annule l'acte pour illégalité, l'annulation a un effet rétroactif et l'acte est censé n'avoir jamais existé, d'où la

très grande prudence dont doit faire preuve l'autorité communale dans l'exécution d'un acte ayant fait l'objet d'un déféré. Si le tribunal estime, au contraire, l'acte légal, le déféré préfectoral est rejeté. Sur 1489 déférés préfectoraux communaux recensés au titre de l'année 1991, il y a eu, nous l'avons vu, au cours de la même année, 356 retraits, 316 jugements rendus (les autres l'ont été en 1992), 260 de ces jugements furent favorables à la thèse du préfet, 56 défavorables à cette thèse (soit 18 % des affaires jugées, ce qui, après tout, n'est pas négligeable et ce pourcentage souligne l'intérêt de l'intervention du juge).

4) La partie mécontente de la solution du tribunal administratif peut faire appel devant le Conseil d'État (187 appels en 1991 confirmant pour 2/3 des arrêts rendus la thèse du préfet), sous réserve du transfert d'une partie de la compétence d'appel aux cours administratives d'appel s'agissant de certaines décisions individuelles édictées par les autorités communales (urbanisme, fonction publique territoriale, etc.).

B) Pour les actes qui ne sont pas soumis à l'obligation de transmission, et à condition qu'ils ne soient pas édictés par les autorités communales au nom de l'État ou qu'ils ne relèvent pas du droit privé (par ex. certains contrats), le préfet qui en prend connaissance (l'acte lui a été, par exemple, transmis alors qu'il ne devait pas l'être), peut, au titre de la mission de contrôle administratif sur les collectivités locales dont il est investi par la Constitution, intenter, à l'encontre de ceux de ces actes qu'ils estiment illégaux, un recours pour excès de pouvoir dans les conditions du droit commun (ce qui exclut le recours contre les conventions).

C) Par ailleurs, toute personne qui s'estime lésée par l'acte d'une autorité communale, soumis ou non à l'obligation de transmission, mais entrant dans le champ d'application du contrôle administratif, peut demander au préfet de mettre en œuvre la procédure du déféré pour en demander l'annulation pour illégalité au tribunal administratif. Mais le préfet n'est nullement tenu de donner une suite favorable à cette demande et son refus n'est pas susceptible d'être soumis au juge administratif pour censure (CE, 25 janvier 1991, Brasseur, R, 23, concl. Stirn ; *RFDA*, 1991, 587, concl. Stirn, note Douence). Il est vrai que la personne lésée dispose d'un recours direct en excès de pouvoir contre l'acte en cause devant le juge administratif. A vrai dire les déférés préfectoraux à la demande d'une personne lésée sont très peu nombreux : à peine 2 % du total des déférés communaux en 1991.

Quant aux actes des autorités communales, qui s'analysent en des actes de droit privé, ils échappent à la compétence du juge administratif et n'entrent donc ni dans le champ du déféré, ni dans celui du recours pour excès de pouvoir et le contrôle juridictionnel les concernant relève de la compétence du juge judiciaire.

Au titre des déférés de l'année 1991, 59 % concernaient les problèmes de personnel, 16 % ceux de l'urbanisme ; 10,50 % ceux des marchés publics ; 4,26 % ceux du fonctionnement des institutions ; 2,22 % ceux liés aux finances communales. Avec les trois premières catégories de problèmes, on se retrouve en présence, pour de nombreuses années probablement, du tiercé gagnant du déféré.

§ 2. Un contrôle sensible à l'opportunité

Dans son rapport annuel au Parlement sur le contrôle *a posteriori* des actes des collectivités locales, le gouvernement ne manque jamais une occasion de souligner que ce contrôle est légitime (il est imposé par l'article 72 de la Constitution), qu'il est bien compris des élus et qu'il favorise le dialogue entre ces derniers et les services de la préfecture (v. le 10e rapport année 1991, p. 35). Il est vrai qu'il souligne, également, les faiblesses du contrôle : difficultés de l'exercer dans certains secteurs : ceux des marchés, du personnel, de l'urbanisme ; lenteur du juge administratif dans le jugement des déférés ; relative inefficacité de la procédure du sursis à exécution.

En soulignant les qualités du contrôle le gouvernement est dans son rôle, comme l'est la doctrine en s'interrogeant sur l'efficacité de celui-ci dans la défense de la légalité (v. J.-C. Hélin, « Les contrôles sont-ils efficaces ? », *Pouvoirs*, n° 60, 1992, p. 115 et s.). On se bornera ici à présenter quelques remarques suggérées par les chiffres contenus dans le rapport du gouvernement et si ces remarques ne justifient pas une remise en cause du système prévu par la loi du 2 mars 1982, elles font apparaître que le fonctionnement concret du système ne laisse que très peu de place à l'intervention du juge administratif et que l'essentiel du contrôle de légalité résulte d'un dialogue (ou d'un monologue) entre les services de la préfecture (ou de la sous-préfecture) et l'auteur de la décision, en un mot il est largement déjuridictionnalisé.

A) Le juge administratif intervient très peu dans le contrôle. En 1991, sur plus de 4 millions d'actes communaux transmis aux représentants de l'État, on ne dénombre que 1489 déférés préfectoraux (0,039 % par rapport aux actes transmis). On pourrait en déduire que les actes des autorités communales sont presque toujours conformes à la légalité, il n'en reste pas moins, qu'au titre de 1991, les services du contrôle de légalité ont adressé 100 000 observations sur la légalité de ces actes à leurs auteurs ce qui laisse apparaître que, dans 98,55 % des cas, les difficultés ont été réglées hors de l'intervention du juge. On ne condamnera pas un dialogue entre le service de l'État et les auteurs de l'acte aussi efficace dans ses résultats puisqu'il permet de régler rapidement et sans procès de nombreuses difficultés. On se contentera de souligner cependant qu'il est l'occasion de faire pénétrer, dans un débat sur la légalité d'un acte, des éléments d'opportunité, des cotes mal taillées, des moyens de pression, des considérations politiques, sans compter que les élus des petites communes se rangent, la plupart du temps, sans résistance majeure, à l'appréciation des services du contrôle de légalité à qui ils arrivent de considérer illégal un acte qui ne l'est pas nécessairement. Cette phase est donc devenue un élément majeur de la procédure du contrôle de légalité d'autant que lorsque le représentant de l'État la déclenche, en demandant dans le délai de deux mois à l'auteur de l'acte estimé illégal de reconsidérer celui-ci sous peine de saisine du juge, il suspend le cours du délai du déféré jusqu'à la réponse explicite ou implicite (silence pendant 4 mois) de l'auteur de l'acte. Sans compter que cette prorogation du délai, pouvant aller jusqu'à plusieurs mois, a l'inconvénient de faire traîner en longueur l'incertitude sur le sort final de l'acte, pourtant appliqué si un sursis à exécution n'a pas été demandé ou n'a pas été obtenu par le préfet.

B) La seconde remarque est relative à la nature de la compétence du préfet dans le déclenchement du déféré. La loi du 2 mars 1982 pouvait être comprise comme obligeant le préfet à déférer au tribunal administratif toute décision des autorités communales dont il conteste la légalité. Mais le juge administratif a retenu une autre interprétation, parfaitement justifiable d'ailleurs et selon laquelle, face à un acte qu'il estime illégal, le préfet n'est nullement obligé de saisir le juge administratif, même s'il ne parvient pas à obtenir de l'auteur de l'acte qu'il le retire, ou le mette en harmonie avec la conception que le préfet se fait de la légalité (v. concl. Stirn, précitées, sur l'arrêt Brasseur). Il s'ensuit, entre autres conséquences, que la décision du préfet de ne pas déférer au juge administratif, à la demande d'une personne lésée, l'acte d'une autorité communale qu'elle considère comme illégal, n'est pas susceptible d'être discuté devant le juge (arrêt Brasseur, précité). En droit français, la saisine du juge administratif est une question d'opportunité dont il n'appartient pas, en principe, au juge administratif de connaître. Le préfet peut donc, en définitive, pour les raisons les plus diverses, ne pas déférer au juge administratif un acte qu'il estime illégal, ce n'est pas la meilleure solution pour rendre le contrôle efficace, mais, par ailleurs, comment obliger le préfet à déférer ? A supposer qu'une telle obligation existe, il lui suffirait, pour la vider de sa substance, d'estimer légal un acte qui ne l'est pas. En un mot, le préfet est maître de son déféré et il lui appartient, au cas par cas, d'apprécier si, compte tenu des éléments du dossier et de l'environnement de celui-ci, il y a plus d'inconvénients à saisir le juge qu'à laisser un acte illégal produire ses effets. A cet égard, le préfet peut préférer une illégalité à un désordre ou à une détérioration des relations entre les services d'État et une commune et il se contente donc souvent de « montrer » le déféré pour ne pas avoir à s'en servir ou de l'utiliser dans la perspective d'une riposte graduée.

C) Il n'est pas certain, non plus, que le sursis à exécution joue son rôle. Les juges administratifs ne sont pas tenus de respecter le délai d'un mois imposé par la loi ATR du 6 février 1992. De plus, certains d'entre eux préfèrent examiner directement l'affaire au fond que de statuer au préalable sur le sursis, mais, pendant quelques mois, l'acte est susceptible d'exécution et d'entraîner des conséquences quelquefois irrémédiables.

D) Enfin, à supposer que le préfet ait mis en œuvre la procédure du déféré, rien ne fait obstacle à ce qu'il puisse se désister en cours d'instance et le nombre de désistement n'est pas négligeable (25 % des déférés introduits). Certes, le désistement est parfaitement justifiable si, postérieurement à la saisine du juge, l'auteur de l'acte s'est rendu aux raisons du préfet ou si ce dernier se rend compte qu'un acte qu'il a estimé illégal ne l'est pas. Mais le juge administratif, considère qu'il n'a pas à demander au préfet les raisons de son désistement pour lui en donner acte et il s'ensuit que des désistements fondés sur les seules considérations d'opportunité sont possibles.

Il apparaît donc que de telles considérations sont susceptibles d'affecter la procédure suivant laquelle se déroule l'exercice du contrôle de légalité, alors qu'elles sont bannies de l'appréciation qui doit être portée par le représentant de l'État sur le contenu de l'acte. Encore que la loi impose au préfet, dans quelques cas, de vérifier la légalité du contenu d'un acte d'une autorité communale par rapport à des notions qui, à la limite, laissent place à des considérations d'opportunité : on citera, à titre d'exemple, l'appréciation de la légalité d'une subvention accordée par un conseil municipal au budget d'un service public industriel et commercial afin de l'équilibrer ; cette légalité étant, notamment, subordonnée au fait que la commune impose au service des contraintes particulières de fonctionnement et l'on conviendra que, par l'utilisation d'un concept ainsi imprécis que celui « de contraintes particulières de fonctionnement », on introduit un peu d'opportunité dans l'appréciation de la légalité. Il est vrai que le phénomène n'est pas nouveau et que beaucoup d'autres exemples pourraient être cités ici.

Section III

LE CONTRÔLE SUR LES DÉCISIONS FINANCIÈRES

Les budgets et autres délibérations et décisions financières bénéficient également d'un caractère exécutoire de plein droit lié à leur publication et à leur transmission au représentant de l'État. Mais, pour différentes raisons : caractère de deniers publics des ressources budgétaires ; origine fiscale d'une partie d'entre elles ; importance des masses financières globalement en cause ; nécessité d'assurer un bon fonctionnement de l'administration communale, la loi du 2 mars 1982 a maintenu sur les documents budgétaires communaux des contrôles spécifiques, un contrôle de légalité et a même prévu un examen *a posteriori* de la gestion financière de la collectivité.

§ 1. Les contrôles budgétaires spécifiques

Ils se justifient par la nécessité d'obliger l'administration communale à respecter les principes de base de la gestion financière publique.

A) A défaut d'un strict respect du principe d'antériorité budgétaire (v. IIIe partie), le budget primitif de la commune doit être, en principe, voté avant le 31 mars de l'année à laquelle il se rapporte. En cas de retard, et si celui-ci n'est pas imputable à l'État, le préfet saisit, pour avis, la chambre régionale des comptes qui doit faire connaître ses propositions dans un délai d'un mois et, au vu de celles-ci, quitte à s'en écarter en motivant sa décision, le préfet dispose d'un délai de vingt jours pour régler le budget (c'est-à-dire en déterminer lui-même les recettes et les dépenses) et le rendre exécutoire. Pendant cette période, le conseil municipal est dessaisi de sa compétence budgétaire. En 1991, sur 36 656 budgets primitifs communaux 1694 n'avaient pas été adoptés dans les délais légaux, le préfet a saisi la chambre régionale des comptes dans 81 cas et a réglé d'office 72 budgets. L'immense majorité des communes votent donc leur budget en temps utile et, lorsque ce n'est pas le cas, l'immense majorité des difficultés se résolvent à l'amiable, on ne s'en plaindra pas puisqu'il s'agit souvent de toutes petites communes, donc de tous petits budgets.

B) Le second cas de contrôle spécifique du budget communal est lié au manque d'équilibre réel du budget. Le préfet saisit alors, dans le délai de trente jours de la transmission, la chambre régionale des comptes qui constate ce défaut d'équilibre et propose, dans un délai de trente jours, au conseil municipal, les mesures permettant le rétablissement de l'équilibre. Si le conseil municipal n'a pas pris les mesures qui s'imposent dans un délai d'un mois (absence de décision ou mesures jugées insuffisantes par la chambre dans un délai de quinze jours), le budget est réglé et rendu exécutoire par le préfet qui peut donc diminuer les dépenses ou augmenter les ressources, en motivant sa décision s'il s'écarte des propositions de la chambre et sans que le conseil municipal puisse réagir, sa compétence budgétaire, étant momentanément suspendue. Sur environ 90 000 décisions budgétaires transmises, par les communes (budgets primitifs, supplémentaires et décisions modificatives), on recense, au titre de 1991, 116 saisines des chambres régionales des comptes, 47 cas dans lesquels la commune s'est rangée aux propositions de la chambre, 38 règlements d'office par le préfet dont 11 en s'écartant des propositions de la chambre. Les chiffres parlent d'eux-mêmes : la quasi-totalité des documents budgétaires communaux sont votés en équilibre réel et les 2/3 des difficultés rencontrées se règlent sans problèmes majeurs. Lorsque le budget est réglé d'office par le préfet, des contraintes particulières pèsent sur les documents budgétaires votés postérieurement (budget supplémentaire, compte administratif, budget primitif de l'exercice suivant), notamment une intervention de la chambre régionale des comptes.

C) Le troisième cas de contrôle spécifique est déclenché lorsqu'au moment du vote du compte administratif du maire, qui retrace les opérations d'exécution en recettes et en dépenses du budget de l'année précédente, apparaît un déficit important (égal ou supérieur à 10 % des recettes de fonctionnement pour les communes de moins de 20 000 habitants, 5 % pour les autres), le préfet saisit la chambre régionale des comptes qui propose, dans un délai d'un mois, les mesures nécessaires au rétablissement de l'équilibre budgétaire. Le budget primitif de l'exercice suivant est transmis à la chambre afin qu'elle vérifie si le conseil municipal a pris les décisions nécessitées par la résorption du déficit et, à défaut, le préfet les prend après avis de la chambre. A ce titre pour l'année 1991, 51 cas de déficit justifiant la saisine des chambres régionales des comptes ont été recensés et 11 budgets primitifs postérieurs à cette constatation ont été réglés d'office par le préfet. Ici encore on remarque que peu de budgets primitifs ont été concernés : 11 sur 36 656.

D) Il y a lieu, également à mise en œuvre d'un contrôle budgétaire spécifique, lorsque ne figurent pas au budget communal, les dépenses réputées obligatoires, c'est-à-dire celles que la loi qualifie de telles ainsi que celles nécessaires à l'acquittement des dettes exigibles. Si le préfet décèle, dans un document budgétaire, la non-inscription d'une dépense obligatoire, la chambre régionale des comptes est saisie (elle peut l'être également par le comptable communal ou par toute personne y ayant intérêt) et si elle confirme le caractère obligatoire de la dépense et que malgré cela la commune refuse de l'inscrire à son budget, le préfet l'inscrira d'office et rendra le budget exécutoire après rectification par ses soins. En 1991, les chambres ont été saisies de 145 cas (dont 99 par le préfet), elles ont adressé 158 mises en demeure aux communes et le préfet a procédé à 103 inscriptions d'office. Le préfet peut également intervenir pour mandater d'office des dépenses obligatoires que le maire s'abstient ou refuse de payer (195 cas en 1991).

Pour utiles qu'ils soient, les contrôles spécifiques ne donnent lieu qu'à des interventions certes *a priori* mais quantitativement marginales des préfets et des chambres régionales des comptes et l'on doit en déduire que les élus locaux prennent au sérieux la procédure budgétaire et ses contraintes. C'est plutôt un signe de bonne santé de la démocratie locale. Ce qui l'est moins en revanche ce sont les abus constatés en matière de marchés publics et de contrats de délégation de service public et qui ont amené le législateur à autoriser le préfet à transmettre, pour avis, certains de ces contrats à la chambre régionale des comptes et son avis est alors transmis à la commune. Ce système comporte un risque : à supposer que la chambre n'ait aucune observation à formuler, ne limite-t-elle pas, de ce fait, la portée des remarques qu'elle pourrait avoir à formuler par la suite (v. *infra*, l'examen de la gestion), si le contrat se révélait dangereux pour la commune ?

§ 2. Le contrôle de légalité de droit commun

Les contrôles budgétaires spécifiques ne soustraient pas les délibérations et arrêtés de nature financière au contrôle de légalité *a posteriori* qui pèse sur les actes des autorités communales. Ces délibérations et arrêtés doivent respecter les règles de compétence, de forme et de procédure, de but (absence de détournement de pouvoir) ainsi que les règles de fond contenues dans les éléments du bloc de la légalité, de la même façon que les autres actes, sous peine de déféré préfectoral.

Simplement le contrôle de légalité et les contrôles budgétaires spécifiques peuvent, dans certains cas, avoir un champ commun d'application. C'est le cas, par exemple, pour le défaut d'inscription d'une dépense obligatoire qui s'analyse en une violation de la loi pouvant théoriquement donner lieu : soit à un contrôle de légalité dans le cadre du déféré, soit à un contrôle spécifique. Dans ce cas, le juge administratif, faisant jouer l'exception de recours parallèle, a décidé que le contrôle budgétaire spécifique entraînait l'exclusion du contrôle de légalité de droit commun, en un mot le préfet ne saurait utiliser la voie du déféré lorsque le manquement à sanctionner relève du contrôle budgétaire spécifique (CE, 13 mars 1989, commune de Gardonne, R, 90).

§ 3. L'examen a posteriori de la gestion financière

Selon un principe classique de la comptabilité publique, la juridiction financière, ici la chambre régionale des comptes, juge les comptes du comptable communal, un système d'apurement administratif de ces comptes étant prévu pour les communes de moins de 2 000 h. et dont les recettes de fonctionnement sont inférieures à 2 millions de francs, dans ce cas c'est le trésorier-payeur général ou le receveur particulier des finances qui statue sur les comptes avec, d'ailleurs, transmission à la chambre régionale en cas de possible mise en débet du comptable.

A l'occasion de l'examen des comptes de collectivités communales et l'on retrouve ici le maire en sa qualité d'ordonnateur des recettes et des dépenses du budget communal, la chambre régionale des comptes « s'assure de l'emploi régulier des crédits, fonds et valeurs », ce qui exclut, en principe, des appréciations en opportunité. Mais, comme par ailleurs, la chambre a le pouvoir d'examiner la gestion des collectivités communales et de présenter, en respectant le principe du contradictoire, des observations à ce titre, rien ne fait ici obstacle à ce que ces observations débordent le cadre de la seule légalité, mais au titre d'un examen et non pas d'un contrôle (Ph. Limouzin-Lamothe, « La réforme des chambres régionales des comptes, amélioration ou amputation ? », *AJDA*, 1988, 430 et s.).

Il n'est pas sûr que l'ordonnateur ne ressente pas les observations qui lui sont adressées comme une véritable forme de contrôle d'autant plus qu'il doit en donner lecture au conseil municipal dès sa plus proche réunion et quelquefois la lecture constitue pour l'ordonnateur un véritable chemin de croix, le préfet en ayant, lui aussi, connaissance, sans compter qu'en devenant public du fait de sa communication aux conseillers municipaux, l'avis de la chambre régionale des comptes peut peser lourd auprès de l'opinion publique et être utilisé, quelquefois de façon contestable, par l'opposition. Tout maire doit donc intégrer dans son action cet avis qui ne concerne, certes, que des exercices budgétaires écoulés, mais qui peut être gros de conséquences politiques et même juridiques *(infra)* et il doit veiller à mettre en œuvre une gestion qui lui évite des observations qui, sont formulées avec tact et mesure, mais n'en sont pas moins, au fond, désagréables, quoique justifiées dans la plupart des cas.

Mais, au-delà de ces observations, qui en principe n'ont pas de conséquences juridiques précises, la chambre ne possédant pas un pouvoir juridictionnel sur les ordonnateurs que sont les maires, il faut indiquer, qu'à l'occasion de l'examen de la gestion d'une commune, la chambre peut déceler des illégalités, des irrégularités, voire des malversations. Dans ce cas, les textes reconnaissent, au ministère public de la chambre, le pouvoir d'en informer, pour d'éventuelles poursuites pénales, le procureur de la République. De plus, si ces irrégularités débouchent, également, sur une gestion de fait, les comptes du maire relèvent alors de la juridiction de la chambre et une inéligibilité peut s'en suivre. Enfin, à supposer que la chambre décèle une faute de gestion grave à la charge du maire (réquisition irrégulière du comptable, inexécution d'une décision de justice), le maire est, désormais, justiciable de la Cour de discipline budgétaire et financière qui peut le condamner à une amende pouvant atteindre 5 000 F. ou le montant annuel brut de son indemnité de fonction s'il excède 5 000 F.

Certains élus communaux, dont des décisions illégales ont pu franchir le barrage du contrôle de la légalité doivent songer que, quelques années plus tard, à l'occasion de l'examen de leur gestion par la chambre régionale des comptes, ils sont susceptibles de regretter que le barrage ait été franchi. Il ne s'agit pas, ici, de faire des chambres régionales des comptes les épouvantails de l'administration communale, mais de bien mesurer la véritable portée de l'examen qu'elles font de la gestion de cette administration, tout en rappelant, quand même, que lorsqu'elles relèvent l'illégalité d'une décision d'une autorité communale, elles ne disposent pas du pouvoir de l'annuler et que la qualification d'illégalité ne signifie pas nécessairement que, pour le juge administratif seul compétent en la matière, la décision soit vraiment illégale. Il reste que, là encore, la déclaration l'illégalité avancée par la chambre peut n'être pas dépourvue de conséquences juridiques, sans compter qu'elle a souvent sur les élus un impact psychologique et politique. On a peut-être pas suffisamment perçu que, dans la pratique administrative locale, le rôle des chambres régionales des comptes dépasse très singulièrement le simple jugement des comptes du comptable.

On rappellera, qu'avant le 30 juin de l'année suivant celle de l'exécution d'un budget, le conseil municipal examine et vote le compte administratif du maire et le compte de gestion du comptable. Hormis le déclenchement d'un contrôle spécifique lié à la découverte, lors de cet examen, d'un déficit d'un certain montant (*supra*, p. 236), il ne semble pas que l'intervention du conseil municipal soit très approfondie et très performante à ce titre.

BIBLIOGRAPHIE SOMMAIRE

A.J.D.A., « Décentralisation : bilan et perspectives », n° spécial (avril 1992).

J.-B. et J.-F. AUBY, *Droit des collectivités locale*, Thémis, P.U.F., 1990.

J. BAGUENARD, *La décentralisation territoriale*, Que sais-je, P.U.F., 1981.

J.-M. BECET, *Institutions administratives*, 3e éd., Economica, 1992.

F. BÉNOÎT, *Collectivités locales*, Encyclopédie Dalloz, 8 volumes.

J. BOURDON, J.-M. PONTIER et J.-C. RICCI, *Droit des collectivités locales*, Thémis, P.U.F., 1987.

M. BOURJOL, *Intercommunalité et coopération intercommunale* (actes du colloque tenu à Tours le 13 novembre 1992), L.G.D.J, 1993.

M. BOURJOL et S. BODARD, *Droits et libertés des collectivités locales*, Masson, 1985.

M. BOURJOL *et autres*, *Juris-classeur* « Collectivités locales », 2 volumes.

M. BOUVIER, *Les finances locales*, 2e éd., coll. Systèmes, L.G.D.J., 1993.

M. BOUVIER et M.-C. ESCLASSAN, *Le système communal*, L.G.D.J, 1981.

R. CHAPUS, *Droit administratif général*, T. 1, 7e éd., Montchrestien, 1993.

C.N.F.P.T. : Cahier N° 37 (décembre 1992) consacré à la loi du 6 février 1992.

Conseil d'État et corps préfectoral, Actes du Colloque des 11 et 12 octobre 1993, PA, 1993, n° 141.

J.-L. CUVELIER, *Contentieux des collectivités territoriales, Analyse de la jurisprudence*, 1980-1990, Éditions du Répertoire Administratif.

G. DARCY, *Le système administratif français*, collection C.F.P.C., 1983.

D.G.C.L., *Les collectivités locales en chiffres*, Documentation française, 1992.

F. DREYFUS et F. d'ARCY, *Les institutions politiques et administratives de la France*, 2e éd., Economica, 1987.

G. Dupuis et M.-J. Guédon, *Droit administratif*, 3e éd., A. Colin, 1991.

J.-M. de Forges, *Les institutions administratives françaises*, Droit fondamental, 2e éd., P.U.F., 1988.

L. Favoreu et L. Philip, *Les grandes décisions du Conseil constitutionnel*, 7e éd., Sirey, 1993.

Y. Gaudemet, *Les élections locales*, extraits de l'Encyclopédie Dalloz, « Collectivités locales ».

B. Genevois, *La jurisprudence du Conseil constitutionnel*, STH, 1988.

G. Gilbert et A. Delcamp, *La décentralisation, dix ans après* (actes du colloque des 5 et 6 février 1992 au Sénat), L.G.D.J., 1993.

M. Guibal et L. Rapp, *Contrats des collectivités locales*, Éditions F. Lefebvre, 1989.

A. Gruber, *La décentralisation et les institutions administratives*, A. Colin, 1988.

J.-F. Lachaume, *Les grandes décisions de la jurisprudence* (droit administratif), 7e éd., P.U.F., 1993 .

J.-F. Lachaume, *Grands services publics*, Masson, 1989.

A. de Laubadère, Y. Gaudemet et J.-C. Venezia, *Traité de droit administratif*, T. 1, 12e éd., L.G.D.J., 1992.

M. Long, P. Weil, G. Braibant, P. Delvolvé, B. Genevois, *Les grands arrêts de la jurisprudence administrative*, 10e éd., Sirey, 1993.

F. Luchaire et Y. Luchaire, *Le Droit de la décentralisation*, Thémis, P.U.F., 1983.

Y. Luchaire, *L'adjoint au maire*, Litec, 1981.

S. Martin, *Contrôle* a posteriori *de la légalité des actes des collectivités locales*, Berger-Levrault, 1990.

A.-S. Mescheriakoff, *Droit des services publics*, Droit fondamental, P.U.F., 1991.

F. Moderne (sous la dir. de), *La nouvelle décentralisation*, Sirey, 1983.

J. Montain-Domenach, *Le droit des collectivités locales, le droit en plus*, P.U.G., 1993.

J. Morand-Deviller, *Cours de droit administratif*, 3e éd., Montchrestien, 1993.

J. Moreau, *Administration régionale départementale et municipale*, 10e éd., Mémento Dalloz, 1993.

J.-M. Peyrical, *Eléments pour une conception renouvelée du service public local (Le cas de la ville de Paris)*, Thèse, Paris XIII, 1993.

E. Picard, *La police administrative*, 2 tomes, L.G.D.J, 1984.

Pouvoirs, n° 60, « La décentralisation », P.U.F., 1991.

Rapport du Gouvernement au Parlement sur le contrôle *a posteriori* des actes des collectivités locales (10e rapport, 1991), Direction générale des collectivités locales.

J. Raynaud, *Les chambres régionales des comptes*, 2e éd., Que sais-je, P.U.F., 1992.

M.-C. Rouault, *L'intérêt communal*, Presses universitaires de Lille, 1991.

B. Rémond et J. Blanc, *Les collectivités locales, structures et finances*, 2e éd., coll. Amphithéâtre, Dalloz, 1992.

Revue française de droit administratif : no 1, 2, 3, 4 de 1993 consacrés à la loi du 6 février 1992.

J. Rivero et J. Waline, *Droit administratif*, 14e éd., Précis Dalloz, 1992.

A. Terrazzoni, *L'administration territoriale en Europe*, coll. Systèmes, L.G.D.J., 1992.

G. Vedel et P. Delvolvé, *Droit administratif*, 2 tomes, Thémis, 12e éd., P.U.F., 1993.

M.-T. Viel, *Droit funéraire et gestion des cimetières*, Berger-Levrault, 1991.

M.-C. Vigneux, *Recherches sur la jurisprudence relative au contrôle de la légalité des actes des autorités locales décentralisées*, Thèse, Poitiers, 1990.

J. Viguier, *Les régies des collectivités locales*, Economica, 1992.

Il convient d'ajouter à cette bibliographie sommaire, les articles, conclusions des commissaires du gouvernement, notes de jurisprudence cités dans le texte.

INDEX ALPHABÉTIQUE

D

M

N

O

P

R

Achevé d'imprimer sur rotative
par l'imprimerie Darantiere à Dijon-Quetigny
en mars 1994

L.G.D.J. - E.J.A.

Dépôt légal : 1er trimestre 1994
N° d'impression : 940-064
N° d'éditeur : 2569